**Beata Lakeberg,
Hans-Christian Pust (Hrsg.)**

Atomstrom Protest
50 JAHRE WYHL UND ANDERSWO

Jan Thorbecke Verlag

Atom. Strom. Protest.
50 Jahre Wyhl und anderswo

Inhalts-

Geleitwort	08
Karte: Gebiet Oberrhein	12
Warum Wyhl? – Versuch einer Ortsbestimmung Rupert Schaab	14
Atomenergie – das Scheitern einer technischen Innovation? Jan-Henrik Meyer	26
Die nukleare Option – vom Hoffnungsträger zum Risikofaktor Ortwin Renn	36
Das offene Ende der Atomkraft – zur Geschichte der Endlagerung in Deutschland Anselm Tiggemann	50

Die Europäische Atomgemeinschaft – die europäische „Energielücke" und Visionen eines friedlichen „Atomzeitalters" nach dem Zweiten Weltkrieg Eva Oberloskamp   68

Protest und Widerstand gegen die Ansiedlung der Bundes-Reaktorstation in Karlsruhe (September 1955 – September 1958)   78
Rolf-Jürgen Gleitsmann-Topp

Eine Anti-Atom-Bewegung in der DDR?!   88
Daniel Häfner

Die Beteiligung der (evangelischen) Kirche am Konflikt um ‚Wyhl' Tim Schedel   100

Chronologie   108

"Kernenergie akzeptabel für die Bevölkerung machen" – Bonn und der Anti-AKW-Protest Philipp Gassert … 116

Protest gegen Atomkraftwerke – eine Schule der Demokratie? Carol Hager … 130

Bürgerinitiativen und die Geburt der Grünen Christoph Becker-Schaum … 142

Performative Formen des Protests Richard Rohrmoser … 152

Das „Beispiel Wyhl" – lokaler Protest im Oberrheintal und seine Breitenwirkung Stephen Milder … 162

Volkshochschule Wyhler Wald – Selbstinformation und Zusammenhalt im Protest Ulrich Eith … 176

Aus der Not geboren – Wyhl, Gegenöffentlichkeit und Radio Dreyeckland Klaus Schramm … 192

Die Anti-Atomkraft-Bewegung am Oberrhein – Chancen und Grenzen der grenzüberschreitenden Zusammenarbeit im „Dreyeckland" Natalie Frickel-Pohl	202
Karte: Atomkraft in Deutschland	216
Abkürzungsverzeichnis	218
Literatur	220
Autor:innen Biogramme	226
Danksagungen	229

Geleitwort

Nach dem Überfall Russlands auf die Ukraine im Februar 2022 geriet Deutschland zum zweiten Mal nach 1945 in die Lage, eine ernste Energiekrise bewältigen zu müssen. Das erste Mal liegt fast fünfzig Jahre zurück: 1973, bei Ausbruch des Jom-Kippur-Krieges und der anschließenden Drosselung von Rohöllieferungen durch die OPEC-Staaten an den Westen, befand sich die Bundesrepublik Deutschland auf dem Höhepunkt ihres wirtschaftlichen Erfolgs. Kaum jemand konnte sich vorstellen, dass die Ressource Erdöl endlich sein könnte oder dass politische Entwicklungen Auslöser für eine Verknappung werden. Und beseelt vom Fortschrittsglauben der Zeit forcierte man seit den 1950er Jahren die Planungen und Umsetzung von kerntechnischen Anlagen für die intensive Nutzung von ziviler Kernenergie.

Sowohl 1973 als auch 2022 zeigte sich auf drastische Weise die große Abhängigkeit Deutschlands von Staaten, die über fossile Rohstoffe verfügen, auf die das Land und seine Wirtschaft bis heute angewiesen sind. Und beide Male waren und sind die Reaktionen ähnlich.

Bundeskanzler Willy Brandt erklärte den Deutschen auf dem Höhepunkt der Erdölkrise Ende November 1973: „Die Energiekrise kann auch zu einer Chance werden." Wie die Chance aussehen sollte, wurde bereits wenige Tage später mit dem „Vierten Atomprogramm" im Bundestag besiegelt. Es sollte bis Mitte der 1980er Jahre umgesetzt werden und sowohl den wachsenden Strombedarf der Bundesrepublik sauber, sicher und billig decken als auch die Abhängigkeit von Rohöl aus den OPEC-Ländern minimieren. Kritisch gesehen wurde diese Entwicklung nur von sehr wenigen.

Und 2022? Umgehend nach dem Angriff Russlands auf die Ukraine am 24. Februar 2022 wurde der Weiterbetrieb bestehender und der Bau neuer Kernkraftwerke in Deutschland wieder ins Gespräch gebracht. Auf diese Weise könne das Land aus der Abhängigkeit von russischem Gas und Öl befreit werden, hieß und heißt es. Die Argumente klingen wie vor 50 Jahren. Der scheinbar preiswerte und vermeintlich klimafreundliche Atomstrom soll die wirtschaftliche Prosperität des Landes absichern und den Menschen weiterhin Wachstum und Wohlstand garantieren. Vergessen haben die Protagonisten dieses Diskurses offensichtlich Tschernobyl (1986) und Fukushima (2011) und unzählige Störfälle weltweit. Die Befürworter verlieren auch kein Wort darüber, dass es bis heute keine Lösung für den atomaren Abfall gibt, der über viele Jahrhunderte hinweg hochgiftig sein wird.

Das ambitionierte Ausstellungsprojekt „Atom.Strom.Protest. 50 Jahre Wyhl und anderswo" der Württembergischen Landesbibliothek und ihrer Partnerinnen und Partner ist auch im Licht dieser aktuellen Entwicklungen und Proteste zu sehen. Es ist daher mehr als die historische Würdigung der Leistung und Wirkmacht der Wyhler Antiatomkraftbewegung, die als Blaupause für die neuen sozialen Bewegungen im Deutschland der 1970er und 1980er Jahre gilt.

Das Ziel dieser Bürgerbewegung: Das Kernkraftwerk Wyhl sollte nicht gebaut werden. Ein wichtiger Aspekt dabei war, durch Sachaufklärung die Menschen zu informieren und für den Widerstand zu gewinnen. Dabei zeichnete die Bewegung sich durch gut organisierten Protest, wissenschaftsbasierte Erkenntnisse und die heterogene Zusammensetzung der beteiligten Gruppen aus. Man suchte den Dialog mit den politisch Verantwortlichen, wollte gehört werden, die Ernsthaftigkeit der Argumente gewürdigt und im politischen Entscheidungsprozess als gleichwertig anerkannt wissen. Das war neu.

Es war für die Politik eine bis dahin unbekannte und eher befremdliche Erkenntnis, dass Bürgerinnen und Bürger in der Lage waren, sich Kompetenzen anzueignen, mit den so gewonnenen Fakten Regierungshandeln infrage zu stellen und dafür eine relevante Öffentlichkeit zu schaffen. Das bedeutete auch, Menschen aller Altersgruppen und verschiedenster gesellschaftlicher Milieus zu gewinnen. Bauern und Bäuerinnen, Studierende, Handwerker, Professoren und Schülerinnen kämpften für das gleiche Ziel. Sie erfanden neue Protestformen, besetzten den Bauplatz, gründeten die Volkshochschule Wyhler Wald und das freie Radio Dreyeckland.

Heute wissen wir, dass es noch viele weitere Jahrzehnte dauern sollte, bis sich neue, konstruktive Dialogformen als Bindeglied von Staat und Zivilgesellschaft etablieren konnten. Es war Winfried Kretschmann, erster Grüner Ministerpräsident in Baden-Württemberg, der 2011 die „Politik des Gehörtwerdens" als grundlegendes Moment für das Regierungshandeln institutionalisierte. Er schuf das Amt der Staatsrätin für Zivilgesellschaft und Bürgerbeteiligung. Seitdem zeigen Bürgerdialoge und Bürgerforen mit zufällig ausgewählten Bürgerinnen und Bürgern, wie Information und Diskurs bei schwierigen Prozessen der Entscheidungsfindung bereits im Vorfeld zu einer anderen Kultur der Auseinandersetzung um die beste Lösung beitragen. Zwei Drittel der Menschen in Baden-Württemberg stehen hinter diesem Weg des gesellschaftlichen Aushandelns unterschiedlichster Interessen – unabhängig davon, wie die Abstimmung im Parlament am Ende ausfällt.

Die Ausstellung und der hier vorliegende Begleitband zum Protest in Wyhl sind daher ein wichtiger Beitrag für die Diskussionen um die Beteiligung von Bürgerinnen und Bürgern bei Entscheidungen, die Politik und Gesellschaft zu den wichtigen Themen unserer Zeit treffen.

Zur Realisierung haben eine Vielzahl von Einrichtungen und Personen beigetragen. Mein Dank geht an die Württembergische Landesbibliothek, deren Kooperationspartner wie dem Landesarchiv Baden-Württemberg, dem Haus des Dokumentarfilms, dem Archiv des Südwestdeutschen Rundfunks, dem Haus der Geschichte Baden-Württemberg, dem Kreisarchiv des Landkreises Emmendingen und der Laka Foundation Amsterdam sowie an alle Leihgeber. Ich danke auch dem gesamten Ausstellungsteam, den Herausgeberinnen und Herausgebern sowie Autorinnen und Autoren, die zum Gelingen der Ausstellung und zur Realisierung des Begleitbandes beigetragen haben. Nicht zuletzt danke ich der Württembergischen Bibliotheksgesellschaft und der Baden-Württemberg-Stiftung, die neben dem Ministerium für Wissenschaft, Forschung und Kunst die Realisierung dieser Ausstellung ermöglicht haben.

Für Baden-Württemberg und weit darüber hinaus ist das, was vor 50 Jahren von den Menschen in Wyhl begonnen wurde, nicht einfach nur ein Stück Zeitgeschichte, auf deren Erfolg man romantisierend zurückblickt. Es ist vielmehr Teil einer permanent weiterzuentwickelnden verantwortungsvollen Zukunftsgestaltung, die einer lebendigen Demokratie immanent sein sollte.

Petra Olschowski
Ministerin für Wissenschaft, Forschung und Kunst

Petra Olschowski

Lena Lux Fotografie & Bildjournalismus

Nagold

Tübingen

Baiersbronn

Reutlingen

Horb am Neckar

Sulz am Neckar

Hechingen

Wolfach

Balingen

Rottweil

Sigmaringen

Villingen-Schwenningen

Tuttlingen

Donaueschingen

Pfullendorf

Titisee-Neustadt

Schluchsee

Singen

Schaffhausen

Bodensee

Waldshut-Tiengen

Rhein

Frauenfeld

Brugg

Winterthur

Baden

Kloten

Aare

Reuss

Limmat

St. Gallen

Zürich

Herisau

Rupert Schaab

Warum – Versuch einer Ortsbestimmung

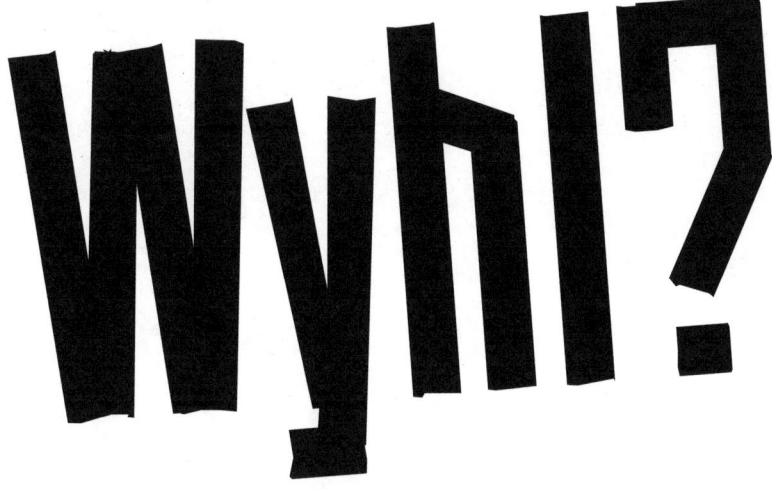

Wyhl?

Wyhl [vi:l], eine kleine Gemeinde (1973 ca. 2.700 Einwohner) im Landkreis Emmendingen, 25 km von Freiburg entfernt, wurde im Zuge der Proteste gegen Atomkraftwerke zum Symbol des erfolgreichen Widerstands. Ausgangspunkt, Rezeption und Bedeutung dieses Erinnerungsortes der Demokratie werden im Folgenden näher bestimmt.

Am 19. Juli 1973 wurde über Rundfunk bekanntgegeben, dass das zunächst für Breisach vorgesehene Kernkraftwerk fünfzehn Kilometer rheinabwärts in Wyhl errichtet werden sollte. Dies war ein bemerkenswerter Erfolg für die Gegner eines Kernkraftwerks am Kaiserstuhl in einer gesellschaftlichen Atmosphäre, die sich von der Kernenergie große Fortschritte versprach. Doch am 18. Februar 1975 kam es zur Besetzung des Bauplatzes in den Rheinauen bei Wyhl durch Kernkraftgegner. Nach einer Räumung erfolgte am 23. Februar eine erneute Besetzung. In der Landtagsdebatte am 27. Februar erklärte Ministerpräsident Hans Filbinger, ohne Kernkraftwerke würden „zum Ende des Jahrzehnts in Baden-Württemberg die ersten Lichter ausgehen". Komme man den Bürgerinitiativen nach, werde das Land „unregierbar". Nach seiner Auffassung hätten Kommunisten die Bürgerinitiativen instrumentalisiert, angeblich die Sorte von Leuten, welche am Morgen der Debatte den Berliner Spitzenkandidaten der CDU, Peter Lorenz, entführt hatten. Wenn das Beispiel von Wyhl Schule mache, sei eine gute Entwicklung des Landes nicht mehr möglich, fasste Filbinger zusammen.

Doch „Wyhl" machte Schule. Einige Stimmen hatten bereits auf Gefahren der Kernenergie aufmerksam gemacht. Dies gilt für den Philosophen und Schriftsteller Günter Anders mit seinem Werk „Die Antiquiertheit des Menschen" (1956), für den Physiker Karl Bechert, SPD-Mitglied und Abgeordneter des Bundestags, aber auch für den 1960 gegründeten „Weltbund zum Schutz des Lebens" aus konservativ-völkischer Tradition. Dennoch war der Widerspruch gegen Kernkraftwerke in Deutschland die Ausnahme. Während Schaumteppiche auf den Flüssen, wilde Müllablagerungen und die Zersiedelung der Landschaft das Interesse für den Naturschutz wachsen ließen, stand die friedliche Nutzung der Kernenergie nicht im Vordergrund der Sorgen.

HEUTE TANNEN

SO₂ = Schwefeldioxyd = saurer Regen

☢ = radioaktive Teilchen/Strahlung

MORGEN WIR

BADISCH-ELSÄSSISCHE BÜRGERINITIATIVEN
Grafik: Huber, Hofi Freiburg

Zu einer Diskussion, welche die globalen Bezüge des Umweltschutzes adressierten, kam es erst mit der Publikation des Club of Rome zu den „Limits to Growth" (1972). Die Diskussion erfolgte parteiübergreifend. Das 1972 verabschiedete Grundsatzprogramm der FDP („Freiburger Thesen") war das erste mit einem Abschnitt zum Umweltschutz, Hans Magnus Enzensberger forderte in seinem Aufsatz „Zur Kritik der politischen Ökologie" (Kursbuch 1973) ein Aufgreifen des Themas durch die Linken, die Jungen Europäischen Föderalisten mit Jo Leinen und Petra Kelly nahmen sich 1975 mit ihrer Zeitschrift „Forum E" des Themas an, Carl Amery fragte in „Das Ende der Vorsehung" (1972) nach der Verantwortung der Christen, und „Ein Planet wird geplündert" (1975) vom CDU-Abgeordneten Herbert Gruhl stand über Monate an der Spitze der Bestsellerlisten. Vielfalt und Herkunft der Stimmen zeugen von einer Offenheit der Situation.

01 – Plakat: „Heute Tannen, morgen wir" von Hubert Hoffmann

Seit 1958 waren in der Bundesrepublik bereits 16 größere Kernkraftwerke begonnen worden und davon fünf in Betrieb gegangen, bevor es zur Bauplatzbesetzung in Wyhl kam. Der vorangegangene Protest in Breisach richtete sich gegen die Dampfschwaden der vorgesehenen Kühltürme, von denen man Nachteile für den Weinbau befürchtete, und gegen eine Forcierung des Fischsterbens durch die Einleitung warmen Kühlwassers. Auch auf eine mögliche Strahlengefährdung wurde bereits mit dem Slogan „Lieber heute aktiv als morgen radioaktiv" hingewiesen. Eine Bürgerinitiative veranstaltete einen Traktorenprotest und eine Sammlung von 65.000 Unterschriften. Unterstützung fand man auch bei Freiburger Gruppen und den Kirchen. Besonderen Widerspruch riefen Beschwichtigungen offizieller Experten hervor. Die Glaubwürdigkeit der Landesregierung war für viele beschädigt.

Auch auf der anderen Rheinseite sollten Kernkraftwerke entstehen und man beobachtete den Widerspruch, welchen die Kraftwerkspläne für Fessenheim (Haut-Rhin) und Kaiseraugst (Aargau) erfuhren. Zwar wurde das Kernkraftwerk Fessenheim ab 1971 gebaut, die Pläne für ein Bleichemiewerk in Marckolsheim (Bas-Rhin) wurden aber am 25. Februar 1975 nach grenzüberschreitenden Protesten aufgegeben. So gab es mit Breisach und Marckolsheim zwei Blaupausen für den erfolgreichen Protest, und die erneute Bauplatzbesetzung im Wyhler Wald wurde bis zum 7. November aufrechterhalten. Waren die Studentenunruhen 1970 in einander bekämpfende K-Gruppen zerfallen, so gab es für Linke nun neben einem konkreten Ziel die Perspektive eines Schulterschlusses zwischen „Intelligenz" und „Arbeiterklasse" (hier: Landbevölkerung). Dennoch war es ein Fehler, die lokalen Bürgerinitiativen als kommunistisch unterwandert darzustellen. Der Terrorismus der RAF war zu offenkundig anderer Natur als der durch Freiburger Studierende verstärkte Protest in Wyhl, über den im Anschluss an die Tagesschau am Tag nach der Regierungserklärung verstörende Bilder gezeigt wurden.

Wesentlich für den Erfolg der Proteste waren die seit 1968 aufkommenden Bürgerinitiativen. Viele von ihnen richteten sich gegen größere Bauvorhaben oder Defizite bei Kindergärten und Schulen. In der Regel hatten sie einen lokalen Bezug. Ein Fünftel der Initiativen kämpfte gegen

Umweltschutz-Verstöße. Da Umweltschäden zumeist nicht vor Gemeinde- oder Landesgrenzen halt machen, lag die Zusammenarbeit der Initiativen auf der Hand. Am südlichen Oberrhein und am Hochrhein entstanden in der Schweiz, Frankreich und Deutschland viele Bürgerinitiativen gegen Kernkraftwerke. Rund fünfzig französische Initiativen trafen sich am 28. Dezember 1971 in Strasbourg. Am 25. August 1974 wurde das „internationale Komitee der Badisch-Elsässischen Bürgerinitiativen" aus elf badischen und zehn französischen Initiativen in Weisweil (Emmendingen) gebildet. Zeitweilig umfasste es nahezu fünfzig Initiativen. In einer gemeinsamen Erklärung wurde für den Fall eines Baubeginns die Besetzung der Bauplätze in Marckolsheim und Wyhl angekündigt.

Die Bauplatzbesetzung war etwas Neues, erstmals erprobt am 12. April 1971 in Fessenheim. Als Akt des zivilen Widerstands nimmt sie den Gesetzesbruch und entsprechende straf- und zivilrechtliche Folgen in Kauf. Damit steht sie im Widerspruch zur Souveränität der gewählten Mandatsträger mit ihren Gesetzen und den Verordnungen ihrer Regierung. Inwieweit die verfolgten Ziele die gewählten Mittel moralisch rechtfertigen, ist Ermessenssache. Bei Atomanlagen sind die Schwere möglicher Schäden und die Wahrscheinlichkeit ihres Eintretens umstritten. Die Widerständigen beriefen sich auf Vorbilder wie Henry David Thoreau oder Mahatma Gandhi. Andernorts schreckte man später auch vor Gewalt gegenüber Personen nicht zurück. Besonders weit ging der Tübinger Lehrer Hartmut Gründler, der in Wyhl versuchte, mit Hungerstreik die Regierung zum Einlenken zu bewegen und sich am 16. November 1977 aus Protest während des SPD-Bundesparteitags in Hamburg selbst verbrannte. Zwar veranstaltete die Bundesregierung einen „Bürgerdialog Kernenergie", doch öffnete sie sich nicht den Gegenargumenten.

Die Rechtsbrüche wurden mit der „Offenburger Vereinbarung" vom 31. Januar 1976 zwischen den Bürgerinitiativen, der Landesregierung und dem Kraftwerkbetreiber geheilt: Für die Zusicherung, sich künftig auf politische Arbeit zu beschränken und den Rechtsweg einzuhalten, verzichtete die Gegenseite im Gegenzug auf Strafen und Schadensersatz und verpflichtete sich, weitere Gutachten einzuholen. Die Bewertung und die Entscheidung über die aus den Gutachten zu ziehenden Konsequenzen behielt sich die Landesregierung naturgemäß vor. Bis der Rechtsweg ausgeschöpft war, wurde es 1981. Die Landesregierung nutzte den Sieg nicht, sondern gab das Vorhaben 1994 auf. Weder hatten sich die Prognosen zum Energiebedarf bewahrheitet, noch hätten andere Vorteile die drohenden Auseinandersetzungen gerechtfertigt. Noch dazu war am 26. April 1986 in Tschernobyl (Kiew) aufgrund ungenügender technischer Vorkehrungen und Organisationsversagen ein Reaktor sowjetischer Bauart explodiert und hatte das Vertrauen in die Atomenergie nachhaltig beschädigt.

Auch die Schauplätze der Auseinandersetzung um die zivile Nutzung der Kernenergie hatten sich verlagert. Am südlichen Oberrhein und am Hochrhein konzentrierte man sich auf die Proteste gegen den Betrieb und gegen die Ausbaupläne des Kernkraftwerks Fessenheim auf der französischen Seite. Das Kernkraftwerk in Kaiseraugst und eine Wiederaufbereitungsanlage in Gerstheim (Bas-Rhin) wurden aufgrund von Protesten nicht realisiert. Das Engagement der Atomkraftgegner in Frankreich nahm deutlich ab. An der 4. Erklärung des Komitees von Weisweil war 1991 keine französische Initiative mehr beteiligt. Auch wenn Fessenheim auf deutsches Drängen 2020 den Betrieb einstellte, plant die französische Regierung aktuell die Anzahl der Kernkraftwerke zu erhöhen, noch dazu gelten sie seit 2022 auch der EU-Kommission als klimafreundlich.

Die großen Auseinandersetzungen in Deutschland fanden gegen Kernkraftwerke in Grohnde (Hameln-Pyrmont) und Brokdorf, gegen den Schnellen Brüter in Kalkar (Kleve), gegen die Wiederaufbereitung und das (End)lager in Gorleben (Lüchow-Dannenberg) sowie gegen die Wiederaufbereitungsanlage in Wackersdorf (Schwandorf) statt. Dabei erweiterte sich nicht nur die Vielfalt der Anlagen, sondern auch das Spektrum des Protests. Standen am Kaiserstuhl zunächst wirtschaftliche (Weinbau) und allgemeine Naturschutzbelange im Fokus, so konzentrierte man sich nun auf die verschiedenen Strahlungsrisiken (Betrieb, Endlagerung, Havarien) und die besonderen Risiken der Plutoniumgewinnung (Dual Use,

Proliferation). War es in Breisach und Wyhl gelungen, den akademischen Protest aus Freiburg mit dem Unmut der ländlichen Bevölkerung zusammen zu bringen, so überwog – mit Ausnahme Gorlebens – nun der Protest junger, akademischer Kreise. Spielten weltanschauliche Differenzen in Wyhl eine geringe Rolle, so entwarf Robert Jungks „Atomstaat" (1977) die Dystopie eines mit der Nutzung der Kernenergie einhergehenden Verlusts der Freiheiten. Dies passte zum linken Narrativ vom Polizeistaat und zum Erleben der Polizei als vielfach rücksichtslosem Gegner und verschärfte auf beiden Seiten militantes Vorgehen. Gerade wegen der Ablehnung von Gewalt gegen Personen stellten sich hingegen die Proteste gegen Gorleben in die Tradition der Proteste in Wyhl und nicht etwa derjenigen in Grohnde oder Brokdorf. Erst das Brokdorf-Urteil des Bundesverfassungsgerichts von 1985 stärkte die Versammlungsfreiheit friedfertiger Teilnehmer gegenüber militanten Störern und dem Staat.

02 – Robert Jungk: „Der Atomstaat", Raubdruck (1977)

1977 listete man bundesweit knapp 1.500 Initiativen gegen Kernkraftwerke, im Jahr 2023 knapp hundert. Ihr Erfolg lag darin, dass sie meist von der politischen oder weltanschaulichen Orientierung der Teilnehmer absahen und sich auf ein Thema fokussierten, auch wenn es mit Waldsterben, nuklearer Aufrüstung und Volkszählung durchaus anschlussfähige Themen gab. Die Vielzahl der Initiativen führte zunächst zu regelmäßigen Delegiertenkonferenzen und zur Bildung von Dachorganisationen. So entstand 1972 der Bundesverband Bürgerinitiativen Umweltschutz (BBU), in dem bis zu 1.000 Initiativen zusammenarbeiteten. Die Diskussionen waren oft langwierig, so dass sich schlagkräftigere Organisationen herausbildeten wie 1975 der Bund für Umwelt- und Naturschutz Deutschland (BUND) mit nahezu 500.000 Mitgliedern, der 2002 das Recht zur Verbandsklage gegen Planfeststellungsbeschlüsse und immissionsrechtliche Genehmigungen erhielt. Insbesondere aus rechtlichen Vergleichen sind etliche Umweltstiftungen erwachsen. Mit dem Entstehen neuer Akteure scheint eine Abnahme der Aktivitäten der Bürgerinitiativen verbunden.

Insgesamt dauerten die intensiven Proteste der Atomkraftgegner vier Jahrzehnte (von Breisach bis Fukushima). Erfolgreich wurde diese kollektive Anstrengung auch durch Störfälle, Behördenversagen, Gerichtsurteile und die Katastrophen von Harrisburg (1979, Pennsylvania), Tschernobyl (1986) und Fukushima (2011), welche die Aufmerksamkeit auf die nicht heilen wollende „Strahlenwunde" lenkten oder die Entwicklung im Sinne des Protests schlagartig beförderten. Mit der Wiedervereinigung waren die Atomkraftwerke der DDR stillgelegt worden. 2002 einigte sich die Bundesregierung mit den Energieversorgern auf einen schrittweisen Ausstieg bis 2020. Nach dem Regierungswechsel kam es 2010 zu einer Laufzeitverlängerung von zehn Atomkraftwerken bis 2024. Doch führte die Katastrophe von Fukushima 2011 eine große Bundestagsmehrheit zu einem beschleunigten Ausstieg. Ende 2022 sollten auch die drei jüngsten Atomkraftwerke ihren Betrieb einstellen, hätte nicht der erneute Überfall Russlands auf die Ukraine zum Boykott russischen Gases und Erdöls geführt. Zwar ist nur ein Streckbetrieb bis Ende April 2023 vorgesehen, doch wird bezweifelt, dass dies genügt, und es ist eine grundsätzliche Diskussion aufgekommen, ob wegen der Notwendigkeit, den CO_2-Ausstoß angesichts des Klimawandels schnell zu minimieren, der Betrieb von sechs Atomkraftwerken das kleinere Übel sei.

Möchte man einen Eindruck von der Aufmerksamkeit gewinnen, welche die Auseinandersetzungen um die Atomenergie fanden, so kann man große Mengen maschinenlesbarer Texte auswerten. Im Folgenden wird zum einen für deutschsprachige Bücher der Google Books Ngram Viewer und zum anderen das Korpus der deutschsprachigen Presse des Digitalen Wörterbuchs der deutschen Sprache (DWDS) herangezogen. Vergleicht man die Häufigkeit der Begriffe, „Abtreibung", „Hartz IV" und „Klimawandel" sowie das Synonym „Kernkraftwerk" bzw. „Atomkraftwerk" in der deutschsprachigen Presse, so ist die Diskussion um die Nuklearenergie von 1973 bis 2003 das führende Thema. (Auch „Nachrüstung", „Waldsterben", „Volkszählung" und „Sozialabbau" kommen da nicht heran.)

Erstmals 2005 und dann seit 2014 mit kräftigen Zuwächsen hat „Klimawandel" in der Presse die Diskussion um „Atom-" bzw. „Kernkraftwerke" weit überflügelt. Vergleicht man die Nennung der drei wichtigsten Orte der Auseinandersetzungen, Brokdorf, Gorleben und Wackersdorf, mit derjenigen Wyhls, so bleibt Wyhl bis 1990 in der Presse zwar präsent, wird aber von Brokdorf und erst recht von Wackersdorf weit überflügelt, was der zunehmenden Mobilisierung entspricht.

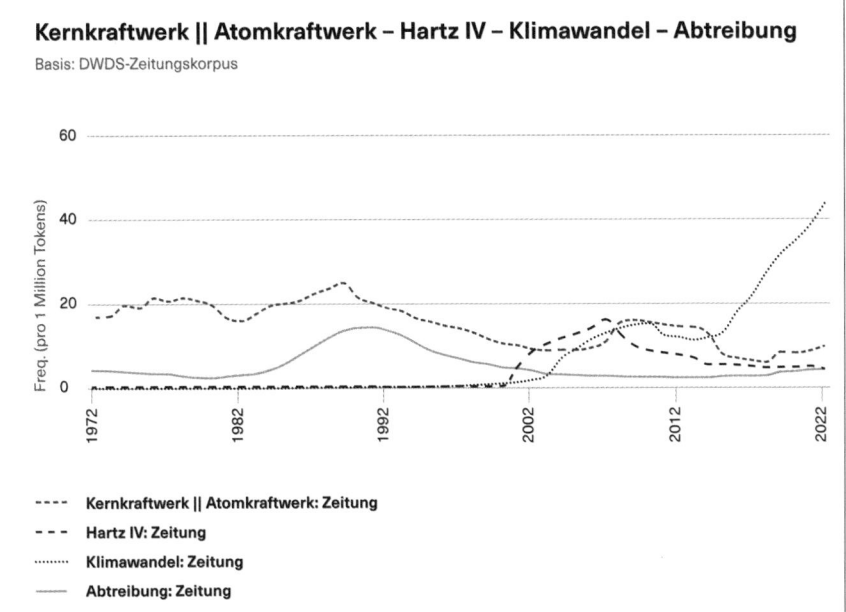

03 – Worthäufigkeit in ausgewählten deutschen Zeitungen 1970–2003

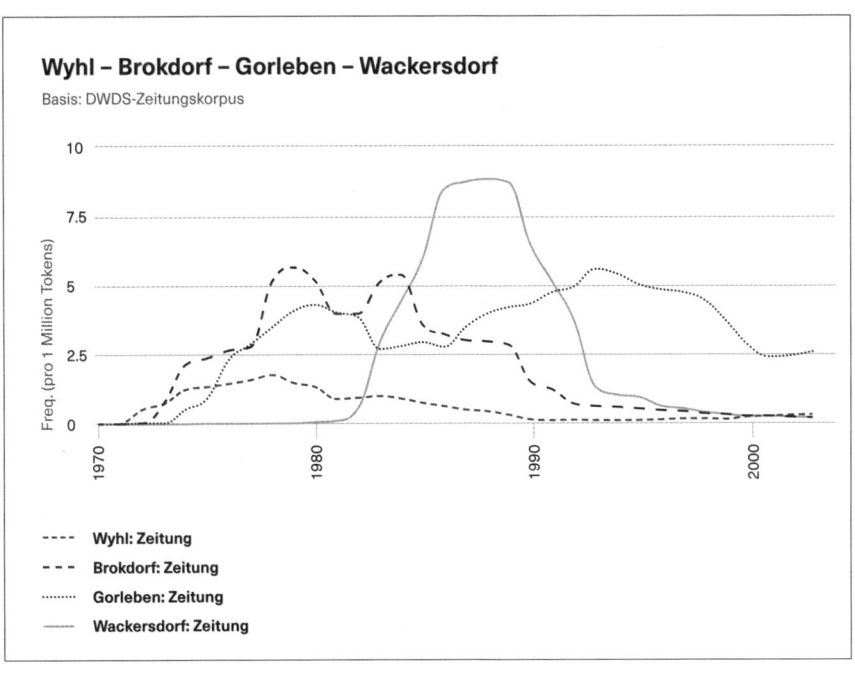

04 – Worthäufigkeit in ausgewählten deutschen Zeitungen 1972–2022

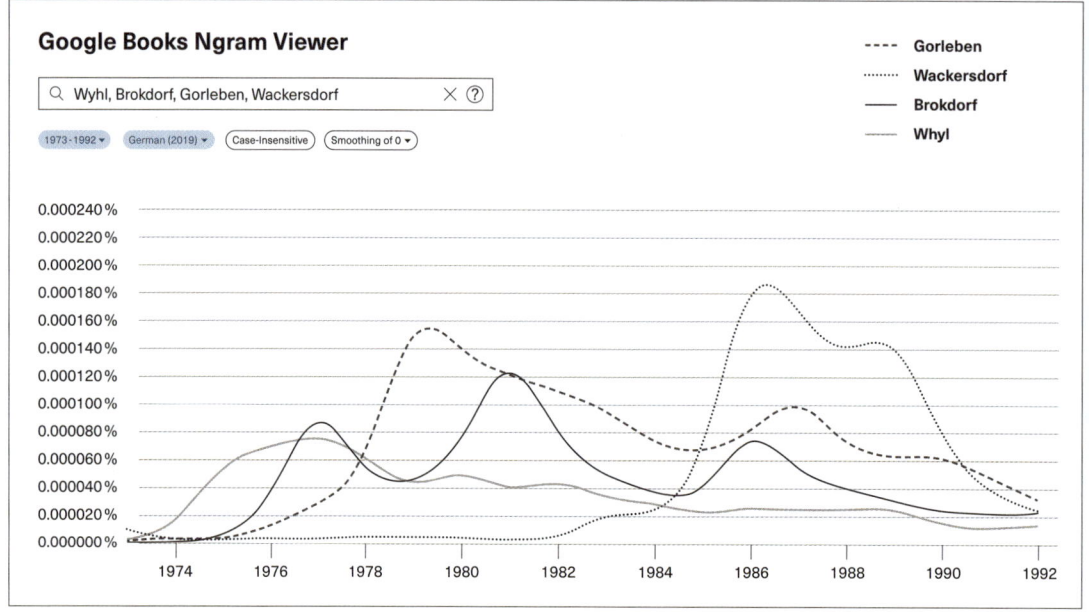

05 – Worthäufigkeit in „Google Books", 1972 – 1992

Der Häufigkeitsverlauf von „Gorleben" zeigt die zähen Auseinandersetzungen im Umgang mit Atomabfällen. Bemerkenswert ist der Unterschied zu den Veröffentlichungen bei Google Books: Hier wird Wyhl im Vergleich häufiger angeführt: „Wyhl" wird zum Synonym für erfolgreichen Protest gegen Atomanlagen.

Hierzu trug (besonders in Gorleben) die Übernahme von Protestelementen bei, die bereits von den früheren Protesten am südlichen Oberrhein und Hochrhein übernommen worden waren. Platzbesetzungen gab es vor Wyhl bereits in Fessenheim, Kaiseraugst und Marckolsheim, Blockaden (Rheinbrücken) und ein „Freundschaftshaus" gleichfalls in Marckolsheim; selbst der Rückbezug auf hierfür geeignet erscheinende Momente der Geschichte (Bauernkrieg, Revolution von 1848 und „Wacht am Rhein"), die Verwendung des Alemannischen und die erfolgreiche Devise des Wyhler Protestes, „Jetzt awer langts – Naï hanmer gsait", haben in Marckolsheim ihren Ursprung. Diese Rezeptur schien für die Protestierenden identitätsstiftend. Doch waren nicht alle Elemente geeignet, Schweizer oder gar Franzosen für den Protest gegen Kernkraftwerke zu gewinnen, spielen sie für deren Nationalgeschichte doch eine andere Rolle und nahm das

Elsässische als alemannischer Dialekt deutlich ab. Der Erfolg der Proteste gegen Kernkraftwerke in Deutschland und der Schweiz wurde hingegen auch durch die föderalen Strukturen begünstigt, die sich bis auf die Energieversorger erstreckten.

Zentral für das Andauern des Protests in Wyhl war das Gemeinschaftsgefühl. Dieses ist für viele Teilnehmer mit Massenerlebnissen verbunden. Durch gemeinsame Demonstrationsstrecken und das Einstimmen in Sprechchöre oder Lieder wird es verstärkt. Erst recht entsteht es, wenn man sich dabei behaupten möchte (Bauplatzbesetzungen, Blockaden). Es entstanden viele Protestsongs gegen Atomkraftwerke, oft Kontrafakturen auf bekannte Lieder, aber auch eigenständige Chansons von Roland Burkhart oder Walter Mossmann. In Wyhl hat man den Zusammenhalt gestärkt, indem, wie zuvor in Marckolsheim, ein „Freundschaftshaus", errichtet wurde und über einzelne Transparente und Flugblätter hinaus langlebige Mitteilungsblätter erschienen („Was wir wollen", Wyhl 1974–1981; „Umwelt-Bote", Weisweil 1975–1993). Die besetzten Plätze wurden reihum von verschiedenen Initiativen bzw. Ortschaften unterstützt. Entsprechend der Rollenteilung waren hierbei durch Beruf oder Familie weniger eingebundene Frauen und Ältere sowie Studierende besonders präsent.

Auch die visuelle Kommunikation erwies sich als erfolgreich: durch Buttons wurde der Widerstand gegen Atomkraftwerke im Alltag kenntlich, konnte zwischen Unbekannten leicht das Gespräch aufgenommen werden. Plakate dienten nicht nur dem Aufruf zu einzelnen Ereignissen, sondern auch der Identitätsbildung und Erinnerung. Die meisten Gestaltungen sind anonym, doch treten mit Hubert Hoffmann und Uta-Helene Götz auch einzelne Künstler namentlich hervor. Mit der Zeit bildeten sich eigene Ikonografien heraus: Atomkraftwerke wurden durch die Trias Schornstein, Reaktorkuppel und Kühlturm symbolisiert, wobei die Reaktorkuppel häufig als Totenschädel gestaltet war. Die „Atomsonne" mit der Umschrift „Atomkraft, nein danke!" wurde aus Dänemark übernommen und vielfältig variiert. Das „Nein, danke!" war noch eine Einladung zur sachlichen Auseinandersetzung. „Nai hämmer gsait!" „Kein Atomkraftwerk in (Wyhl) und anderswo!" „Lieber heute aktiv als morgen radioaktiv!" oder „Gorleben soll leben!" dienten lange als Slogans. Die Proteste in Wyhl, Brokdorf, Gorleben und Wackersdorf sowie die Katastrophen von Harrisburg, Tschernobyl und Fukushima wurden zu Chiffren einer eigenen Geschichte, das „Dreyeckland" wie das „Wendland" zu imaginierten Territorien. Für Demonstrationsaufrufe fanden Fotografien früherer Auseinandersetzungen mit der Polizei Verwendung, insbesondere die Aufnahmen von Meinrad Schwörer oder Günter Zint: je martialischer die Szene, desto notwendiger die Unterstützung. Für die Gorleben- bzw. Castor-Proteste (wie auch derzeit gegen den Braunkohletagebau) diente ein neongelbes X (für den „Tag X").

Wie sich die Farbfotografie durchsetzte, so lösten Fotokopien und Offsetdruck die hektografierten Flugblätter und den Siebdruck der frühen Plakate ab. Auch die Presse benötigte Bilder, so dass Aktionen spektakulär wurden: massenhafte, industriell gefertigte Fahnen, Farbregie, kamerataugliche Sprecherinnen und Sprecher, Demonstrationen vor bekannten Gebäuden oder Stunts von Greenpeace und Robin Wood vor ikonischen Kulissen oder performative Aktionen (Masken, Straßentheater, geformte Menschengruppen). Die Atomproteste wurden zunehmend professionell. Kampagnen entfalten durch firmenähnliche Organisationen wie .ausgestrahlt, campact, change.org bzw. inn.it und Soziale Plattformen wie Facebook, Twitter und Pinterest leichter Wirksamkeit, wobei die Organisationen auch in die inhaltliche Arbeit eingreifen. Diese Professionalisierung erscheint ambivalent. Natürlich war es mühsam, über 13 Jahre hinweg mit einer „Volkshochschule Wyhler Wald" mit rund 600 Veranstaltungen in Südbaden Kenntnisse zu Techniken und Risiken der Kernenergie zu vermitteln. Noch heute beeindruckt die Menge an Publikationen gegen die Nutzung der Kernenergie, angeführt von Holger Strohms „Friedlich in die Katastrophe" (1973). Interessenverbände (BBU, BUND) und Kampagnenplattformen können zielgerichteter mobilisieren. In ihrer auch beruflichen Abhängigkeit vom Erfolg passen sie schlecht zu aufwendigem Wissensaufbau und basisdemokratischer Willensbildung. Die neuen Sozialunternehmer machen jedoch die demokratische Aufgabe der Bürgerinitiativen nicht überflüssig.

Daneben hat der Protest auch Eingang in Literatur und Kunst gefunden. Wenn Christa Wolf in der DDR mit „Der Störfall – Nachrichten eines Tages" (1987) die persönliche und gesellschaftliche Überforderung einer Gehirnoperation mit der Katastrophe von Tschernobyl (1986) engführt, oder Élisabeth Filhol in „La Centrale" (2010) den bedrückenden Alltag von Leiharbeitern in der französischen Atomindustrie schildert, so wird mehr Problembewusstsein und affektive Beteiligung gewonnen als mit den meisten politischen Pamphleten. Problematischer scheint Gudrun Pausewangs „Die Wolke" (1987). Das liegt an der fraglichen Eignung als Jugendbuch oder Unterrichtslektüre, ist doch eine Behandlung der naturwissenschaftlichen, technischen und gesellschaftlichen Hintergründe in der Mittelstufe kaum leistbar. Auch in Filmen bietet die Atombombe die „besseren" Bilder. Mit dem Film „S'Weschpenäscht – Die Chronik von Wyhl" (1982) hat eine zweifelhafte Geschichtsschreibung in eigener Sache begonnen. Daneben ist das Sujet aber mit „Meltdown – Three Mile Island" (2022) als um Neutralität bemühte, dokumentarische Miniserie zur Katastrophe von Harrisburg selbst bei Netflix angekommen.

War der Protest gegen Atomkraftwerke also erfolgreich? Es gibt eine Schätzung, wonach die Proteste in Deutschland ein Drittel der Bauvorhaben verhindert haben. Letztlich ist dies schwer zu beurteilen. Der Abbruch der Bauarbeiten in Wackersdorf 1989 war beispielsweise einem wirtschaftlich besseren Angebot zur Wiederaufbereitung aus Frankreich geschuldet. Der Betreiber fiel der Landespolitik in den Rücken. Die kritische Öffentlichkeit hat wesentlich zum sicheren Betrieb der Kraftwerke beigetragen und vermutlich war der frühe Solarboom in Südbaden ein Erfolg von „Wyhl". Andere Aspekte fanden hingegen kein Echo, so der ‚Export' von Problemen durch den Import von Atomstrom, durch Uranabbau in Entwicklungsländern, durch Entsorgung strahlender Abfälle auf hoher See oder im Ausland. Dass Atomkraftwerke als Geisel genommen werden können, wie durch Russland bei seinem erneuten Überfall 2022 auf die Ukraine, hatte niemand vor Augen. „Kein Atomkraftwerk in Wyhl und anderswo" sollte sich nicht nur auf Deutschland beziehen, und die aktuellen Diskussionen um „Klimagerechtigkeit" haben daraus gelernt.

Warum also Wyhl? Als Erinnerungsort wurde „Wyhl" durch den ständigen Rückbezug der deutschen Protestbewegung auf diesen Erfolg geschaffen. Die vom Protest herbeigeführte Aufgabe des Standorts Breisach, der am 19. Juli 1973 die öffentliche Ankündigung Wyhls als neuem Standort folgte, ist das eigentliche Datum für fünfzig Jahre erfolgreichen Protest gegen Atomkraftwerke in Deutschland. Die Protestformen, welche in Wyhl von Marckolsheim übernommen wurden, dienten als Vorbilder für vier Jahrzehnte Protest. Wesentlich zu den Erfolgen beigetragen hat dabei der Schulterschluss mit der ländlichen Bevölkerung – am Kaiserstuhl wie am Niederrhein (Kalkar), im äußersten Nordosten Niedersachsens (Gorleben) wie in der Oberpfalz (Wackersdorf).

Dass Belange des ländlichen Raums wahrgenommen wurden, war ein Erfolg für die Demokratie. Wichtiger wurde die intern umstrittene Selbstrekrutierung einer neuen Generation für die repräsentative Demokratie, wie sie mit der Parteigründung der Grünen 1980 in Karlsruhe ihren Ausdruck fand. Rechtlich hat der Brokdorf-Beschluss des Bundesverfassungsgerichts 1985 Rahmenbedingungen gesetzt, welche zur Wirksamkeit von Protesten erforderlich sind. Und mit der Aufnahme des Umweltschutzes als Staatsziel in das Grundgesetz (Art. 20a) wurde 1994 manifest, was in Deutschland insbesondere durch die Proteste und Diskussionen um die Atomkraftwerke gemeinsames Selbstverständnis wurde. Deshalb ist „Wyhl" nicht nur ein Ort für die Protestinteressierten, sondern auch für die öffentliche Erinnerung.

Abbildungen

01:
Hubert Hoffmann: Heute Tannen, morgen wir, o. O., zwischen 1983 und 1989?
WLB Stuttgart / BfZ: PSLD8/18014

02:
Jungk, Robert: Der Atomstaat [Raubdruck], Graz: Verlag Atomic Kilroy 1977
WLB Stuttgart / BfZ: D 928

03:
DWDS-Wortverlaufskurve für „Kernkraftwerk || Atomkraftwerk – Hartz IV – Klimawandel – Abtreibung", erstellt durch das Digitale Wörterbuch der deutschen Sprache. https://www.dwds.de/r/plot/?view=1&corpus=zeitungenxl&norm=date%2Bclass&smooth=spline&genres=0&grand=1&slice=1&prune=0&window=3&wbase=0&logavg=0&logscale=0&xrange=1972%3A2022&q1=Kernkraftwerk%20%7C%7C%20Atomkraftwerk&q2=Hartz%20IV&q3=Klimawandel&q4=Abtreibung (Zugriff: 9.2.2023)

04:
DWDS-Wortverlaufskurve für „Wyhl – Brokdorf – Gorleben – Wackersdorf", erstellt durch das Digitale Wörterbuch der deutschen Sprache. https://www.dwds.de/r/plot/?view=1&corpus=zeitungenxl&norm=date%2Bclass&smooth=spline&genres=0&grand=1&slice=1&prune=0&window=3&wbase=0&logavg=0&logscale=0&xrange=1970%3A2003&q1=Wyhl&q2=Brokdorf&q3=Gorleben&q4=Wackersdorf (Zugriff: 9.2.2023)

05:
Kernkraftwerk, Atomkraftwerk, Hartz IV, Klimawandel, Abtreibung (Google books Ngram-Viewer)
https://books.google.com/ngrams/graph?content=Wyhl%2CBrokdorf%2CGorleben%2CWackersdorf&year_start=1973&year_end=1992&corpus=de-2019&smoothing=0 (Zugriff: 9.2.2023)

Jan-Henrik Meyer

Atom – Das Scheitern einer technischen Innovation?[1]

Was bedeutet „Scheitern einer technischen Innovation"?

Im Zusammenhang mit der Atomenergie in historischer Perspektive über das „Scheitern einer technischen Innovation" zu schreiben, ist in diesem Sommer 2022 eine besondere Herausforderung. Die Ereignisse in der Folge des russischen Angriffs auf die Ukraine haben eine längst beendet geglaubte Debatte wieder eröffnet – mit ungewissem Ausgang. Seit Fukushima 2011 war es in Deutschland parteiübergreifender Konsens, dass Ende 2022 Schluss sein sollte mit der Nutzung der Kernenergie in der Bundesrepublik. Die Atomenergie wurde ganz überwiegend als gescheiterte, problematische Technik angesehen, die kaum jemand mehr als innovativ oder zukunftsträchtig betrachtete, was sich auch daran zeigte, dass die Kernenergiewirtschaft massiv über Nachwuchssorgen klagte.[2]

Bis Anfang 2022 war man sich in Politik und Wirtschaft einig: Am Atomausstieg, den die Regierung von Angela Merkel 2011 als Reaktion auf die katastrophalen Kernschmelzen im japanischen Fukushima endgültig beschlossen hatte, sollte nicht mehr gerüttelt werden, nicht zuletzt, weil die erst 2010 von derselben christlich-liberalen Regierung durchgesetzte Laufzeitverlängerung zu massiven Protesten geführt hatte. Den jahrzehntelang erbittert geführten „gesellschaftlichen Großkonflikt", wie noch im November 2021 der FDP-Chef Christian Lindner mahnte, wollte niemand „wieder eröffnen".[3] Selbst das Deutsche Atomforum, seit 1959 unermüdlicher Lobbyist der Atomwirtschaft, hörte auf, den Atomkonsens öffentlich in Frage zu stellen, ehe es 2019 im Verband Kerntechnik Deutschland aufging. Auch wissenschaftliche Beobachterinnen und Beobachter erwarteten, dass die Atomenergie in Deutschland keine Zukunft mehr haben würde.[4] Als der Umwelthistoriker Frank Uekötter seine jüngst erschienene Geschichte der Atomenergie in Deutschland mit dem festen Blick auf deren geplantes Ende 2022 schrieb und sich ausmalte, welche Bilder die Medien wohl zum Jahresende präsentieren würden, war diese neue Debatte keineswegs abzusehen.[5]

Seit dem 24. Februar 2022 und der nachfolgenden Verknappung des russischen Pipeline-Gases, das seit 2011 neben den Erneuerbaren als Ersatz für Atomkraft und Kohle genutzt worden war, veränderte sich die Debatte schlagartig. Bereits im März zeigte sich der neue Finanzminister Lindner offen für eine Diskussion über den Weiterbetrieb der Atomkraftwerke,[6] obwohl er sich kurz zuvor noch mit wirtschaftsliberalen und ordnungspolitischen Argumenten gegen die Atomkraft ausgesprochen hatte, „da es sich um eine Energiequelle handelt, die im Markt nicht zu versichern ist und daher die Staatshaftung gegen den GAU braucht".[7] Angesichts steigender Energiepreise forderten FDP und CDU und CSU (neben der AfD, die nie gegen Atomkraft war) im Sommer 2022 den Weiterbetrieb der Kernkraftwerke, einzelne Politiker gar den Neubau von Atomkraftwerken.[8]

Binnen weniger Monate verkehrte sich die Debatte über Atomkraft, die viele in Deutschland seit 2011 als Technologie von gestern werteten, in eine Debatte über die (weitere) Notwendigkeit der Atomkraft. Genau die gleichen Argumente, mit denen ihre Befürworter:innen in der Hochzeit des Kernkraftwerkbaus in den 1970er Jahren nach der Ölkrise die Notwendigkeit von Kernkraftwerken begründet hatten,[9] wurden nun wieder ins Feld geführt: der Beitrag zur Versorgungssicherheit, zur Einsparung fossiler Ressourcen und zu niedrige(re)n Strompreisen.[10] Überspitzt gesagt, gelang es Wladimir Putins Russland, dessen Staatskonzern Rosatom ein wichtiger Lieferant für angereichertes Uran in Europa ist,[11] den Effekt von Fukushima rückgängig zu machen. Die Debatte scheint auf den Stand der 1970er und 1980er Jahre zurückgeführt, inklusive der parteipolitischen Lagerbildung.[12]

Liegt also die Bewertung von Erfolg oder Scheitern einer Technik völlig im Auge des Betrachters und ist abhängig vom Standpunkt in Ort, Zeit und aktueller Krise?

Die aktuelle Situation ist historiographisch deshalb interessant, weil sie die Offenheit der Geschichte zeigt und uns herausfordert, nicht einfach teleologisch nach den Gründen für den Atomausstieg zu suchen, der vielleicht in der bisher gesetzlich geregelten Form gar nicht mehr stattfinden wird. Dieser Beitrag versucht die Frage nach dem „Scheitern" anhand der Geschichte der Atomenergie zu beantworten. Kernenergie wird dabei als eine „öffentliche Technologie" (public technology) betrachtet, also eine Technik, deren Entwicklung und Anwendung nicht nur massiv öffentlich gefördert wurde, sondern auch immer in der Öffentlichkeit diskutiert und ausgehandelt wurde.[13] Zunächst aber sind einige Begriffe zu klären.

Begriffsklärungen

Alle drei im Titel dieses Aufsatzes genannten Begriffe sind sowohl wertend als auch umstritten.[14] Selbst die Bezeichnung der hier diskutierten Technik war spätestens seit den 1970er Jahren nicht mehr ohne eigene Positionierung möglich. Seitdem sprachen Befürworter nicht mehr wie anfangs von Atomkraft oder -energie, sondern nur mehr von Kernkraft, um negative Assoziationen mit Atomwaffen zu vermeiden. Atomkraftgegner sprachen dagegen durchweg von Atomkraft, weil sie Gemeinsamkeiten zwischen militärischer und ziviler Atomtechnik sahen und das auch sprachlich deutlich machen wollten.[15]

Auch beim Begriff Innovation schwingt eine starke Wertung durch einen positiven Zukunftsbezug mit.[16] Innovation bezeichnet in der Regel eine wünschenswerte, nützliche Neuerung, impliziert Fortschritt durch Technik und das Versprechen, wirtschaftliche oder gesellschaftliche Probleme durch technischen Wandel zu lösen, als „technological fix".[17] Spätestens seit den 1950er Jahren fördern Staaten Innovation, weil sie sich im globalen Wettbewerb sehen.[18] Umgekehrt legitimiert sich Forschung und Entwicklung durch das Versprechen, Innovationen zu produzieren. Technikgeschichte und Innovationsforschung haben gezeigt, dass Innovation sich nicht nur auf die Technik beschränkt, sondern ein komplexes Zusammenspiel von Wissenschaft, Wirtschaft, Staat und Konsumenten, inklusive der Akzeptanz durch letztere darstellt.[19]

Schließlich ist auch Scheitern – als Gegenbegriff zum Erfolg – ein problematischer Begriff. Angemessene Bewertungskriterien sind schwer zu definieren, und die Perspektive macht den Unterschied: Das Scheitern einer umstrittenen Energietechnik ist für deren Gegnerinnen und Gegner ein Erfolg. Ob dieses Scheitern aber von gesamtgesellschaftlichem Nutzen ist, weil Risiken vermieden werden, oder ob das Scheitern Schaden anrichtet, weil Investitionen abgeschrieben werden müssen, wird umstritten bleiben. Die Technikgeschichte schlägt vor, zunächst ganz vereinfacht das Scheitern einer Innovation danach zu definieren, ob die Entwicklungskosten auf dem Markt wieder eingespielt wurden.[20] Aber auch das ist bei einem großtechnischen System mit vielen

Beteiligten und komplizierten Finanzierungsmodalitäten nicht ganz leicht zu berechnen.

In der historischen Rückschau auf Erfolg oder Scheitern der Atomenergie im Hinblick auf Technik, Ökonomie, Politik und Öffentlichkeit in Deutschland lassen sich drei Phasen unterscheiden: eine erste Phase in den 1950er und 1960er Jahren; eine zweite in den 1970er und 1980er Jahren und eine dritte, die sich von den 1990er Jahren bis 2011 oder gar bis 2022 erstreckt.

Im Gefolge von Atoms for Peace (1950er und 1960er Jahre)

In einer ersten Phase, die für die Bundesrepublik eigentlich erst in der zweiten Hälfte der 1950er Jahre begann, geschah im geteilten Deutschland das, was in vielen westlichen, aber auch osteuropäischen Ländern passierte, nämlich der Aufbau „friedlicher" Atomforschung: Während des Zweiten Weltkrieges hatten die USA die Atomtechnik für den Bombenbau entwickelt und strikter militärischer Geheimhaltung unterworfen. Dies änderte sich erst im Gefolge der Atoms for Peace-Kampagne des US-amerikanischen Präsidenten Eisenhower, die ab 1953 mit Ausstellungen und Konferenzen massiv für die zukünftige Nutzung der Atomtechnik für sogenannte „friedliche" Zwecke warb.[21] Erst da begann auch im geteilten Deutschland die bisher untersagte Atomforschung wieder, mit technischer Unterstützung wie Forschungsreaktoren und Material aus den USA – in der DDR entsprechend aus der Sowjetunion. Politisch wurde dies überall in Europa durch ambitionierte und großzügig finanzierte Forschungsprogramme, in der Bundesrepublik sogar durch ein eigenes Atomministerium unterstützt. In mehreren Forschungszentren – Karlsruhe, Jülich, Geesthacht – wurden verschiedene Reaktortypen entwickelt, die nach den ursprünglichen Plänen zusammen mit der Industrie gebaut werden sollten.

Die in Europa entwickelten Reaktoren scheiterten allerdings fast alle an der Akzeptanz ihrer Kunden und damit letztlich an der Ökonomie: Die großen Energieversorgungsunternehmen waren nicht bereit, neuartige Reaktoren als Leistungskraftwerke zu realisieren, weil sie unabsehbare Risiken dieser völlig neuen Technik befürchteten.[22] Stattdessen wurden seit den 1960er Jahren amerikanische Leichtwasserreaktoren in Lizenz von bundesdeutschen Industrie-Unternehmen gefertigt und installiert. Auch die ursprüngliche Vielzahl von Unternehmen, die im Reaktorbau tätig werden wollten, reduzierte sich bis Anfang der 1970er Jahre auf ein einziges Unternehmen, die Kraftwerk Union.[23]

Diese Marktbereinigung muss man aber nicht unbedingt als Scheitern werten, denn in Politik und Öffentlichkeit hatte sich ein positives Bild der Atomenergie als Energie der Zukunft etabliert. Gegen Ende der 1960er Jahre begannen die Energieversorgungsunternehmen, immer mehr und immer größere Kernkraftwerke zu ordern, die den erwarteten rapide steigenden Stromverbrauch in Zukunft decken helfen sollten.

01 – Atomkraft, nein danke!
Erfunden in Aarhus, Dänemark

Umstrittene Atomkraft (1970er und 1980er Jahre)

In den 1970er Jahren, und insbesondere nach der Ölkrise von 1973, wurde – wie anderswo in Europa – nun auch in der Bundesrepublik eine Vielzahl von neuen Kernkraftwerken gebaut. Als die bisherige Vision Kernkraft konkret Gestalt annahm, bildeten sich an verschiedenen Standorten Anti-Atomkraft-Gruppen, deren Aktivitäten sich seit der Bauplatzbesetzung in Wyhl in Baden-Württemberg 1975 landesweit und transnational zur Anti-Atom-Bewegung vernetzten. Die Proteste fanden rasch medial große Aufmerksamkeit. An verschiedenen Bauplätzen kam es bei Demonstrationen zu gewalttätigen Auseinandersetzungen.[24]

Die Bundesregierung sah ihr Ziel, mittels Kernkraft die Energieversorgung angesichts steigender Ölpreise sicherzustellen, gefährdet und versuchte nach schwedischem Vorbild[25] mit einer vom Bundesministerium für Forschung und Technologie gestarteten Informations- und Kommunikations-Kampagne, dem „Bürgerdialog Kernenergie", gegenzusteuern und mit Anzeigen, Materialien und Veranstaltungen die Diskussion zu versachlichen. Dies erwies sich als schwierig, weil viele Kritikerinnen und Kritiker die sozial-liberale Bundesregierung klar als Befürworterin der Kernenergie und damit als parteiisch wahrnahmen.[26]

Klagen vor Gericht stoppten oder verzögerten den Bau verschiedener umstrittener Anlagen, der bei diesen technischen Großprojekten schon zuvor aus technischen, administrativen und finanziellen Gründen viel langsamer war als erwartet.[27] Ironischerweise verhinderten aber diese Verzögerungen und das Scheitern mancher Projekte, wie Wyhl, dass ein Überangebot an Kraftwerkskapazitäten entstand, das die Energieversorger in finanzielle Schieflage hätte bringen können, wie es in den USA passierte.[28]

In den 1970er Jahren wurden die technischen und ökonomischen Probleme der Kernenergie intensiv in einer breiteren Öffentlichkeit diskutiert. Diese Debatten prägten dauerhaft das Bild einer problematischen Technologie. Viele Menschen machten ihre Ablehnung der hiermit verbundenen Risiken mit dem aus Dänemark übernommenen Aufkleber oder Anstecker „Atomkraft, nein danke" deutlich.

Während frühe Kritik aus dem eugenisch-völkischen „Weltbund zum Schutz des Lebens" vor allem auf Strahlen- und Erbgutschäden verwiesen hatte, standen nun Umweltauswirkungen, wie die Aufheizung von Flüssen durch Abwärme,[29] Unfall- und Haftungsrisiken,[30] die mögliche Weiterverbreitung von militärisch nutzbarem spaltbarem Material sowie die ungelöste Frage der Entsorgung nuklearer Abfälle im Zentrum der Debatte. Die Bundesregierung reagierte, indem sie ein Entsorgungsjunktim vorschrieb, die Betreiber also verpflichtete, eine gesicherte Entsorgung ihrer nuklearen Abfälle nachzuweisen.[31] Die langjährigen Konflikte um die zwischen 1977 und 1979 zunächst in Gorleben, dann in den 1980er Jahre im oberpfälzischen Wackersdorf geplante, 1989 aber aufgegebene Wiederaufarbeitungsanlage und um das bis 2020 für Gorleben geplante Endlager führten zu einer massiven und andauernden Mobilisierung, die durch die nuklearen Unglücke von Harrisburg 1979 und Tschernobyl 1986 jeweils verstärkt wurden.

Der politische Rückhalt schrumpfte nun: Nach Tschernobyl bekannte sich auch die seit den 1970er Jahren gespaltene SPD zum Ausstieg aus der Atomenergie.[32] In den Folgejahren bis 1989 wurden zwar die letzten Leistungsreaktoren fertiggestellt. Die Kernkraftwerke der DDR wurden aber bereits 1990 stillgelegt. Und die beiden neuartigen, von westdeutschen und europäischen Forschungseinrichtungen entwickelten, aber öffentlich schon lange höchst umstrittenen Reaktoren, der Thorium-Hochtemperatur-Reaktor (THTR) in Hamm-Uentrop und der Schnelle Brüter in Kalkar wurden 1989 bzw. 1991 politisch gestoppt.[33]

Das Image einer innovativen Technologie, das die Atomtechnik seit den 1950er Jahren für sich in Anspruch genommen hatte, verband sich zu dieser Zeit eher mit Computern. Auch ökonomisch verloren Investitionen in die Kernkraft an Attraktivität für die Energieversorger, weil sie auf die Vorfinanzierung hoher Anfangsinvestitionen angewiesen waren, die im Umfeld hoher Zinsen und niedriger Inflationsraten teuer und schwierig war.[34]

Brückentechnologie oder Ausstieg?
(1990er Jahre bis heute)

In den Jahrzehnten nach 1990 erwies sich die Ökonomie der Kernkraftwerke für ihre Betreiber als Vorteil, weil die Brennstoffkosten sehr gering waren und die meisten bestehenden Anlagen ohne größere Unfälle und Kosten Strom produzierten. Die vorläufige Entsorgung des Atommülls fand in den 1990er Jahren mittels Wiederaufarbeitung im französischen La Hague statt, von wo die Castor-Behälter in Zwischenlager wie Gorleben gebracht wurden, was regelmäßig von Protesten mit spektakulären Ankettungen an Eisenbahngleise begleitet war, ganz ähnlich den heutigen Klimaprotesten.

Auch der Atomausstieg, den die neue rot-grüne Bundesregierung nach zähen Verhandlungen mit den Betreibern im Atomkonsens von 2000 festschrieb, ließ den Energieversorgern eine planbare längere Restlaufzeit ihrer Anlagen, um Entschädigungsforderungen zu vermeiden.[35]

Dass die christlich-liberale Regierung die Laufzeitverlängerung von 2010 mit der Begründung, es handle sich um eine „Übergangstechnologie", verteidigte, zeigt bereits, wie sehr sich die Atomkraft als öffentliche Technologie in der Defensive befand, vor allem gegenüber den Erneuerbaren, die immer mehr als Zukunftstechnologien betrachtet wurden.[36] Die in diesem Zusammenhang eingeführte Brennelemente-Steuer erwies sich im Nachhinein als verfassungswidrig und musste an die Betreiber zurückgezahlt werden. Nach dem neuen verkürzten Atomausstieg von 2011 erhielten die Stromversorger Entschädigungen und konnten sich von den unabsehbaren Entsorgungskosten durch eine pauschale Zahlung freikaufen.[37] Während sich der ökonomische Schaden aus dem Atomausstieg für die Betreiber auf diese Weise in Grenzen hielt, bedeutete dies, dass neben den technischen und politischen Schwierigkeiten, ein sicheres Endlager zu realisieren, auch die unabsehbaren finanziellen Verpflichtungen, die aus jahrzehntelanger Atomkraft-Nutzung resultieren, der Allgemeinheit und künftigen Generationen aufgebürdet wurden. Ganz ähnlich wie beim CO_2-Ausstoß wurden die Kosten in die Zukunft externalisiert.[38]

02 – Orte atomarer Entsorgung, Wegweiser am Bahnhof Lüneburg

Atomkraft – eine gescheiterte Innovation?

In Deutschland – und einigen anderen europäischen Ländern wie Dänemark oder Österreich – erscheint Atomkraft tatsächlich als eine gescheiterte Innovation, eine Technik, die nicht oder nicht mehr genutzt werden soll.[39] Als eine öffentliche Technologie, die an einer Öffentlichkeit gescheitert ist, die die Risiken höher gewichtete als mögliche Vorzüge, und an einer Politik, die auf diese öffentliche Auseinandersetzung reagierte, zum Teil auch aus kurzfristigen parteipolitischen Überlegungen. Wirtschaftlich ist Kernenergie mit großen Risiken für die Betreiber verbunden, für die sie staatlicherseits abgesichert wurden. Technisch bleibt Atomenergie eine Hochrisikotechnologie, „a complicated way of boiling water".[40] Kernkraftwerke stellen hohe Ansprüche an Sicherheit im Hinblick auf technische Anlagen und Personal und sind weder für den Kriegsfall, noch für Trockenheit oder Naturkatastrophen ausgelegt. Und auch die strahlenden Abfälle bleiben eine extrem schwierige Hinterlassenschaft.[41]

In vielen Ländern weltweit dagegen betrachten große Teile von Öffentlichkeit und Politik Atomkraft durchaus weiter als innovativ, eine Sichtweise, die die Internationale Atomenergiebehörde nach Kräften unterstützt.[42] In Frankreich, dessen staatseigener Energieversorger einen Großteil seines Stroms durch Kernkraft erzeugt, erscheinen beispielsweise Argumente wie Versorgungssicherheit, nationale Unabhängigkeit und die vorgebliche Klimafreundlichkeit wichtiger, auch wenn – mit hohem Energieaufwand angereichertes – Uran importiert und im Sommer mangels Kühlwasser Kraftwerksleistungen gedrosselt werden müssen. Am Ende ist die Bewertung, ob eine Technik als zukunftsweisend oder zum Scheitern verurteilt ist, ein Ergebnis öffentlicher und politischer Entscheidungen.

Anmerkungen

1
Dieser Aufsatz nutzt u.a. Materialien, die im Zuge des vom Bundesamt für die Sicherheit der nuklearen Entsorgung unter der Forschungskennziffer 4719F90101 geförderten Projekts Bürgerdialog Kernenergie 1974–1983 gesammelt worden sind.

2
Kirchhof, Astrid Mignon / Trischler, Helmuth: The History behind West Germany's Nuclear Phase-Out, in: Kirchhof, Astrid Mignon (Hg.): Pathways into and out of Nuclear Power in Western Europe. Austria, Denmark, Federal Republic of Germany, Italy, and Sweden, München: Deutsches Museum 2019, S. 124–169.

3
Lindner, Christian: Deutschland unterschätzt Inflationsrisiken systematisch, 03.11.2021, https://www.faz.net/aktuell/wirtschaft/christian-lindner-im-interview-ueber-inflation-und-hohe-schulden-17616262.html, Zugriff: 18.11.2022.

4
Radkau, Joachim / Hahn Lothar: Aufstieg und Fall der deutschen Atomwirtschaft, München: Oekom 2013.

5
Uekötter, Frank: Atomare Demokratie. Eine Geschichte der Kernenergie in Deutschland, Stuttgart: Franz Steiner 2022, S. 291–292, S. 363 Fn. 82.

6
Lindner, Christian: Bundesfinanzminister Christian Lindner im Interview mit der Augsburger Allgemeinen über den vorgelegten Bundeshaushalt sowie einen Haushalt, der die Folgen der Ukrainekrise enthalten wird, 21.03.2022, https://www.bundesfinanzministerium.de/Content/DE/Interviews/2022/2022-03-21-augsburger-allgemeine.html, Zugriff: 14.09.2022.

7
Lindner: Deutschland unterschätzt Inflationsrisiken.

8
Ex-Minister Scheuer fordert Bau von drei neuen Atomkraftwerken, 27.08.2022, https://www.faz.net/aktuell/politik/inland/energiekrise-csu-politiker-scheuer-fordert-bau-von-drei-neuen-atomkraftwerken-18272953.html#void, Zugriff: 14.09.2022.

9
Meyer, Jan-Henrik: Indispensable, safe and sustainable? How the European Parliament debated nuclear energy megaprojects in the 1970s energy transition, in: Journal of Mega Infrastructure & Sustainable Development, Bd. 2 (2022), Heft 2, S. 187–205.

10
Peters, Björn: The Global Renaissance of Nuclear Energy, in: atw – International Journal for Nuclear power, Bd. 67 (2022), Heft 5, S. 16–22.

11
NDR: Gegen Uran-Lieferung aus Russland: Mahnwache in Lingen, 12.09.2022, https://www.ndr.de/nachrichten/niedersachsen/osnabrueck_emsland/Gegen-Uran-Lieferung-aus-Russland-Mahnwache-in-Lingen,atomtransport160.html, Zugriff: 14.09.2022.

12
Schumann, Harald: Nukleare Renaissance aus Energiemangel?: Das schwarz-gelbe Trommeln für die Atomkraft ist absurd, 18.07.2022, https://www.tagesspiegel.de/politik/das-schwarz-gelbe-trommeln-fur-die-atomkraft-ist-absurd-5152249.html, Zugriff:14.09.2022.

13
Arapostathis, Efstathios / Bud, Robert / Trischler, Helmuth: Nuclear Energy in Europe: A Public Technology, in: Kaijser, Arne u.a. (Hg.): Engaging the Atom. The History of Nuclear Energy and Society in Europe from the 1950s to the Present, Morgantown: West Virginia University Press 2021, S. 230–253.

14
Koselleck, Reinhart: Vergangene Zukunft: Zur Semantik geschichtlicher Zeiten, Frankfurt: Suhrkamp 1995, S. 211–259.

15
Gründler, Hartmut: Kernenergiewerbung. Die sprachliche Verpackung der Atomenergie. Aus dem Wörterbuch des Zwiedenkens, in: Born, Nicolas u.a. (Hg.): Die Sprache des Großen Bruders. Gibt es ein ost-westliches Kartell der Unterdrückung?, Reinbek: rowohlt 1977, S. 69–89.

16
Graf, Rüdiger / Herzog, Benjamin: Von der Geschichte der Zukunftsvorstellungen zur Geschichte ihrer Generierung, in: Geschichte und Gesellschaft, Bd. 42 (2016), Heft 3, S. 497–515.

17
Oelschlaeger, Max: The Myth of the Technological Fix, in: The Southwestern Journal of Philosophy, Bd. 10 (1979), Heft 1, S. 43–53.

18
Radkau, Joachim: Der atomare Ursprung der Forschungspolitik des Bundesforschungsministeriums, in: Weingart, Peter u.a. (Hg.): Das Wissensministerium: ein halbes Jahrhundert Forschungs- und Bildungspolitik in Deutschland, Weilerswist: Velbrück 2006, S. 33–63.

19
Forstner, Christian: Kernphysik, Forschungsreaktoren und Atomenergie: Transnationale Wissensströme und das Scheitern einer Innovation in Österreich, Wiesbaden: Springer Spektrum 2019, S. 1–3.

20
Ebd., S. 3.

21
Hamblin, Jacob Darwin: The Wretched Atom. America's Global Gamble with Peaceful Nuclear Technology, Oxford: Oxford University Press 2021.

22
Radkau, Joachim: Aufstieg und Krise der deutschen Atomwirtschaft 1945–1975. Verdrängte Alternativen in der Kerntechnik und der Ursprung der nuklearen Kontroverse, Reinbek: Rowohlt 1983.

23
Uekötter: Atomare Demokratie, S. 85.

24
Meyer, Jan-Henrik: Kleine Geschichte der Atomkraftkontroverse in Deutschland, in: Aus Politik und Zeitgeschichte, Bd. 71 (2021), Heft 21–23, S. 10–16.

25
Hauff, Volker: Das schwedische Modell zur öffentlichen Diskussion über Energiepolitik, Bonn: Bundesministerium für Forschung und Technologie 1977.

26
Albrecht, Richard / Opper, Karl Heinz: Die nukleare Kontroverse. Bürgerinitiativen als Objekt sozialwissenschaftlicher Ausforschung, in: Blätter für deutsche und internationale Politik, Bd. 24 (1979), Heft 7, S. 822–832.

27
Z.B. Historical Archive of the European Commision (HAEU) : P. Huvelin, President of UNICE, to F. X. Ortoli, President of the European Commission; Déclaration de l'UNICE sur la crise de l' énergie; Groupe de réflexion de l'UNICE. Etude sur la sécurité des approvisionnements en énergie de la Communauté européenne, recommandations, BAC 94/1985 No. 7.1, S. 113–174.

28
Lifset, Robert D.: Forum: The Environmental History of Energy Transitions: Nuclear Power in America: The Story of a Failed Energy Transition, in: Environmental History, Bd. 24 (2019), Heft 3, S. 524–533.

29
Frankfurter Allgemeine Zeitung, R[udzinski], K[urt]: Wohin mit dem warmen Abwasser? Sorgen um die Abwärme von Atomgroßkraftwerken, Nr. 266, 05.11.1969, S. 34.

30
Wehner, Christoph: Die Versicherung der Atomgefahr. Risikopolitik, Sicherheitsproduktion und Expertise in der Bundesrepublik Deutschland und den USA 1945–1986, Göttingen: Vandenhoeck & Ruprecht 2017.

31
Uekötter: Atomare Demokratie, S. 153.

32
Ebd., S. 246.

33
Kirchner, Ulrich: Der Hochtemperaturreaktor. Konflikte, Interessen, Entscheidungen, Frankfurt: Campus 1991.

34
Uekötter: Atomare Demokratie, S. 222; Rubio, Mar: The Changing Economic Context Influencing Nuclear Decisions, in: Kaijser, Arne u.a. (Hg.): Engaging the Atom. The History of Nuclear Energy and Society in Europe from the 1950s to the Present, Morgantown: West Virginia University Press 2021, S. 52–80.

Abbildungen

35
Uekötter: Atomare Demokratie, S. 273.

36
Hermwille, Lukas: The Role of Narratives in Socio-Technical Transitions – Fukushima and the Energy Regimes of Japan, Germany, and the United Kingdom, in: Energy Research & Social Science, Bd. 11 (2016), S. 237–246.

37
Uekötter: Atomare Demokratie, S. 281–286.

38
Altvater, Elmar: Der nukleare Dreck muss weg oder: Ohne Externalitäten keine kapitalistische Moderne, in: Brunnengräber, Achim u.a. (Hg.): Im Hürdenlauf zur Energiewende: Von Transformationen, Reformen und Innovationen, Wiesbaden: Springer VS 2014, S. 401–412.

39
Forstner: Kernphysik, Forschungsreaktoren und Atomenergie; Meyer, Jan-Henrik: 'Atomkraft – Nej tak'. How Denmark did not Introduce Commercial Nuclear Power Plants, in: Kirchhof, Astrid Mignon (Hg.): Pathways into and out of Nuclear Power in Western Europe: Austria, Denmark, Federal Republic of Germany, Italy, and Sweden, München: Deutsches Museum 2019, S. 74–123.

40
Evens, Siegfried: A complicated way of boiling water: nuclear safety in water history, in: Water History, Bd. 12 (2020), Heft 3, S. 331–344.

41
Brunnengräber, Achim: Das wicked problem der Endlagerung: Zehn Charakteristika des komplexen Umgangs mit hochradioaktiven Reststoffen, in: Brunnengräber, Achim (Hg.): Problemfalle Endlager: Gesellschaftliche Herausforderungen im Umgang mit Atommüll, Baden-Baden: Nomos 2016, S. 145–166.

42
Hamblin: The Wretched Atom.

01:
Hauswand mit „Nej Tak!"-Graffiti
Foto: Jan-Henrik Meyer

02:
Atom-Wegweiser am Bahnhof in Lüneburg
Foto: Jan-Henrik Meyer
[www.lagatom.de]

Ortwin Renn

Die nukleare Option – vom Hoffnungsträger zum Risikofaktor

01 – Plakat: „In Harrisburg gehen die Lichter schon aus" (1979)

Einleitung

Im Laufe der letzten 50 Jahre der Entwicklung und Anwendung der Kernenergie hat die Politik zur nuklearen Energieerzeugung in fast allen Ländern der Welt ein Wechselbad der Gefühle erlebt, das von Begeisterung bis zu tiefer Skepsis reicht.[1] Den Versprechungen einer (vermeintlich?) billigen und unerschöpflichen Energieversorgung standen Bedenken hinsichtlich der nuklearen Sicherheit, des Missbrauchs für kriegerische Zwecke und der Abfallentsorgung gegenüber.[2] Wichtige Meilensteine in der Geschichte der Kernenergiepolitik waren der nukleare Zwischenfall in TMI (Three Mile Island) bei Harrisburg in den Vereinigten Staaten 1979, der Unfall in Tschernobyl in der Ukraine 1986 und zuletzt die Kernschmelze in Fukushima in Japan im Jahr 2011. Alle drei Ereignisse lösten große Veränderungen und Anpassungen in der öffentlichen Meinung sowie in der Regulierung und im Risikomanagement aus.[3]

Diese drei Ereignisse hatten nachhaltige Auswirkungen auf die öffentliche Meinung. Nach TMI hatten viele Umfragen in den USA, Kanada und den meisten europäischen Ländern eine zunehmend ambivalente Haltung der meisten Menschen in Bezug auf die Chancen und Risiken der Kernenergie und anderer großtechnischer Systeme ergeben.[4] Risikowahrnehmungsstudien und Untersuchungen der Einstellung der Bevölkerung zur Kernenergie zeigten, dass die Menschen vor den umwelt- und gesundheitsbezogenen Auswirkungen von Großtechnologien Sorgen hatten, sie aber gleichzeitig der technischen und politischen Elite ein gewisses Maß an Vertrauenswürdigkeit zubilligten.

Dieses Bild änderte sich dramatisch nach Tschernobyl im Jahr 1986. Interessanterweise ereigneten sich 1986 auch zwei andere große technologische Unfälle: Die Challenger-Katastrophe und die Rheinverschmutzung infolge eines Chemieunfalls in einem Chemiewerk in Basel (Schweiz). Die Befürworter der Großtechnologien gerieten dadurch in die Defensive, während die Skeptiker begannen, ein neues Kapitel über Risiko und die Akzeptanz von Großtechnologien zu definieren.[5] Nun wurde den Experten nicht nur mangelnde Moral, sondern auch mangelnde Rationalität vorgeworfen.[6] Eine unmittelbare Folge davon war, dass praktisch alle europäischen Länder, mit Ausnahme Frankreichs, den Ausbau der Kernenergie einstellten. In Deutschland wurde das Projekt der Wiederaufarbeitung von Atommüll nach langen und erbitterten Auseinandersetzungen vollständig aufgegeben. Mitte 2000 einigte sich die deutsche Regierung, eine Koalition aus Sozialdemokraten und den Grünen als starkem Juniorpartner, mit der Atomindustrie auf einen Ausstieg aus der Kernenergie in den nächsten drei bis vier Jahrzehnten.[7]

In Österreich wurde der Bau von Kernkraftwerken nach 1998 durch eine Volksabstimmung gestoppt, und in der Schweiz wurde ein Moratorium für den weiteren Ausbau von Kernkraftwerken verhängt. Doch die Kernenergie war nicht die einzige Technologie, die nach eingehender Prüfung in Misskredit geriet. Massive Ablehnung herrschte auch gegenüber der chemischen Industrie, den Abfallverwertungsanlagen, dem Straßenbau, dem Flughafenausbau und schließlich der Errichtung der ersten Labors und Produktionsanlagen zur Anwendung der Gentechnologie.[8] Die Zauberworte der späten 1980er Jahre lauteten: Dezentralisierung, verbrauchernahe Versorgung, erneuerbare Energiequellen, ökologische Anbaumethoden, Ausbau der öffentlichen Nahverkehrsinfrastrukturen und Entwicklung auf der Grundlage „weicher" Technologien.

Nach 1996 drehte der Wind jedoch wieder. Die zuvor abgelehnten Expertenmeinungen tauchten mit einer gewissen Schadenfreude wieder auf, in denen es hieß, dass die Katastrophen von 1986 doch nicht so schlimm gewesen seien.[9] Der Rhein hatte sich von dem Unglück in Schweizerhalle viel schneller erholt, als es selbst die optimistischsten Meinungen vorauszusagen gewagt hatten. Zudem gab es keine weiteren Katastrophen im Zusammenhang mit Weltraumflügen, die mit der Challenger-Katastrophe vergleichbar gewesen wären. Und selbst der große Reaktorunfall von Tschernobyl forderte nach Ansicht von Toxikolog:innen weniger Todesopfer, als dies der Öffentlichkeit kurz nach der Katastrophe berichtet worden war.[10]

So kehrten viele Länder zur Kernenergie zurück oder verstärkten ihre Kernenergiepolitik von vor 1986. In Frankreich bestand man in den 1990er Jahren darauf, den Anteil der Kernenergie auszubauen, obwohl der sozialistischen Regierung ein Mitglied der grünen Partei als Umweltminister angehörte.[11] In Deutschland verschärfte sich die Debatte über die Durchführbarkeit und Sinnhaftigkeit des 1998 verkündeten und von der sozialdemokratisch-grünen Koalition geförderten Ausstiegsbeschlusses.[12] Im Anschluss an diese Entscheidung setzte sich ein starkes Bündnis von Kernenergiebefürworter:innen für eine Aufhebung oder zumindest eine Verschiebung des Ausstiegsbeschlusses ein.[13] Mit dem Erfolg der grünen Parteien bei der Gestaltung der Politik innerhalb des politischen Systems entstand die Notwendigkeit, Kompromisse zu schließen und politische Vereinbarungen zu treffen.[14] Die konservativ-liberale Regierung von Bundeskanzlerin Merkel beschloss demgemäß auch 2010, den Ausstieg aus der Kernenergie zu revidieren und den Prozess des Ausstiegs aus der Kernenergie um weitere 20 bis 30 Jahre zu verschieben.[15]

Die langsame Erholung der Unterstützung für die Kernenergie kam durch den Atomunfall in Fukushima in Japan nach dem verheerenden Tsunami zu einem abrupten Ende.[16] Ein dramatischer Umschwung fand in Deutschland statt. Bundeskanzlerin Merkel setzte eine so genannte Ethikkommission ein, die eine neue Politik für die Zukunft der deutschen Kernkraft vorschlagen sollte.[17] Die Kommission stimmte einstimmig dafür, bis 2022 aus der Kernenergie auszusteigen und nukleare und fossile Brennstoffe durch die Verbesserung der Energieeffizienz und die Installation von Anlagen für erneuerbare Energien zu ersetzen.[18] Dieser Ausstiegsbeschluss blieb bis zum Sommer 2022 unangefochten in Politik, Wirtschaft und Gesellschaft. Mit dem Ukrainekrieg und der damit verbundenen Gaskrise wurde dieser 10jährge Konsens brüchig. Plötzlich erschien die Kernenergie wieder als Retter für den Erhalt der Energiesouveränität. Dennoch gibt es für einen mehr als nur vorübergehenden Einsatz der Kernenergie zur Überwindung der Krise kaum Stimmen, die einen langfristigen Wiedereinstieg befürworten.[19]

In den folgenden Abschnitten wird näher auf die politischen Konsequenzen jeder dieser wichtigen Phasen der Kernenergienutzung in Deutschland eingegangen. Der Schwerpunkt dieses Papiers liegt auf der Untersuchung der politischen und sozialen Reaktionen auf die jeweils offizielle Kernenergiepolitik.

Die Entwicklung der Kernenergiepolitik vor Tschernobyl

Die deutsche Atom- und Energiepolitik war zwischen 1945 und 1973 durch einen relativ geringen Grad an staatlichem Interventionismus und durch eine unumstrittene und breite Akzeptanz der Kernenergie als Energiequelle gekennzeichnet. Die Befürworter der Kernenergie fanden im Ministerium für Atomfragen, später – unter der sozial-liberalen Koalition – im Ministerium für Forschung und Technologie einen wohlwollenden Partner.[20] Erst mit dem Aufkommen der Umweltbewegung in den 1970er Jahren wurde der öffentliche Protest gegen die Kernenergie zu einer relevanten politischen Kraft in Deutschland und führte zur Gründung einer neuen Partei, den Grünen.[21] In den frühen 1970er Jahren entstanden die ersten Anti-Atomkraft-Initiativen, doch ihr Einfluss auf die Politik war sehr begrenzt und beschränkte sich auf die lokale Ebene. Bis zum Jahr 1986, als sich der Unfall von Tschernobyl ereignete, hatten die Proteste und die Opposition gegen die Kernenergie keine größere Chance, die öffentliche Politik zu beeinflussen.

1967 wurden die ersten kommerziellen Aufträge für zwei Leichtwasserreaktoren (LWR) von deutschen Energieversorgern erteilt, zwei Jahre später wurden drei weitere bestellt, und 1971 wurden noch einmal fünf Aufträge erteilt.[22] Bis 1973 hatten alle zehn Projekte die Genehmigung zum Baubeginn, und eine Reihe weiterer Anlagen war für die nahe Zukunft geplant. Siemens und AEG, mit Lizenzen von Westinghouse bzw. General Electric (GE), übernahmen die Führung im Anlagenbau (die AEG gab den Bau von Kernkraftwerken später auf). Die Unternehmen wurden von der Regierung ermutigt, die gemeinsame Reaktorentwicklungsgesellschaft Kraftwerk Union (KWU) zu gründen.

Darüber hinaus unterstützte die Bundesrepublik Deutschland die Entwicklung eines Thorium-Hochtemperaturreaktors (THTR). Diese Entwicklungslinie wurde jedoch Anfang der 1980er Jahre aufgegeben, da kein kommerzielles Unternehmen bereit war, diese neue Reaktortechnologie in sein Portfolio aufzunehmen. Die Regierung war auch an der Entwicklung einer Wiederaufbereitungsanlage beteiligt, um den Kernbrennstoffkreislauf zu schließen.

Die Ölkrise von 1973/1974 veränderte die Energiepolitik in Deutschland grundlegend. Die Politik wurde von begrenzten Eingriffen in den Kohlesektor zum Schutz der Kohleunternehmen und ihrer Beschäftigten auf eine umfassende Politik hin ausgeweitet, die darauf abzielte, eine kostengünstige Energieversorgung unter Beachtung des Umweltschutzes sicherzustellen. Dieser Wandel spiegelte sich im Energieprogramm der Bundesregierung von 1973 wider, das 1974 aufgrund der Drosselung der Ölversorgung durch die arabischen Ölförderländer überarbeitet wurde.

Der nach der Ölkrise geplante Ausbau der Kernenergie führte zu einer erheblichen Ausweitung der Debatte über die Kernenergie und zur Einbeziehung von Themen wie der Frage nach der Zweckmäßigkeit einer „Plutoniumwirtschaft", dem Problem des Atommülls und der Sicherheit bei einem großen Unfall. Dies war der Beginn einer starken Anti-Atomkraft-Bewegung in Deutschland.

Der öffentliche Widerstand gegen den Bau von Kernkraftwerken begann 1975, als sich in Baden-Württemberg, wo der Bau eines Großkraftwerks in Wyhl schon offiziell genehmigt war, Bürger:innen ad hoc zu sog. Bürgerinitiativen zusammenschlossen und Unterschriften sammelten, die gegen den Bau des Kraftwerks protestierten und das Verwaltungsgericht anriefen. Die Argumente in diesen lokalen Kampagnen konzentrierten sich zunächst auf lokale Fragen.[23]

Da die Genehmigung der baden-württembergischen Landesregierung bereits vorlag, beschlossen Bürgerinitiativen, die Baustelle zu besetzen. Nach gewaltsamen Zusammenstößen mit der Polizei, weiteren Massenprotesten und einer landesweiten Berichterstattung in den Medien sowie starkem Widerstand in den eigenen Reihen einigte sich die Regierung mit Bürgerinitiativen und Energieversorgern darauf, die Besetzung zu beenden und den Bau zu verschieben. Die geplante Atomanlage am Standort Wyhl wurde nie gebaut.[24] Es folgten weitere Konflikte an anderen Orten wie Brokdorf.[25]

Trotz der heftigen Demonstrationen und der Gerichtsverfahren, die den Bau oder den Betrieb mehrerer Kernkraftwerke verhinderten, hatte die Protestbewegung wenig Erfolg darin, die Atompolitik zu stoppen oder die Mehrheit der deutschen Bevölkerung zu einer Anti-Atom-Haltung zu bewegen.[26] **Bis 1986 unterstützten alle Parteien mit Ausnahme der Grünen den Ausbau der Kernenergie und befürworteten die Atomkraft. Anfang der 1980er Jahre stieg sogar die Zustimmung der Deutschen in der Bundesrepublik zur Kernenergie allmählich, trotz anhaltender politischer Erfolge der Grünen. Die zweite Ölkrise (mit ihren explodierenden Preisen) erleichterte es der SPD-FDP-Regierung, bei der dritten Überarbeitung des Energieprogramms im Herbst 1981 ihr Bekenntnis zur Kernenergie zu erneuern. Bund und Länder arbeiteten zusammen, um die Genehmigungsverfahren zu beschleunigen, so dass im Februar 1982 – zum ersten Mal seit über vier Jahren und mit einer Verzögerung von fünf Jahren – der Bau von drei neuen Kraftwerken durch das Innenministerium im „Konvoi" genehmigt wurde.**[27] **Die drei Genehmigungen wurden auf der Grundlage der Genehmigung eines standardisierten Konzepts und der Einschätzung der Regierung, dass die Kriterien für die Abfallentsorgung erfüllt waren, erteilt. Dann geschah Tschernobyl.**

ALLE REDEN VON WYHL...

Politiker raufen sich die Haare, die Chefs der Energieunternehmen verbringen schlaflose Nächte, die Parteien sind verzweifelt: der Bürger macht nicht mehr alles mit!

Überredungsversuche, Drohungen und Polizeieinsätze haben nichts genutzt - die Bevölkerung des Kaiserstuhls (am Oberrhein nahe Freiburg) wehrt sich bis heute erfolgreich gegen den geplanten Bau eines Kernkraftwerks (KKW) bei Wyhl. Die 100 000, die mit ihrer Unterschrift gegen das Projekt protestiert haben, die Tausende, die seit 23. Februar 1975 an der Bauplatzbesetzung teilgenommen haben, haben ihre Gründe:

- KKW geben schon bei Normalbetrieb radioaktive Strahlung ab, die die Umgebung des Werkes verseucht und nachweislich die Zahl der Krebserkrankungen und die Säuglingssterblichkeit erhöht. Bei möglichen Störfällen ist das Leben Tausender gefährdet.
- KKW erzeugen große Wärmemengen, die an die Umgebung in Form von Warmwasser oder Dampf abgegeben werden müssen. Dadurch werden Flüsse aufgeheizt und biologisch zerstört; der Dampf von Kühltürmen hat starke Klimaveränderungen zur Folge.
- Der in großen Mengen anfallende radioaktive Müll muß über Jahrtausende hinweg sicher aufbewahrt werden - und diese Frage ist bisher ungelöst.
- Wirtschaftlichkeit, Zuverlässigkeit und Notwendigkeit von KKW sind fragwürdig. Die immensen Entwicklungs- und Baukosten sowie die unabsehbaren Folgelasten aber werden über Subventionen und günstige Abschreibungen aus Steuergeldern finanziert.
- KKW helfen nicht neue Arbeitsplätze schaffen, sondern zerstören bestehende: der erzeugte Strom soll der Rationalisierung der Produktion dienen.
- Von dem Bau von KKW profitieren nur die Betreiber: die Konzerne, die mit Subventionen gefüttert werden und dann noch die Strompreise erhöhen, und die Politiker, die Aktionäre und Aufsichtsratsmitglieder der Kraftwerksgesellschaften sind und zugleich "objektiv" über die Errichtung solcher Werke entscheiden sollen.

Das sind nur einige Argumente, die im einzelnen nachgewiesen und ausgeführt werden können. Wir werden dazu weitere Flugblätter herausbringen. Wichtig ist zunächst vor allem eins:

DIE RISIKEN VON KERNKRAFTWERKEN SIND ZU GROSS. DER NUTZEN FÜR DIE BEVÖLKERUNG IST GLEICH NULL.

DER BAU VON KERNKRAFTWERKEN MUSS VERHINDERT WERDEN - ÜBERALL IN DER BUNDESREPUBLIK!

b.w.

03 – Moneta, Jakob: „Tscherno-Wyhl ist überall" (1986), unter Verwendung einer Zeichnung von Rolf Groven.

Die Atompolitik nach Tschernobyl

Der Unfall von Tschernobyl am 26. April 1986 hatte große Auswirkungen auf die öffentliche Meinung und führte zu erheblichen Änderungen in der Politik der Bundesregierung.[28] Die auffälligste Änderung war die Einrichtung des BMU, des Bundesministeriums für Umwelt, Naturschutz und Reaktorsicherheit. Vor 1986 waren Umweltfragen im Innenministerium angesiedelt gewesen. Einer der ersten Minister, die an die Spitze des BMU berufen wurden, war Klaus Töpfer, der später Direktor des United Nations Environment Programme (UNEP) wurde und nach Fukushima von Bundeskanzlerin Merkel gebeten wurde, den Vorsitz der Ethikkommission für die Zukunft der Energiepolitik in Deutschland zu übernehmen.

Nach Tschernobyl nahmen die Sozialdemokraten (SPD) eine kritischere Haltung gegenüber der Kernenergie ein. Sie blieben jedoch bis 1998 in der Opposition, bevor Gerhard Schröder Helmut Kohl als Bundeskanzler ablöste. Doch schon vor 1998 führte der parteipolitische Wandel der SPD zur Aufkündigung der Zusammenarbeit zwischen Bund und Ländern, was erhebliche Auswirkungen auf die Erteilung von Genehmigungen hatte und ein erneutes Engagement für die Kernenergie in den frühen 80er Jahren nach sich zog. Die SPD-geführten Bundesländer hatten aktiv damit begonnen, die Gesetzgebung im Sinne einer Ausstiegsstrategie zu gestalten. Dies stand im Einklang mit der Verabschiedung einer Ausstiegsstrategie als offizieller SPD-Politik im Jahr 1986, kurz nach dem Unfall.[29] Diese Versuche auf Landesebene waren in dieser Zeit zum Scheitern verurteilt, da der Bund die Kompetenz hatte, einzugreifen und den Weiterbetrieb sicherzustellen.

Die CDU-Regierung auf Bundesebene wurde 1998 durch eine Koalition aus SPD und Grünen abgelöst. Die neue Regierungskoalition betonte nach ihrem Amtsantritt die Entwicklung einer nachhaltigen Energiepolitik und leitete daraus drei zentrale Prinzipien ab, nämlich **a.** Versorgungssicherheit, **b.** Wirtschaftlichkeit und **c.** Umweltverträglichkeit. Die Regierung hatte mehrere zentrale Handlungsfelder identifiziert: **I.** die Eindämmung des Klimawandels, **II.** die Förderung der Energieeffizienz, **III.** die weitere Nutzung heimischer Stein- und Braunkohle, **IV.** die Schaffung von mehr Wettbewerb auf den liberalisierten Energiemärkten, **V.** die Förderung erneuerbarer Energien und **VI.** die Schaffung gleicher Wettbewerbsbedingungen für Energieunternehmen in ganz Europa.[30] Ergänzt wurde dies durch das wichtige Ziel der Regierung, aus der Kernenergie auszusteigen.[31]

Was die Kernenergie betrifft, so waren sich SPD und Grüne einig, dass der Ausstieg aus der Kernenergie oberste Priorität hatte. Der genaue Weg dorthin war jedoch zwischen den Koalitionspartnern und innerhalb der Grünen selbst umstritten. Die SPD wollte Schadensersatzforderungen der Energieversorger vermeiden und favorisierte daher einen Ausstieg im Konsens mit der Industrie. Die Grünen waren gespalten: Der pragmatischere Flügel, vor allem diejenigen, die in Landesregierungen, insbesondere im hessischen Umweltministerium, tätig waren, wussten um die rechtlichen und politischen Schwierigkeiten, den Stromversorgern einen Ausstieg aufzuzwingen.

Sie wollten daher die Möglichkeit eines verfassungskonformen und Entschädigungen ausschließenden Gesetzes ausloten, das zu einem schrittweisen Ausstieg aus der Kernenergie führen sollte. Der radikale Flügel der Partei, der eng mit radikalen Atomkraftgegnern verbunden war, wollte einen sofortigen Ausstieg.

Der Plan, das Kernenergiegesetz grundlegend zu ändern, kam jedoch aufgrund des starken Widerstands der Stromversorgungsunternehmen nicht zustande. Daraufhin begannen die Konsensverhandlungen ohne das geplante Kernenergiegesetz unter der Leitung von Wirtschaftsminister Werner Müller, einem ehemaligen Energiemanager und Vertrauten von Bundeskanzler Schröder, und Umweltminister Jürgen Trittin, der dem linken Flügel der Grünen angehört.

Schließlich wurde im Jahr 2002 eine Einigung erzielt: Die Gesamtbetriebsdauer wurde generell auf 32 Jahre festgelegt. Wesentliches Element des Ergebnisses war jedoch, dass die Strommenge für jeden Reaktor festgelegt wurde (zum Vorteil der Energieversorger) und dass diese Mengen von einem Reaktor auf den anderen übertragen werden konnten, wodurch die Laufzeit der einzelnen Reaktoren über 32 Jahre hinaus verlängert werden konnte.[32]

Nach der Regierungsübernahme durch die Große Koalition im Jahr 2005 wurde die Entscheidung zum Ausstieg aus der Kernenergie erneut in Frage gestellt. Industrie und Versorgungsunternehmen drängten die neue Regierung, den Zeitpunkt des Ausstiegs zu ändern und die Kernenergie als längere „Brücke" zwischen dem fossilen und dem erneuerbaren Zeitalter der Energieerzeugung zu nutzen.[33] Nach dem Antritt der CDU-FDP-Koalition 2009 schlug die neue Regierung tatsächlich ein neues Gesetz vor, das die Fristen für den Ausstieg verlängerte und den Energieversorgern mehr Flexibilität bot.[34] Dieses neue Verlängerungsgesetz wurde von den Oppositionsparteien und den Akteuren der Zivilgesellschaft, insbesondere den Umweltorganisationen, scharf kritisiert. Bevor diese Debatte zu Ende geführt werden konnte, ereignete sich am 11. März 2011 der Nuklearunfall in Fukushima, der zu einer erneuten Kehrtwendung der energiepolitischen Prioritäten in Deutschland führte.

Die Atompolitik nach Fukushima

Der Unfall in Fukushima ereignete sich zu einem Zeitpunkt, als die deutsche Regierung wegen ihrer Pläne, den Ausstieg aus der Kernenergie in Deutschland zu verzögern, unter großem Druck stand. Mitten in der Finanzkrise hatte Bundeskanzlerin Merkel eine Vereinbarung mit den großen Stromkonzernen getroffen, die Steuer auf abgebrannte Brennelemente zu erhöhen, um im Gegenzug den Ausstieg aus der Kernenergie zu verschieben. Obwohl die Regierung jegliche Verbindung zwischen den beiden Maßnahmen leugnete, waren die deutsche Öffentlichkeit und insbesondere alle Medien davon überzeugt, dass diese Vereinbarung hinter verschlossenen Türen getroffen worden war.[35] Die Oppositionsparteien warfen der Regierung vor, die öffentliche Sicherheit im Tausch gegen Einnahmen zu gefährden. Viele Umweltverbände wandten sich gegen die Entscheidung, den Ausstieg zu verschieben, und organisierten große Demonstrationen gegen die Pläne der Regierung.[36]

Mitten in dieser hitzigen Debatte ereignete sich der Unfall in Fukushima, der sich unmittelbar auf die öffentliche Debatte über die Zukunft der Kernenergie auswirkte. Innerhalb weniger Tage nach dem Unfall verlor die CDU die Wahl in einem der wichtigsten deutschen Bundesländer, in Baden-Württemberg, und zum ersten Mal in der deutschen Geschichte gewannen die Grünen die Mehrheit der Wählerstimmen und konnten mit Winfried Kretschmann den ersten grünen Ministerpräsidenten überhaupt stellen.

Die Bundesregierung aus Konservativen und Liberalen war bestrebt, auf den öffentlichen Druck zu reagieren und der starken Anti-Atom-Stimmung in der Bevölkerung Rechnung zu tragen. Am 15. März 2011 beschloss sie, die sieben ältesten Kernkraftwerke abzuschalten und einen Block, der in dieser Zeit außer Betrieb war, nicht wieder in Betrieb zu nehmen.[37] Darüber hinaus forderte sie die deutsche Kommission für nukleare Sicherheit auf, einen Stresstest für alle verbleibenden elf Kernkraftwerke in Deutschland durchzuführen.[38] Wenige Tage nach dem Unfall setzte die Regierung außerdem die sogenannte Ethikkommission zur Zukunft der Energiepolitik in Deutschland ein. Die Ethikkommission setzte sich aus Personen aus Politik, Zivilgesellschaft, Kirchen und Wissenschaft zusammen. Ihr Auftrag war es, einen Fahrplan für die Gestaltung der Energiepolitik in Deutschland zu entwickeln.[39] Die Ethikkommission hatte nur sechs Wochen Zeit, um ihre Empfehlung zu erarbeiten, da die Abschaltung der älteren Reaktoren innerhalb von sechs Wochen rechtlich bestätigt werden musste, um Entschädigungszahlungen zu vermeiden. Interessant ist, dass der Ethikkommission keine Experten für Energie und nukleare Risiken angehörten. Sie setzte sich vielmehr aus Politikern aller politischen Parteien, Funktionären der großen Wissenschaftsorganisationen in Deutschland, Sozialwissenschaftlern und Ethikern sowie, wie im korporatistischen Regulierungsstil Deutschlands üblich, aus Vertretern der großen zivilen Organisationen wie den Arbeitgeberverbänden, den Gewerkschaften und aus Vertretern der beiden großen Religionsgemeinschaften, Katholiken und Protestanten, zusammen. Nach sechs Wochen empfahl die Ethikkommission, innerhalb von zehn Jahren aus der Kernenergie auszusteigen und die Energieeffizienz und den Einsatz erneuerbarer Energiequellen zu fördern. Außerdem empfahl sie der Regierung, einen Prüfungsausschuss einzurichten, um sicherzustellen, dass die Energiewende reibungslos verläuft, und ein öffentliches Energieforum einzurichten, um die Akzeptanz für die neue Energiepolitik zu fördern.[40]

04 – „Deutschlands Energiewende.
Ein Gemeinschaftswerk für die Zukunft" (2011)

Im gleichen Zeitraum veröffentlichte die Reaktorsicherheitskommission ihren Bericht über die nukleare Sicherheit in Deutschland. Sie stellte bei den deutschen Reaktoren keine größeren Schwachstellen und eine hohe Widerstandsfähigkeit gegenüber Ereignissen fest, die über die bei der Genehmigung dieser Reaktoren zugrunde gelegten Auslegungsstörfälle hinausgingen. Sie bestätigte jedoch auch, dass die älteren Reaktoren für große Erdbeben und alle Reaktoren für terroristische Angriffe anfällig waren.[41]
Im Juni 2011 nahm der Deutsche Bundestag die Empfehlungen der Ethikkommission an. Alle im Deutschen Bundestag vertretenen Parteien stimmten für das neue Energiewendegesetz (einige wenige Abgeordnete stimmten jedoch gegen das Gesetz oder enthielten sich der Stimme). Das Gesetz schrieb den Ausstieg aus der Nutzung aller verbliebenen Kernkraftwerke bis 2022 vor. Darüber hinaus enthielt das neue Gesetz Bestimmungen zur Reduzierung des Anteils fossiler Brennstoffe von über 80 % im Jahr 2011 auf 20 % im Jahr 2050. Die Energieeffizienz sollte im Vergleich zu den durchschnittlichen Wirkungsgraden von 1990 um 40 % gesteigert werden. Die Reaktoren, die unmittelbar nach dem Unfall abgeschaltet wurden, wurden nicht wieder in Betrieb

genommen.[42] In der Zeit zwischen Juni 2011 und Ende 2012 hatte das neue Energiewendegesetz bereits große Auswirkungen auf Energieversorgung und -verbrauch. **Der Anteil der erneuerbaren Energien an der Energieerzeugung stieg drastisch von 17 % auf 26 % und der Anteil der Kernenergie sank von 23 % auf 16 %.**[43]

Unmittelbar nach dem Fukushima-Unfall stimmte die deutsche Öffentlichkeit mit einer Mehrheit von 78 % dem neuen Kurs der Bundesregierung zu.[44] Die im Juni 2011 durchgeführte – internationale – Umfrage des Marktforschungsunternehmens IPSOS ergab, dass nur 9 % der deutschen Bevölkerung glaubten, dass die Kernenergie eine praktikable langfristige Lösung für den Energiebedarf darstellen würde.[45] Dies war der niedrigste Prozentsatz unter den 24 Ländern, die an der Umfrage teilnahmen (Deutschland teilte diese Position mit Schweden). Die dominante antinukleare Haltung der deutschen Bevölkerung war sicherlich einer der Gründe dafür, dass alle Parteien in Deutschland den Übergang zu einer nichtnuklearen Zukunft in Deutschland unterstützten.

Dieser Konsens, bis 2022 aus der Kernenergie auszusteigen, überlebte zwei weitere Legislaturperioden mit Angela Merkel als Bundeskanzlerin. Keine Partei außer der rechten AfD äußerte sich öffentlich gegen den Ausstiegsbeschluss oder setzte sich für eine Renaissance der Kernenergie in Deutschland ein. Erst mit dem Ukrainekrieg 2022 und der damit verbundenen Gaskrise wurden Kernkraftwerke in Deutschland wieder salonfähig.[46] Zumindest als Übergang und zur Kompensation der ausgefallenen Gasimporte aus Russland entwickelte sich eine intensive Diskussion über eine begrenzte Laufzeitverlängerung der drei noch am Netz verbliebenen Kernkraftwerke. Im August 2022 verkündete Bundeswirtschaftsminister Habeck, dass man auf der Basis eines weiteren Stresstests zwei der verbleibenden Kernkraftwerke als Reserve weiter nutzen werde. Sie sollten dann hochgefahren werden, wenn bei der Stromversorgung Engpässe auftreten würden. Die Opposition, vor allem die CDU aber auch die AfD und mit Abstrichen die FDP, kritisierten diese Entscheidung als ideologisch motiviert und votierte für einen Weiterbetrieb der drei Kraftwerke, bis die Krise überstanden sei.

Trotz dieser unerwarteten Wiederaufnahme der Debatte zur Nuklearenergie ist kaum davon auszugehen, dass Deutschland seine Entscheidung zum Ausstieg aus der Kernenergie noch einmal grundsätzlich überdenken wird, selbst wenn die Energiepreise steigen und die Energiesicherheit auch nach der Ukrainekrise brüchig bleibt. Was die installierte Kapazität anbelangt, so wurden die Anteile der Kernenergie bereits 2017 von den erneuerbaren Energien überholt. Innerhalb von sieben Jahren konnte der frühere Anteil von 23 % Kernenergie problemlos durch den wachsenden Sektor der erneuerbaren Energien ersetzt werden. Darüber hinaus stehen die Industrie, die wichtigsten Akteure in Wissenschaft und Technik und die Vertreter der Umweltgruppen weiterhin geschlossen hinter dem Beschluss der Energiewende. Einer der besten Indikatoren für die Unumkehrbarkeit dieser Entscheidung ist die Reaktion der Atomindustrie in Deutschland. Siemens, der Bau- und Maschinenbaukonzern, der alle 17 deutschen Kernkraftwerke gebaut hatte, kündigte im September 2011 an, den Bau von Kernkraftwerken weltweit einzustellen, und gab auch seine Pläne für eine Zusammenarbeit mit der russischen Rosatom beim Bau neuer Anlagen auf.[47] Insgesamt folgten alle wichtigen politischen, sozialen und zivilgesellschaftlichen Akteure der offiziellen Politik der deutschen Regierung und bereiteten sich auf eine nichtnukleare Zukunft vor. Allerdings ist nicht ausgeschlossen, dass andere Länder die Kernenergie wieder stärker ausbauen werden, vor allem dann, wenn die laufenden Entwicklungen zu neuen modularen Reaktoren erfolgreich verlaufen sollten.

Schlussfolgerungen

In diesem Artikel wurden die Entwicklung der Kernenergiepolitik in Deutschland beschrieben und die Reaktionen auf die beiden großen Krisen Tschernobyl und Fukushima aufgezeigt. Das TMI-Ereignis hat keine größeren Auswirkungen auf die politische Artikulation gehabt (anders als die Ölkrise), aber Tschernobyl und insbesondere Fukushima hatten große Auswirkungen. Deutschland hat sich allmählich immer mehr zu einer anti-nuklearen Politik bekannt.

Die Atompolitik in Deutschland spiegelt die Komplexität des politischen Systems in Deutschland wider. Die Grundsätze dieses Systems sind stark von der gegenseitigen Kontrolle zwischen den Ländern und der Bundesregierung sowie zwischen dem Parlament und den Gerichten geprägt.[48] Es gibt auch ein starkes korporatistisches Element in den deutschen Politikarenen, das den großen gesellschaftlichen Akteuren wie Arbeitgebern, Gewerkschaften und seit den 1970er Jahren auch Umweltgruppen erheblichen Einfluss verschafft.

Die Empfindlichkeit der Politik gegenüber öffentlichem Druck in Deutschland hat die Regierungen anfälliger für die Opposition des Volkes und sensibler für Protestbewegungen gemacht.[49] Da die deutsche Öffentlichkeit der Kernenergie kritischer gegenübersteht als in den meisten anderen Ländern, war die Regierung stets bestrebt, auf die Forderung nach verbesserter Sicherheit und Kontrolle zu reagieren. Dies könnte auch der Grund dafür sein, dass es in deutschen Kernkraftwerken zu keinem ernsthaften Zwischenfall kam. So kam es zu der paradoxen Situation, dass gerade in dem Land auf Kernenergie verzichtet wird, das mit seinen Sicherheitsstandards und seiner Sicherheitskultur an der Spitze der nuklearen Entwicklung gestanden hat. Aber auch das hat nicht gereicht, um die Menschen und die politischen Entscheidungsträger:innen davon zu überzeugen, dass die Risiken der Kernenergie auf Dauer beherrschbar seien.

Anmerkungen

1
Renn, Ortwin / Marshall, Jonathan Paul: Coal, nuclear and renewable energy policies in Germany: From the 1950 to the "Energiewende", in: Energy Policy, Bd. 99 (2016), Heft C, S. 224–232; Andruleit, Harald / Meßner, Jürgen / Pein, Martin / Rebscher, Dorothee / Schauer, Michael / Schmidt, Sandro / von Goerne, Gabriela: Status, Daten und Entwicklungen der globalen Energieversorgung, in: Zeitschrift für Energiewirtschaft, Bd. 42 (2018), Heft 3, S. 179–191; Uekötter, Frank: Halbwertszeiten. Das friedliche Atom als Mikrokosmos der bundesdeutschen Geschichte, in: ICOMOS–Hefte des Deutschen Nationalkomitees, Bd. 68 (2019), S. 25–30.

2
Martinez, Cecilia / Byrne, John: Science, Society and the State: The Nuclear Project and the Transformation of the American Political Economy, in: Byrne, John u.a. (Hg.): Governing the Atoms – the Politics of Risk, Bd. 7 (1996), New Brunswick / New Jersey: Transaction Publishers 1996, S. 67–102.

3
World Energy Perspective – Nuclear Energy One Year After Fukushima, London: World Energy Council (WEC) 2012; Krieger, Kristian / Renn, Ortwin / Rogers, M. Brooke / Löfstedt, Ragnar: Nuclear Accidents and Policy Responses in Europe: Comparing the Cases of France and Germany, in: Balleisen, Edward J. u.a. (Hg.): Policy Shock: Recalibrating Risk and Regulation after Oil Spills, Nuclear Accidents and Financial Crises, Cambridge: Cambridge University Press 2017, S. 269–304.

4
Jasper, James M: Nuclear Politics – Energy and the State in the United States, Sweden and France, Princeton: Princeton University Press 1990; Renn, Ortwin / Marshall, Jonathan Paul: History of the energy transition in Germany: from the 1950s to 2019, in: Renn, Ortwin u.a. (Hg.): The Role of Public Participation in Energy Transitions, London: Academic Press 2020, S. 9–38.

5
Renn, Ortwin: Risk Governance. Coping with Uncertainty in a Complex World, London: Earthscan 2008, S. 53.

6
Shrader-Frechette, Kristin: Scientific Method, Anti-Foundationalism and Public Decisionmaking, in: RISK: Health, Safety & Environment, Bd. 1 (1990), Heft 1, S. 23–41.

7
Kern, Kristine K. / Löffelsend, Tina / Koenen, Stephanie: Die Umweltpolitik der rot-grünen Koalition – Strategien zwischen nationaler Pfadabhängigkeit und globaler Politikkonvergenz, Berlin: Wissenschaftszentrum Berlin für Sozialforschung 2003.

8
Hampel, Jürgen / Klinke, Andreas / Renn, Ortwin: Beyond "Red" Hope and "Green" Distrust: Public Perception of Genetic Engineering in Germany, in: Politeia, Bd. 16 (2000), Heft 60, S. 68–82; Bastide, Sophie / Moatti, Jean-Paul / Pages, Jean-Pierre / Fagnani, Francis: Risk Perception and the Social Acceptability of Technologies: The French Case, in: Risk Analysis, Bd. 9 (1989), Heft 2, S. 215–223.

9
Renn: Risk Governance.

10
Socol, Yehoshua: Reconsidering health consequences of the Chernobyl accident, in: Dose-Response, Bd. 13 (2015), Heft 1.

11
Rucht, Dieter: The Anti-Nuclear Movement and the State in France, in: Flam, Helena (Hg.): States and Anti-nuclear Movements, Edinburgh: Edinburgh University Press 1994, S. 129–162.

12
Rüdig, Wolfgang: Phasing out Nuclear Energy in Germany, in: German Politics, Bd. 9 (2000), Heft 3, S. 43–80.

13
Kern / Löffelsend: Die Umweltpolitik.

14
Renn: Risk Governance, S. 60.

15
Buchholz, Wolfgang / Pfeiffer, Johannes: Energiepolitische Implikationen einer Energiewende, in: Ifo Schnelldienst, Bd. 64 (2011), Heft 18, S. 30–39.

16
Growitsch, Christian / Höffler, Felix: Fukushima and German Energy Policy 2005–2015/2016, in: Ozawa, Marc u.a. (Hg.): In Search of Good Energy Policy. Cambridge: Cambridge University Press 2019, S. 120–138.

17
Renn, Ortwin / Dreyer, Marion: Risk Governance: Ein neues Steuerungsmodell zur Bewältigung der Energiewende, in: Vogt, Markus u.a. (Hg.): Die Moral der Energiewende. Risikowahrnehmung im Wandel am Beispiel der Atomenergie, Stuttgart: Kohlhammer 2013, S. 21148–229.

18
Ethik-Kommission Sichere Energieversorgung: Deutschlands Energiewende – Ein Gemeinschaftswerk für die Zukunft, Berlin: Presse- und Informationsamt der Bundesregierung 2011.

19
Fischedick, Manfred: Energieversorgungsrisiken, Energiepreiskrise und Klimaschutz erfordern gemeinsame Antworten, in: Wirtschaftsdienst, Bd. 102 (2022), Heft 4, S. 262–269.

20
Krieger: Nuclear Accidents.

21
Renn: Risk Governance, S. 60.

22
Renn / Marshall: Coal, nuclear and renewable energy policies; Radkau, Joachim: Eine kurze Geschichte der deutschen Antiatomkraftbewegung, in: Radkau, Joachim u.a. (Hg.): Biotechnologie-Kommunikation, Berlin: Springer Vieweg 2012, S. 191–202.

23
Hatch, Michael T.: Politics and Nuclear Power – Energy Policy in Western Europe, Lexington: The University Press of Kentucky 1986; Roth, Roland / Rucht, Dieter: Die sozialen Bewegungen in Deutschland seit 1945, Frankfurt: Campus Verlag 2008.

24
Radkau: Eine kurze Geschichte.

25
Rucht, Dieter: Von Wyhl nach Gorleben: Bürger gegen Atomprogramm und nukleare Entsorgung. München: C. H. Beck 1980.

26
Wagner, Peter: Contesting Policies and Redefining the State: Energy Policy-making and the Anti-nuclear Movement in West Germany, in: Flam, Helena (Hg.): States and Anti-nuclear Movements, Edinburgh: Edinburgh University Press 1994, S. 264–298.

27
Renn / Marshall: History of the energy transition.

28
Radkau: Eine kurze Geschichte.; Krieger: Nuclear Accidents.

29
Kern / Löffelsend: Die Umweltpolitik der rot-grünen Koalition.

30
Krieger: Nuclear Accidents.

31
International Energy Agency (IEA): Energy Policies of IEA – Germany 2007, Paris: OECD 2007.

32
Krieger: Nuclear Accidents.

33
Kleine, Niels: Die Energiepolitik der CDU zwischen 1972 und 2011: Konzepte, Programme, Debatten, Baden-Baden: Tectum Wissenschaftsverlag 2018.

34
Renn / Dreyer: Risk Governance.

35
Renn / Marshall: History of the energy transition.

36
Buchholz / Pfeiffer: Energiepolitische Implikationen.

37
Renn / Dreyer: Risk Governance.

38
Bruhns, Hardo / Keilhacker, Martin: „Energiewende" Wohin führt der Weg? in: Aus Politik und Zeitgeschichte, Bd, 61 (2011), Heft 46–47, S. 22–29.

39
Ethik-Kommission Sichere Energieversorgung: Deutschlands Energiewende.

40
Ebd.; Renn / Dreyer: Risk Governance.

Abbildungen

41
Bruhns / Keilhacker: Energiewende.

42
Renn / Marshall: Coal, nuclear and renewable energy policies.

43
Morris, Craig / Jungjohann, Arne: Energy Democracy: Germany's Energiewende to Renewables. London: Palgrave Macmillan 2016.

44
Renn / Dreyer: Risk Governance.

45
Ipsos: Global Citizen Reaction to the Fukushima Nuclear Plant Disaster, London: IPSOS 2011, S. 10.

46
Fischedick: Energieversorgungsrisiken.

47
WEC: World Energy Perspective.

48
Hatch: Politics and Nuclear Power.

49
Wagner: Contesting Policies; Roth / Rucht: Die sozialen Bewegungen.

01:
Plakat: In Harrisburg gehn die Lichter schon aus, Frankfurt am Main: AStA 1979.
WLB Stuttgart / BfZ: PSLD9/14005

02:
Flugblatt: Alle reden von Wyhl
WLB Stuttgart / BfZ: Flugblattsammlung Doku

03:
Moneta, Jakob u.a.: Tscherno-Wyhl ist überall, Frankfurt/Main: internationale sozialistische publikationen 1986
WLB Stuttgart / BfZ: BC 5769

04:
Bundesregierung: Deutschlands Energiewende – Ein Gemeinschaftswerk für die Zukunft, Berlin 2011.
http://www.bundesregierung.de/ContentArchiv/DE/Archiv17/_Anlagen/2011/07/2011-07-28-abschlussbericht-ethikkommission.pdf?__blob=publicationFile&v=4 (Zugriff: 3.3.2023)

Anselm Tiggemann

Das offene der Atomkraft – Zur Geschichte der in Deutschland

Ende

Endlagerung

Einleitung

Ein Argument gegen die Kernenergie ist der bis jetzt nicht befriedigend gelöste Verbleib der radioaktiven Abfälle, die aufgrund ihrer Strahlung über einen sehr langen Zeitraum von der Biosphäre abgeschlossen werden müssen, damit sie weder Mensch noch Natur gefährden. Das Problem des nuklearen Abfalls wird daher auch als ihre „Achillesferse" bezeichnet.[1]

In der Auseinandersetzung um das Kernkraftwerksprojekt im badischen Wyhl spielte dieses Argument jedoch zuerst nur eine untergeordnete Rolle. Hier ging es hauptsächlich um unmittelbar spürbare Auswirkungen, die der Betrieb des Kernkraftwerkes haben würde. So wurden Veränderungen des Ortsklimas durch die Dampfschwaden aus den Kühltürmen oder Schädigungen des eigenen Rufs durch die unmittelbare Nachbarschaft einer kerntechnischen Anlage befürchtet. Neben Beeinträchtigungen für den Weinbau spielten auch Ängste vor radioaktiven Emissionen im Normalbetrieb und Beeinträchtigungen der Fischerei im Rhein eine große Rolle.[2]

Das offene Ende der Atomkraft sollte jedoch in der zweiten Hälfte der 1970er Jahre eine wichtige Bedeutung in der Kontroverse bekommen. Das Schlagwort von der „ungelösten Entsorgung" machte die Runde. Auf diese Kompromissformel von der „ungelösten Entsorgung" konnten sich die Gegner:innen und Befürworter:innen der Kernenergie in den Regierungsparteien SPD und FDP einigen.[3] Seit der Standortauswahl für das Nukleare Entsorgungszentrum in den Jahren 1976/77, in dem alle Anlagen der Nuklearen Entsorgung zusammengefasst werden sollten, wurde diese offene Frage immer mehr zu einem wunden Punkt.

Warum wurde der Umgang mit den radioaktiven Abfällen gerade in den 1970er und 1980er Jahren auf einmal so wichtig? Wie war man in Deutschland an die „Atommüllfrage" herangegangen? Wie und warum entwickelte sich die Frage zu einem „Dauerbrenner" der Kontroverse?

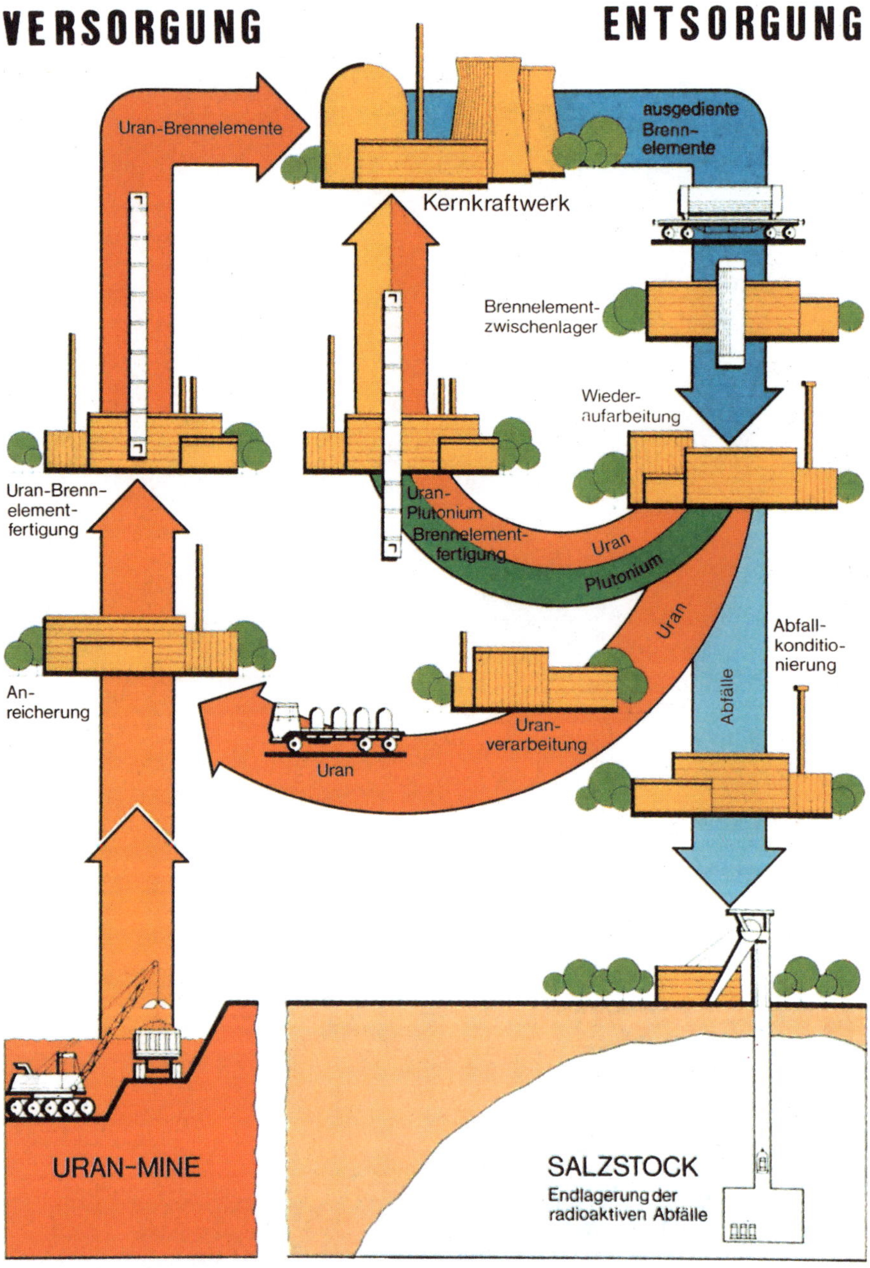

VERSORGUNG ENTSORGUNG

Uran-Brennelemente

Kernkraftwerk

ausgediente Brennelemente

Brennelementzwischenlager

Wiederaufarbeitung

Uran-Brennelementfertigung

Uran-Plutonium Brennelementfertigung

Uran

Plutonium

Uran

Abfallkonditionierung

Anreicherung

Uranverarbeitung

Uran

Abfälle

URAN-MINE

SALZSTOCK
Endlagerung der radioaktiven Abfälle

Der Brennstoffkreislauf

01 – Der Brennstoffkreislauf

Der Brennstoffkreislauf und das Nukleare Entsorgungszentrum

Das Leitbild des „nuclear fuel cycles" wurde wie der Leichtwasserreaktor aus der amerikanischen Kerntechnik übernommen. Das Ziel war es, für jeden Reaktortyp einen geschlossenen Kernbrennstoffkreislauf zu schaffen:

Die Versorgungsseite führte von der Uranerzgewinnung im Bergwerk über die Anreicherung, die Brennelementherstellung bis zum Kernkraftwerk. Aus dem Uran wurde Energie gewonnen, indem ein großer Teil – etwa zwei Drittel – gespalten wurde. Dabei entstanden Spaltprodukte, das Brennelement hatte ausgedient oder war abgebrannt.

Die ausgedienten Brennelemente, welche aus Uran, Plutonium, radioaktiven Spaltprodukten und Hüllmaterialien bestehen, sollten entsorgt werden. Dafür sollten die Brennelemente zerschnitten und in Salpetersäure aufgelöst werden. Durch diese Wiederaufarbeitung wurden Uran und Plutonium zurückgewonnen und in den Brennstoffkreislauf zurückgeführt. Nach der Logik des Brennstoffkreislaufes waren die abgebrannten Brennelemente also kein „Abfall", sondern Wertstoffe, die es zu recyceln also wiederzuverwerten galt. Uran und Plutonium sollten entweder zu neuen Mischoxid(MOX)-Brennelementen verarbeitet oder das Uran sollte erneut angereichert und wieder für Brennelemente eingesetzt werden. Die Spaltprodukte sollten als radioaktive Abfälle abgetrennt und fixiert in Zement, Bitumen oder Glas gelagert werden.[4] Die Reststoffe dieses Prozesses waren weniger problematische schwach- und mittelradioaktive Abfälle und hochproblematische konzentrierte heiße flüssige und saure Abfalllösungen mit höchster Radioaktivität und Toxizität. Während das Volumen der hochradioaktiven Abfälle um bis zu 80 % abnahm, verfünffachte sich das Volumen der schwach- und mittelradioaktiven Abfälle.

Um das Gefahrenpotential möglichst an einem Standort zu konzentrieren und die Transporte zu minimieren, wurde Anfang der 1970er Jahre im Bundesministerium für Forschung und Technologie (BMFT) die Konzeption eines Nuklearen Entsorgungszentrums (NEZ) entwickelt. Dies war ein Anlagenkomplex, der alle bundesdeutschen Anlagen der Nuklearen Entsorgung an einem Standort zusammenfassen sollte. Neben der größten zivilen Wiederaufarbeitungsanlage der Welt sollte die Zwischen- und die Endlagerung an einem Standort realisiert werden.

Die immense Größe der Wiederaufarbeitungsanlage ergab sich aus den Kernenergieausbauplanungen der sozial-liberalen Bundesregierung. Für das Jahr 1985 war eine installierte Jahresleistung von 45 Gigawatt Kernenergie vorgesehen, was rechnerisch mehr als 40 Reaktoren der 1.000 MW-Klasse entsprach.[5] Die abgebrannten Brennelemente dieser Kernkraftwerksflotte sollte im NEZ wiederaufgearbeitet werden.

Möglichst in unmittelbarer Nähe des Anlagenkomplexes sollten die Abfälle in einem tiefengeologischen Endlager gelagert werden. Bei dem in der Bundesrepublik favorisierten Konzept der Endlagerung in einem Salzstock bedeutete dies, dass in der Nähe des Anlagenkomplexes ein geeigneter Salzstock vorhanden sein musste, in dem Lagerkavernen ausgesolt werden sollten.[6]

Diese „große" Entsorgungslösung mit einem auf mehr als 8 Mrd. DM geschätzten Investitionsvolumen stellte alle bisherigen Anstrengungen und Bestrebungen der vergangenen Jahrzehnte in den Schatten. Die bisherigen Regelungen zu atomaren Abfällen, bspw. im Atomgesetz von 1959, mussten an die Gegebenheiten angepasst werden. Mit dem Betrieb und Bau weiterer Kernkraftwerke war absehbar, dass mengenmäßig mehr Abfälle als je zuvor anfallen würden. Außerdem waren auch die besonders gefährlichen hochradioaktiven Abfälle darunter. Um die Elektrizitätsversorgungsunternehmen (EVU) zur Mitwirkung an der Entsorgung zu bringen, wurde der Entsorgungsvorsorgenachweis eingeführt: Das heißt, dass der Kernkraftwerksbetreiber nachweisen musste, was mit den abgebrannten Brennelementen passiert. Bau und Betrieb von Kernkraftwerken wurden so an ihre Entsorgung gekoppelt.

Die Endlagerung im Steinsalz

Das Konzept, radioaktive Abfälle in Salzformationen einzulagern, stammt aus den USA. Bereits auf der Genfer UN-Konferenz zur friedlichen Nutzung der Kernenergie im Jahre 1955 waren Steinsalzformationen als geeignete Lagerstätten für hochradioaktive Abfälle vorgeschlagen worden.[7] Zwei Jahre später wurde im Report „The Disposal of Radioactive Waste on Land" die Einlagerung in Salzkavernen erläutert.[8] Die Grundeigenschaften von Salz, wie seine geringe Durchlässigkeit von Gasen und Flüssigkeiten und seine Plastizität sowie die großen und ausgedehnten Salzvorkommen in den USA spielten eine große Rolle.

Dass die amerikanischen Forschungen angesichts der Tradition des Salzbergbaus in Deutschland auf Interesse stießen, zeigte sich, als zwei Geologen der bundeseigenen Bundesanstalt für Bodenforschung (BfB) zu dem Schluss kamen, dass es möglich sei, sämtliche anfallenden flüssigen radioaktiven Abfälle der Bundesrepublik in Salzlagerstätten zu injizieren und dort auch feste radioaktive Abfälle einzulagern.[9] Einer der Autoren war bereits in den zuständigen Arbeitskreis der Deutschen Atomkommission aufgenommen worden. Dieses Gremium beriet die Bundesregierung und stellte wichtige Weichen für die zukünftige Endlagerung in der Bundesrepublik, die bis heute gelten: Der Export radioaktiver Abfälle wurde ebenso abgelehnt wie eine oberirdische oder oberflächennahe Endlagerung, die aufgrund der hohen Bevölkerungsdichte der Bundesrepublik und aufgrund möglicher Gefährdungen des Grundwassers abgelehnt wurde. Für das weitere Vorgehen einigte man sich auf ein zweigleisiges Vorgehen: Einerseits sollte eine Prototypkaverne zur Einlagerung schwach- und mittelradioaktiver Abfälle angelegt werden. Andererseits sollte der Bund das ausgediente Salzbergwerk Asse bei Remlingen in der Nähe von Wolfenbüttel ankaufen und für Forschungen nutzen.

Die Gegebenheiten im Salzbergwerk Asse II wurden von der Bundesanstalt für Bodenforschung als geeignet für die Einlagerung radioaktiver Abfälle angesehen. Der Kauf der Asse wurde als „Gelegenheit" betrachtet, die so schnell nicht wiederkehre.[10] Der Bund kaufte das aufgelassene Salzbergwerk und übertrug es der Gesellschaft für Strahlenforschung (GSF) als „Forschungsbergwerk". In den Jahren von 1967 bis 1978 wurden 126.000 Abfallbehälter mit schwach- und mittelradioaktiven Abfällen in das „Versuchsbergwerk" eingelagert, obwohl eine Rückholung nicht vorgesehen war. Damit war zwar keine Strategie zur „Entsorgung" jedoch zur „Beseitigung" radioaktiver Abfälle gegeben.[11] Als im Jahre 2008 in der Öffentlichkeit tägliche Lösungszuflüsse bekannt wurden, die bereits seit fast zwanzig Jahren laufend auftraten, wurden in einem Parlamentarischen Untersuchungsausschuss des Niedersächsischen Landtages die Entscheidungsfindungen politisch aufgearbeitet.[12] Im Jahre 2013 wurde im Deutschen Bundestag die Rückholung der Abfälle beschlossen, die Planungen der zuständigen Bundesgesellschaft für Endlagerung (BGE) sehen vor, dass mit der Rückholung im Jahre 2033 begonnen wird. Schwierigkeiten bestehen darin, dass viele Fässer nicht mehr intakt sind und wesentliche Kenndaten zu den Abfällen fehlen.

Für die Prototypkaverne, die in einem Salzstock ausgesolt werden sollte, wurden Mitte der 1960er Jahre einige niedersächsische Salzstöcke als sehr geeignet eingeschätzt, so etwa der Salzstock Bunde, an dem jedoch mit dem Grundstückseigentümer kein Pacht- oder Kaufvertrag zustande kam. Ein Aktionsbündnis aus örtlichen Gewerkschaften sowie der Industrie- und Handelskammer opponierte gegen das Projekt.[13] Auch der schleswig-holsteinische Salzstock Oldenswort (Haselgebirge) erschien günstig. Allerdings forderte der zuständige Kreistag eine neue Eiderbrücke als Bedingung für die Zustimmung, was die Mittel des gesamten Projektes überstiegen hätte.

So wie bereits in den 1960er Jahren bestimmte auch in den 1970er und 1980er Jahren das Salzkonzept die bundesdeutsche Endlagerdiskussion. Andere Endlagermedien spielten eine untergeordnete Rolle. Das änderte sich Mitte der 1970er Jahre insofern, als für das modernste bundesdeutsche Erzlagerbergwerk eine Nachnutzung gesucht wurde. Sowohl der Eigner als auch der Betriebsrat waren an das zuständige BMFT herangetreten.[14] Das Eisenerzbergwerk Konrad schien aufgrund einer durchgehenden über dem Eisenerz liegenden Tonschicht von bis zu 400 Meter Dicke gut für die Einlagerung radioaktiver Abfälle geeignet.¹⁵

Die Standortauswahl für das Nukleare Entsorgungszentrum

Die Kernbrennstoffwiederaufarbeitungsgesellschaft (KEWA) führte im Auftrag des BMFT in den Jahren 1972 bis 1976 die Standortauswahl für das Nukleare Entsorgungszentrum durch. Das Ergebnis war, dass drei niedersächsische Möglichkeiten, Standort Börger (Salzstock Wahn), Standort Faßberg (Salzstock Weesen-Lutterloh) und Standort Ahlden (Salzstock Lichtenhorst) als am besten für den „Entsorgungspark" geeignet erschienen, nachdem man in deren Nähe geeignete Salzstöcke ermittelt hatte. Konkret ging es um ein Standortgelände mit einer möglichst geringen Bevölkerungsdichte und Milchviehhaltung im Nahbereich sowie möglichst guten Windverhältnissen.¹⁶

Am Standort Börger, Salzstock Wahn, der als aussichtsreichster Standort galt, wurde zuerst mit weiteren Untersuchungen u.a. Bohrungen begonnen. Als es jedoch zu Widerständen und Protesten aus der Bevölkerung kam, wurden die Arbeiten vorläufig eingestellt: Eine Landwirtin hatte sich durch die Bohrfirma über den Zweck der auf ihrem Gelände durchgeführten Probebohrungen getäuscht gefühlt, sich juristisch gewehrt und so den Protest entfacht. Im Emsland wurde das Projekt u.a. von den örtlichen CDU-Landtagsabgeordneten und mehreren Bürgermeistern abgelehnt. Daraufhin konzentrierten sich die weiteren Untersuchungen auf den Standort Weesen-Lutterloh, wo im Juni 1976 eine Tiefbohrung niedergebracht wurde.¹⁷

Nachdem die Planungen bekannt wurden, hatten sich an allen drei Standorten Bürgerinitiativen gegründet, die vor Ort auch Unterstützung bei Landwirten und Kommunalpolitikern sowie bei Atomkraftgegnern aus dem norddeutschen Raum fanden. Aus dem Widerstand in Lichtenhorst ging die Grüne Liste Umweltschutz (GLU), eine der Vorgängerparteien der Grünen, hervor.

Angesichts der Proteste kamen Anfang August 1976 Bundesforschungsminister Hans Matthöfer (SPD) und der niedersächsische Wirtschaftsminister Walther Leisler-Kiep (CDU) überein, die weiteren Standortuntersuchungen an allen drei Standorten vorerst auszusetzen.

Im Sommer 1976 setzte die niedersächsische Landesregierung eine Interministerielle Arbeitsgruppe ein, um unabhängig und losgelöst von den bisher gelaufenen Arbeiten aus eigener Perspektive mögliche Standortvorschläge zu erarbeiten. Dafür wurden erneut die niedersächsischen Salzstöcke im Hinblick auf Standortfläche, Teufenlage und Größe des Salzstocks, sowie Besiedlungs- und Oberflächenstruktur betrachtet. Daraus ergaben sich weitere Standortmöglichkeiten, unten denen auch Gorleben war.¹⁸ Im Spitzengespräch am 11. November 1976 drängten drei Bundesminister¹⁹ die Niedersächsische Landesregierung, schnell einen Standort für das Entsorgungszentrum zu benennen. Die niedersächsische Seite sagte zu, einen Standort zu benennen und brachte Gorleben als neue Standortmöglichkeit ins Gespräch. Als sich auf Arbeitsebene in weiteren Besprechungen der zuständigen Ministerien in Bund und Land in den Monaten Dezember und Januar 1976/77 zeigte, dass Niedersachsen die Standortmöglichkeit Gorleben präferierte, machte das Bundeskanzleramt massive deutschland- und verteidigungspolitische Bedenken geltend. Bundeskanzler Helmut Schmidt (SPD) versuchte Ministerpräsident Ernst Albrecht (CDU) von einer Benennung von Gorleben abzuhalten. Albrecht setzte sich aber über die Bedenken hinweg, und das Landeskabinett benannte am 22. Februar 1977 Gorleben als „vorläufigen" Standort eines „möglichen" Entsorgungszentrums. Neben dem großen und „unverritzten" Salzstock Gorleben spielte der „strukturpolitische Impuls" für den strukturschwachen Landkreis Lüchow-Dannenberg, die einfachen Grundbesitzverhältnisse sowie die Bevölkerung, die sich „nicht insgesamt von vorneherein abweisend verhalte", eine Rolle.²⁰ Als Albrecht in den Monaten nach der Standortentscheidung mehrfach äußerte, dass in Gorleben der in Niedersachsen am „besten geeignete" Salzstock liege, stellten die Spitzen des Niedersächsischen Landesamtes und der Bundesanstalt für Geowissenschaften und Rohstoffe intern klar, dass die Aussage so nicht von ihren Ämtern getätigt worden sei und der Salzstock erst näher untersucht werden müsse.²¹

Das Nukleare Entsorgungszentrum am Standort Gorleben

Mit der Gorleben-Entscheidung konnte die Deutsche Gesellschaft für Wiederaufarbeitung von Kernbrennstoffen (DWK) das Genehmigungsverfahren für das NEZ einleiten und einen Sicherheitsbericht einreichen. Bereits wenige Wochen nach der Standortbenennung kam es auch in Gorleben zu einer ersten Massendemonstration von mehr als 10.000 Atomkraftgegner:innen aus ganz Norddeutschland. Für Unmut sorgte auch der Kauf des vorgesehenen Standortgeländes durch die DWK, die den Grundeigentümern ein befristetes Kaufangebot unterbreitet hatte, welches weit über den ortsüblichen Grundstückspreisen lag. Der Besitzer der größten Einzelfläche, die ungefähr die Hälfte des Geländes ausmachte, Andreas Graf von Bernstorff, entschied sich, sein Grundstück nicht zu verkaufen. Ministerpräsident Albrecht griff daraufhin die von Bernstorff entwickelte Idee eines wissenschaftlichen Symposiums über das Konzept des Nuklearen Entsorgungszentrums auf. Die Kritiker:innen verfassten einen 2.200 Seiten umfassenden Bericht und diskutierten unter der Leitung des renommierten Technikphilosophen Carl Friedrich von Weizsäcker vom 28. März bis 3. April 1979 mit den von der DWK benannten „Gegenkritikern". Zeitgleich ereignete sich der erste schwere Kernkraftwerksunfall in der westlichen Welt nahe dem amerikanischen Harrisburg im Three-Miles-Island Reaktor, bei dem es zu einer partiellen Kernschmelze kam. Parallel zum Hearing führte die Bürgerinitiative Umweltschutz Lüchow-Dannenberg unter dem Motto „Albrecht, wir kommen" den „Gorleben-Treck" vom Wendland nach Hannover durch. In Hannover kam es bei der Abschlusskundgebung zu einer der größten Anti-AKW-Demonstrationen der Bundesrepublik.[22]

Nach dem Hearing war das eigentlich Problematische an der Konzeption des Entsorgungszentrums für Albrecht, dass mit dieser Anlage die größte zivile Wiederaufarbeitungsanlage der Welt entstanden wäre. Dabei war nicht die „sicherheitstechnische Realisierbarkeit" ausschlaggebend, sondern die „doppelte Frage", ob „der Bau einer solchen Anlage unerlässlich ist" und ob er „politisch realisierbar ist." Beide Fragen beantwortete Albrecht in seiner Regierungserklärung mit „nein". Den eigentlichen Vorteil der Wiederaufarbeitung sah Albrecht erst im Verbund mit einem Schnellen Brüter gegeben.[23] Der Reaktor im niederrheinischen Kalkar sollte sich jedoch verzögern und wegen sicherheitstechnischer Bedenken nie in Betrieb gehen.

Auch die politische Durchsetzbarkeit sah Albrecht als nicht gegeben an. Albrecht riet der Bundesregierung, das „Projekt der Wiederaufarbeitung nicht weiter zu verfolgen".[24]

...und sein Scheitern

Damit war das Nukleare Entsorgungszentrum „vom Tisch". Die Kritiker:innen und die Bürgerinitiativen jubelten und hatten zum ersten Mal erfahren, dass ihre Kritik ein Umdenken und Konzeptänderungen bewirken konnte. Für den DWK-Vorstandsvorsitzenden Günther H. Scheuten stellte die Entscheidung dagegen sein „Cannae" dar, also eine vernichtende Niederlage, wie er rückblickend eingestand.[25]

Wenige Monate später einigten sich Ministerpräsidenten und Bundeskanzler auf Modifikationen in der Entsorgungsstrategie: Aus dem Integrierten Entsorgungszentrum – alle Anlagen an einem Ort – wurde ein Integriertes Entsorgungskonzept – Verteilung der Entsorgungsanlagen auf die gesamte Bundesrepublik. An der Erkundung des Salzstocks Gorleben und der „bergmännischen Erschließung" hielten Bundes- und Landesregierungen fest.[26]

Wenige Tage nach dem Beschluss verkündete der hessische Wirtschaftsminister Heinz-Herbert Karry (FDP) einen Antrag für eine verkleinerte Wiederaufarbeitungsanlage prüfen zu wollen. Die Anlage galt als attraktiv und versprach in der abgespeckten Version ca. 1.600 Dauerarbeitsplätze. Als Ernst Albrecht nach Rücksprache mit Lüchow-Dannenberger Kommunalpolitikern im November 1982 erklärte, einen Antrag der DWK für das von Gorleben 25 km entfernte Dragahn prüfen zu wollen, führte dies im Wendland zu heftigen Widerständen. Zahlreiche Bürger:innen fühlten sich durch den Ministerpräsidenten und die Landesregierung getäuscht und pochten auf die zuvor gegebene Zusage, dass in Gorleben bzw. im Landkreis Lüchow-Dannenberg keine Wiederaufarbeitungsanlage gebaut werden würde. Nachdem die DWK erklärt hatte, dass nur noch Dragahn und das bayerische Wackersdorf im Rennen um den WAA-Standort waren, setzte ein Standortwettlauf der beiden Bundesländer ein, bei dem der bayerische Ministerpräsident Franz Josef Strauß (CSU) kurz vor der Standortentscheidung im Februar 1985 zusätzliche Fördermittel für die Ansiedelung in Aussicht stellte. Auch hier ging es um die wirtschaftliche Förderung einer eher strukturschwachen Region, der Oberpfalz, in der zudem durch die absehbare Zechenstilllegung der Bayerischen Braunkohleindustrie und befürchteter Massenentlassungen der Maxhütte eine Nachfolgeindustrie gesucht wurde. Das vorgesehene Standortgelände lag jedoch in einem der größten Trinkwasserreservoire Bayerns, was einer der Hauptkritikpunkte der WAA-Gegner:innen werden sollte, nachdem sich die DWK für den Standort Wackersdorf entschieden hatte.[27]

Das Anlagenkonzept wurde mehrfach überarbeitet, so dass Kosten- und Terminpläne angepasst werden mussten. Die Widerstände gegen das Projekt wurden in der Oberpfalz immer stärker. Der Schwandorfer Landrat Hans Schuirer (SPD) entwickelte sich zu einem der populärsten Gegner und zur Ikone des Protestes. Nachdem im November 1988 eine erneute Kostenrechnung vorgelegt wurde, welche mit 9,4 Mrd. DM mehr als ein Drittel höher als noch zwei Jahre zuvor ausfiel, war das Projekt an einen Wendepunkt gekommen. In diesem Moment bot das französische Wiederaufarbeitungsunternehmen COGEMA (Compagnie générale des matières nucléaires) dem DWK-Hauptanteilseigner, der VEBA (Vereinigte Elektrizitäts- und Bergwerks AG), ein joint venture für den Bau einer gemeinsamen Anlage außerhalb der Bundesrepublik an. Bereits kurz darauf wurden Ende Mai 1989 alle Bauarbeiten in Wackersdorf gestoppt. Einen Monat später wurde die Auslandswiederaufarbeitung als Entsorgungsvorsorge anerkannt. Bereits in den späten 1970er Jahren hatten die deutschen Kernkraftwerksbetreiber Wiederaufarbeitungsverträge in Frankreich und Großbritannien als Übergangslösung bis zur Inbetriebnahme der geplanten eigenen deutschen Anlage im Entsorgungszentrum abgeschlossen. Auf dieses „notwendige Übel" griffen die Energieversorger nach dem Scheitern von Wackersdorf erneut zurück. Die Wiederaufarbeitung blieb jedoch weiter wegen Kontaminationen in der Kritik. Die Forderung nach Einstellung der Wiederaufarbeitung blieb daher auf der Agenda der Anti-AKW-Bewegung. In der Vereinbarung mit den EVU im Juni 2000 wurde ein Stopp der Wiederaufarbeitung für das Jahr 2005 vereinbart.

Das Endlagerprojekt Gorleben

In den Jahren 1977 bis 1979 stand die Wiederaufarbeitungsanlage im Entsorgungszentrum im Zentrum der Kritik. Die Ausmaße der Anlage und ihre unmittelbaren Auswirkungen waren wichtige Themen. Im Gespräch mit Bundeskanzler Helmut Schmidt legte Albrecht wenige Wochen nach seiner Absage an die große Wiederaufarbeitungsanlage in Gorleben sein Kalkül dar: Mit dem Abwerfen von „Ballast in Sachen Wiederaufarbeitung" könnten Fortschritte bei der Endlagerung erzielt werden.[28]

Jedoch wandten sich die massiven Proteste gegen das Nukleare Entsorgungszentrum nun der geplanten Endlagerung in Gorleben zu. Die Aktionen gegen die Erkundungen des Salzstocks Gorleben gipfelten im Mai/Juni 1980 in der Besetzung der Tiefbohrstelle 1004. Es wurde die „Republik Freies Wendland" ausgerufen und ein Hüttendorf errichtet. Beides wurde nach einem Monat vom bis dahin größten Polizeiaufgebot in der Geschichte der Bundesrepublik (6.500 Beamte) geräumt.[29] Platzbesetzung und Hüttendorf waren Aktionsformen, die in direkter Tradition zum Wyhler Protest standen.

04 – Postkarte: Freie Republik Wendland, (1980)

Weiterhin blieb auch die Standortauswahl umstritten. Warum war gerade der Gorlebener Salzstock ausgewählt worden? Waren die von den Politikern genannten Gründe wirklich die ausschlaggebenden gewesen? Lag es an der Randlage und der leichten Absperrbarkeit des östlichen Teils des Landkreises Lüchow-Dannenberg nach Westen? Später wurde auch vermutet, dass Albrecht Gorleben benannt hätte, „um die Ostzonalen richtig zu ärgern"[30], weil die DDR kurz vorher das ebenfalls an der innerdeutschen Grenze liegende ehemalige Salzbergwerk Morsleben als Endlager ausbauen wollte.[31]

Weder das Verfahren noch die Kriterien für die Standortentscheidung waren transparent und detailliert kommuniziert worden geschweige denn, dass es eine Beteiligung der Öffentlichkeit gegeben hätte. Dies entsprach jedoch dem üblichen Verwaltungshandeln: Eine Öffentlichkeitsbeteiligung war erst später im Genehmigungsverfahren vorgesehen.

Intern stellte sich im Niedersächsischen Landesamt für Bodenforschung (NLfB) hinsichtlich der hydrogeologischen Verhältnisse heraus, dass diese „wesentlich differenzierter sind, als dies im DWK-Sicherheitsbericht zum Ausdruck kommt".[32]

Das zeigte sich auch, als der Kieler Quartärgeologe Klaus Duphorn den Salzstock in den Jahren 1979 bis 1981 kartierte. Auf einem Teil des Salzstockes lagen Schmelzwassersände ohne wasserhemmende Ton- oder Gipsschichten direkt auf dem Salzgestein (die sog. Gorleben-Rinne). Deswegen empfahl Duphorn, zusätzlich andere Salzstöcke zu erkunden.[33] Auch in der Physikalisch-technischen Bundesanstalt (PTB) wurden Überlegungen in diese Richtung angestellt, jedoch am Ende zur weiteren Erkundung des Salzstocks Gorleben geraten.[34] Die Bundesregierung entschied sich für die untertägige Erkundung des Salzstocks Gorleben. Von Mitte der 1980er bis Mitte der 1990er Jahre wurden zunächst zwei Schächte im Zentrum des Salzstocks niedergebracht und auf der Erkundungssohle in 840 Meter Tiefe eine Verbindung zwischen den beiden Schächten hergestellt. Trotz der weiteren Erkundungen blieben die intransparente Standortauswahl, die Zweifel an der Eignung und der fehlende Standortvergleich weiter mit Gorleben verbunden.[35]

Im Wendland wuchs in den 1990er Jahren außerdem eine weitere Widerstandsgeneration heran. Gegenüber dem Erkundungsbergwerk war Anfang der 1980er Jahre ein Zwischenlager für CASTOR (Cask for storage and transport of radioactive material) Behälter gebaut worden. Sie sind für abgebrannte Brennelemente und für verglaste Abfälle aus der Wiederaufarbeitung vorgesehen. Der erste CASTOR-Transport nach Gorleben im Frühjahr 1995 wurde von massiven Protesten, Blockaden von mehreren Tausend Atomkraftgegner:innen und Anschlägen auf die Bahnstrecken begleitet. Zur Sicherung wurden fast 15.000 Polizist:innen eingesetzt. Der Kostenaufwand wurde auf 55 Mio. DM beziffert. Beim nächsten Transport stiegen die vom niedersächsischen Innenminister geschätzten Kosten auf 90 Mio. DM.[36]

Die neue rot-grüne Bundesregierung machte sich im Jahre 1998 die Zweifel an der Eignung des Gorlebener Salzstockes zu eigen. Außerdem stellte sie sich die Frage, ob die Planungen für Gorleben noch auf verlässlichen Grundlagen beruhten. In der ersten Vereinbarung zum Atomausstieg zwischen Bundesregierung und EVU vom 14. Juni 2000 wurde daher ein „Gorleben-Moratorium" umgesetzt: Die Arbeiten im Erkundungsbergwerk Gorleben sollten für mindestens drei und höchstens zehn Jahre unterbrochen werden. Die Zeit sollte genutzt werden, um sowohl Probleme wie etwa die Frage der Gasbildung im Endlager zu bearbeiten als auch, um ein neues Standortauswahlverfahren zu entwickeln.[37]

Der Arbeitskreis Auswahlverfahren Endlagerstandorte (AkEnd) und das neue Standortauswahlverfahren

Um weitere Standorte in Salz, Ton und Kristallin zu identifizieren, sollte ein Verfahren durch den im Februar 1999 vom Bundesumweltministerium eingesetzten pluralistisch wissenschaftlich breit aufgestellten Arbeitskreis Auswahlverfahren Endlagerstandorte (AkEnd) entwickelt werden.

Dessen Arbeitsvorgabe war ein Auswahlverfahren für ein Endlager für alle Abfallarten an einem „relativ besten" Standort mit langfristiger Sicherheit ohne Rückholbarkeit. An mindestens zwei Standorten sollte die Bevölkerung zur Erkundung des Standortes ihre Beteiligungsbereitschaft erklären, andernfalls sollten Bundestag und Bundesregierung das weitere Vorgehen klären.

Die wesentlichen Grundvoraussetzungen des AkEnd-Vorschlages waren der Verzicht auf die Festlegung auf ein Wirtsgestein, das Vorgehen in strukturierten Schritten anhand vorher transparent erarbeiteter festgelegter Kriterien sowie ein Standortvergleich von mindestens zwei unterirdisch zu erkundenden Standorten mit einer Öffentlichkeitsbeteiligung von Anfang an.[38] Die Elemente des AkEnd-Vorschlages waren grundlegend für das heutige Verfahren und das Standortauswahlgesetz.

Die Arbeitskreismitglieder hatten gehofft, dass der durch den Arbeitskreis gewonnene Impuls von der Bundesregierung und den anderen mit der Endlagerung befassten Stakeholdern umgesetzt werden würde. Dazu kam es jedoch zunächst nicht. Weder näherten sich die Positionen zwischen Regierung und Opposition noch die zwischen den Bundesländern oder der Energiewirtschaft an. Die EVU argumentierten beispielsweise, dass eine erneute Standortauswahl „keinen notwendigen Aufwand" darstelle.[39] Stellvertretend für viele Beobachter äußerte Jörg Mönig, der den AkEnd-Abschlussbericht redigiert hatte, dass der politische Wille fehlte, das AkEnd-Verfahren umzusetzen.[40]

Nach dem Unfall im japanischen Kernkraftwerk Fukushima Daiichi im März 2011 beschloss die Bundesregierung aus CDU/CSU und FDP einen erneuten stufenweisen Ausstieg aus der Kernenergie bis zum Jahre 2022, nachdem sie nach ihrem Regierungsantritt im Jahre 2010 zunächst die Erkundungen in Gorleben wieder hatte aufnehmen lassen. Der erneute Atomausstieg wurde von einer breiten Bundestagsmehrheit als auch von den Bundesländern mitgetragen. Damit hatte sich die atompolitische Agenda grundlegend geändert: Der baden-württembergische Ministerpräsident Winfried Kretschmann schlug vor, auch im Hinblick auf die Endlagerung einen breiten Konsens zu suchen, was auch eine neue Standortsuche in seinem Bundesland einschloss. Der baden-württembergische Umweltminister Franz Untersteller legte ein Konzeptpapier zur Standortsuche auf der Basis einer „weißen Landkarte" vor. Mit diesem Kompromiss, der die Festlegung auf Gorleben beendete, den umstrittenen Salzstock aber weiterhin im neuen Auswahlverfahren ließ, war die Basis für das weitere Vorgehen gegeben: Bereits sechs Wochen später vereinbarte Bundesumweltminister Norbert Röttgen mit den Regierungschefs der Länder ein Konzept für ein neues Standortauswahlverfahren. CDU/CSU, FDP, SPD und Grüne legten einen Gesetzentwurf vor, der am 23. Juli 2013 vom Bundestag beschlossen wurde. Auf der Basis der durch das Gesetz eingesetzten Endlagerkommission wurde das Gesetz fortentwickelt und trat im März 2017 in Kraft. Das StandAG markiert einen „Paradigmenwechsel" in der Debatte über die nukleare Entsorgung.[41]

Ziel des neuen gesetzlich fixierten Auswahlverfahrens ist es, für die bundesdeutschen insbesondere hochradioaktiven Abfälle bis zum Jahre 2031 einen Standort zu finden, der die bestmögliche Sicherheit für einen Zeitraum von 1 Mio. Jahren gewährleistet – wissenschaftsbasiert, lernend, ergebnisoffen, transparent, nach gesetzlich festgelegten fachlichen Kriterien und unter Beteiligung der Öffentlichkeit.

Die möglichen Gebiete werden auf Basis von vorhandenen geologischen Daten und Erkundungen in drei aufeinanderfolgenden genau geregelten Phasen auf ihre Eignung hin untersucht. Es wird bewertet, verglichen und ausgeschlossen, bis am Ende der bestmögliche Standort für ein Endlager gefunden wird. Dabei hat die Sicherheit oberste Priorität. Durch neue Formate der Öffentlichkeitsbeteiligung wird eine frühzeitige Einbindung sowohl der betroffenen Bevölkerung als auch von Wissenschaftler:innen und Interessierten ermöglicht, so weitgehend und früh, wie dies in keinem anderen umweltrelevanten Thema in Deutschland der Fall ist.

Nach jeder Phase des Verfahrens werden die Vorschläge der Bundesgesellschaft für Endlagerung (BGE) durch das Bundesamt für Sicherheit der nuklearen Entsorgung (BASE) geprüft und danach durch ein Bundesgesetz verabschiedet. Nach der Phase I die Standortregionen, die zur übertägigen Erkundung vorgeschlagen werden, nach der Phase II die Standortregionen, die untertägig erkundet werden und nach der Phase III wird über den Standortvorschlag entschieden.

Mit dem Start des Verfahrens im September 2017 sammelte die BGE geologische Daten der Länder und wertete diese nach den gesetzlich festgelegten Kriterien aus. Dazu gehören Ausschlusskriterien, Mindestanforderungen sowie geologische Abwägungskriterien. Zum Beispiel muss eine ausreichend starke Schicht aus Granit, Salz oder Ton das Endlager umgeben.

Der erste Meilenstein des Verfahrens war die Vorlage des Zwischenberichts Teilgebiete am 28. September 2020, in dem 90 Teilgebiete in allen drei möglichen Wirtsgesteinen Steinsalz, Kristallin und Ton, die insgesamt eine Fläche von 54 % des Bundesgebietes einnehmen, für das weitere Suchverfahren vorgeschlagen wurden.[42] Der Salzstock Gorleben war nicht unter den Teilgebieten, da der Schutz des ewG (einschlusswirksamen Gebirgsbereichs) durch das Deckgebirge als ungünstig bewertet wurde.[43]

In jeder Phase des Verfahrens sind Sicherheitsuntersuchungen vorgesehen, die immer detaillierter und umfassender werden. In dem jetzigen zweiten Schritt der ersten Phase grenzt die BGE die Teilgebiete ein[44] und schlägt Standortregionen vor. Dafür hat die BGE einen Rahmenterminplan vorgelegt und für die folgenden über- und untertägigen Erkundungen zwei Szenarien entwickelt.[45] Es ist absehbar, dass das gesamte Verfahren mehr Zeit benötigt als bis zum Jahre 2031 – also anders als es im StandAG angestrebt wird. Einzelne Teilschritte sind in ihrer Dauer und ihrem Umfang nur schwer einschätzbar und von vielen Einflussfaktoren abhängig – beispielsweise der Anzahl der Standortregionen.[46]

Fazit

Die Geschichte der Endlagerung hing immer eng mit der allgemeinen Entwicklung der Atomkraft in Deutschland zusammen. Die Weichenstellungen waren eng mit den Atomunfällen in Harrisburg oder Fukushima verbunden.[47] Dabei wandelte sich die Abfallproblematik durch die Kopplung von Bau und Betrieb von Kernkraftwerken und durch das in den 1970er Jahren geplante überdimensionierte Nukleare Entsorgungszentrum von einem technischen zu einem brisanten politischen Thema.

Jüngst hat der deutsch-britische Umwelthistoriker Frank Uekötter eine Geschichte der Kernenergie als „Erfolgsgeschichte der bundesdeutschen Verhandlungsdemokratie" vorgelegt. Einerseits hebt er die Bedeutung der Anti-AKW-Bewegung hervor: „Der Protest war im Atomkonflikt nicht alles, aber ohne den Protest war alles nichts." Aber letztendlich sei nicht nur die Anti-AKW-Bewegung erfolgreich gewesen, sondern auch die bundesdeutsche Gesellschaft insgesamt.[48]

Freie Meinungsäußerungen, Demonstrationen, aber auch wissenschaftliche Diskussionen in Anhörungen und Kommissionen, Verwaltungshandeln sowie Gerichtsentscheidungen ermöglichten Lernprozesse, welche „den Atomkonflikt zu einer Schlüsselkontroverse der bundesdeutschen Geschichte werden ließen".[49]

Die Geschichte der Endlagerung in Deutschland liefert für Uekötters Interpretation viele Anhaltspunkte: Ein „goldener Moment des Dialogs"[50] war das Gorleben-Hearing, das im Zusammenspiel mit dem Protest und dem Atomunfall von Harrisburg Ministerpräsident Albrecht zu seiner Regierungserklärung bewog, mit der er das Nukleare Entsorgungszentrum zu Fall brachte. Auch wenn es in den 1980er Jahren nicht danach aussah: Die Engführung der Endlagerung hochradioaktiver Abfälle auf den Salzstock Gorleben, ohne Standortvergleich und mit wissenschaftlichen Zweifeln behaftet, konnte letztendlich mit Hilfe des AkEnd gelöst werden. Es bedurfte jedoch des Impulses durch den endgültigen Kernenergieausstieg nach Fukushima im Jahre 2011, um einen Neuanfang mit breiter Zustimmung umzusetzen. Die dem Standortauswahlgesetz folgende Endlagerkommission[51], in der Vertreter:innen gesellschaftlicher Gruppen, Wissenschaftler:innen mit Landes- und Bundespolitiker:innen darum rangen, das neue Suchverfahren im Konsens auszugestalten, zeigt, welche Blockaden die Verhandlungsdemokratie überwinden kann – auch wenn die Aushandlungsprozesse langwierig und mühsam sind.

Anmerkungen

1
Tiggemann, Anselm: Die ‚Achillesferse' der Kernenergie in der Bundesrepublik Deutschland: zur Kernenergiekontroverse und Geschichte der nuklearen Entsorgung von den Anfängen bis Gorleben. 1955 bis 1985, Lauf an der Pegnitz: Europaforum-Verlag 2010; Uekötter, Frank: Atomare Demokratie – Eine Geschichte der Kernenergie in Deutschland, Stuttgart: Franz Steiner Verlag 2022.

2
Engels, Jens-Ivo: Geschichte und Heimat: Der Widerstand gegen das Kernkraftwerk Wyhl, in: Kretschmer, Kerstin (Hg.): Wahrnehmung, Bewusstsein, Identifikation: Umweltprobleme und Umweltschutz als Triebfedern regionale Entwicklung, Freiberg: Technische Universität Bergakademie 2003, S. 103–130, hier: S. 112.

3
Häusler, Jürgen: Der Traum wird zum Alptraum – das Dilemma einer Volkspartei: die SPD im Atomkonflikt, Berlin: edition sigma 1988.

4
Baumgärtner, Franz u.a. (Hg.): Nukleare Entsorgung: Nuclear Fuel Cycle, Weinheim: Verlag Chemie 1981 (Internat. Schriftenreihe zu Chemie, Physik und Verfahrenstechnik der nuklearen Entsorgung; 1); Radkau, Joachim: Das überschätzte System – Zur Geschichte der Strategie- und Kreislaufkonstrukte in der Kerntechnik, in: Technikgeschichte, Bd. 56 (1988), Heft 3, S. 207–215.

5
Die installierte Leistung betrug 1985 ca. 17.900 MW; nach Zusammenstellung: Kerntechnik Deutschland e.V.: Kernkraftwerke außer Betrieb, https://www.kernd.de/kernd/themen/strom/Zahlen-und-Fakten/01_index.php#anchor_27a91b5f_Accordion-Kernkraftwerke-ausser-Betrieb, Zugriff: 16.01.2022.

6
Schmidt-Küster, Wolf-Jürgen: Das Entsorgungssystem im nuklearen Brennstoffkreislauf, Übersichtsvortrag auf der Reaktortagung 1974, in: Atomwirtschaft, Atomtechnik, atw; offizielles Fachblatt der Kerntechnischen Gesellschaft e.V. (KTG), Bd. 19 (1974), S. 340–345.

7
Theis, Charles W.: Problems of Ground Disposal of Nuclear Wastes, in: Proceedings of the International Conference on the peaceful uses of Atomic Energy, Bd. 9 (1956), S. 679–683.

8
National Research Council: Disposal of Radioactive Waste on Land – Report, Washington, DC: The National Academies Press 1957, S. 138.

9
Wager, Rudolf / Richter, Wolfgang: Disposal of Radioactive waste in the Federal Republic of Germany: Geological and Hydrogeological Problems, in: Proceedings of the Scientific Conference on the Disposal of Radioactive Wastes, Bd. 2 (1960), S. 548–551.

10
Martini, H.J.: Bericht zur Frage der Möglichkeiten der Endlagerung radioaktiver Abfälle im Untergrund, Hannover: Bundesanstalt für Bodenforschung 1963, S. 22.

11
Möller, Detlev: Endlagerung radioaktiver Abfälle in der Bundesrepublik Deutschland, Frankfurt a.M. u.a.: Peter Lang Verlag 2009 (Studien zur Technik-, Wirtschafts- und Sozialgeschichte; 15), S. 342ff.

12
Niedersächsischer Landtag: Einsetzung eines 21. Parlamentarischen Untersuchungsausschusses, Vorgänge in der Schachtanlage Asse II, Abschlussbericht, 18.10.2012.

13
Tiggemann: Die ‚Achillesferse', S. 147–161.

14
Ebd., S. 166–169.

15
Derzeit baut die zuständige Bundesgesellschaft für Endlagerung das Bergwerk zum Endlager für schwach- und mittelradioaktive Abfälle aus. Die Planungen sehen die Fertigstellung im Jahre 2027 vor.

16
KEWA Kernbrennstoff-Wiederaufarbeitungs-GmbH: Ermittlung mehrerer alternativer Standorte in der Bundesrepublik Deutschland für eine industrielle Kernbrennstoff-Wiederaufarbeitungsanlage, Frankfurt: Bundesministerium für Forschung und Technologie geförderter Entwicklungsvorhaben 1974.

17
KEWA Kernbrennstoff-Wiederaufarbeitungs-GmbH: Untersuchung eines Standortes zur Errichtung einer Anlage zur Entsorgung von Kernkraftwerken, Teiluntersuchung zu zwei Alternativstandorten, Frankfurt: Deutsche Gesellschaft für Wiederaufarbeitung von Kernbrennstoffen mbH (DWK) 1977.

18
Tiggemann, Anselm: Gorleben als Entsorgungs- und Endlagerstandort: Der niedersächsische Auswahl- und Entscheidungsprozess: Expertise zur Standortvorauswahl für das „Entsorgungszentrum" 1976/77, Hannover: Niedersächsisches Ministerium für Umwelt und Klimaschutz (NMU) 2010, S. 90ff.

19
Werner Maihofer – Inneres (FDP), Hans Matthöfer – Forschung und Technologie (SPD) sowie Hans Friderichs – Wirtschaft (FDP).

20
Tiggemann: Gorleben, S. 75.

21
Ebd., S. 88ff.

22
Schmiechen-Ackermann, Detlef u.a. (Hg.): Der Gorleben-Treck 1979 – Anti-Atom-Protest als soziale Bewegung und demokratischer Lernprozess, Göttingen: Wallstein 2020.

23
Im „Schnellen Brüter" sollte Uran-Plutonium-Mischoxid (MOX) als Kernbrennstoff zur Energiegewinnung und gleichzeitigen Erzeugung weiteren spaltbaren Materials eingesetzt werden.

24
Niedersächsischer Landtag: Regierungserklärung Dr. Ernst Albrecht vom 16.5.1979, Stenografische Berichte, 9. Wahlperiode, 15. Plenarsitzung, 1706–1716, 1979.

25
Der SPIEGEL (1986), Heft 15, S. 40.

26
Beschluss der Besprechung des Bundeskanzlers mit den Regierungschefs der Länder am 28.9.1979 zur Entsorgung der Kernkraftwerke, in: Bundespresseamt (Hg.) Bulletin 122/1979, S. 1133ff. sowie Fortschreibung der Entsorgungsvorsorgegrundsätze vom 29.2.1980, in: Bulletin 34/1980, S. 281ff.

27
Gaumer, Janine: Wackersdorf: Atomkraft und Demokratie in der Bundesrepublik 1980 bis 1989, München: oekom-Verlag 2018, S. 82.

28
Schreiben Albrecht an Bundeskanzler Schmidt vom 08.06.1979, zitiert nach: Tiggemann: Die ‚Achillesferse', S. 653.

29
Zint, Günter / Fetscher, Caroline: Republik Freies Wendland – Eine Dokumentation, Frankfurt am Main: Zweitausendeins 1980.

30
So der ehemalige Vize-Präsident des Niedersächsischen Landesamtes für Bodenforschung (1970–1980) Gerd Lüttig, zitiert nach: Tiggemann: Die ‚Achillesferse', S. 381.

31
Ohne Quellenbeleg vermutete Uekötter, S. 154, dass Albrecht mit Gorleben einen „geologisch heiklen Ort" benannt haben könnte, „um das Entsorgungsprojekt zu torpedieren". Eine ähnliche Einschätzung, jedoch ohne auf die Geologie zu verweisen, auch in: Der SPIEGEL (1977), Heft 12, S. 33.

32
Aktenkundig wurde diese Einschätzung erst im Frühjahr 1978. Tiggemann: Gorleben, S. 88.

33
Duphorn, Klaus: Quartärgeologische Gesamtinterpretation Gorleben, Kiel: Physikalisch-Technische Bundesanstalt (PTB) 1983.

34
Physikalisch-Technische Bundesanstalt (PTB): Zusammenfassender Zwischenbericht über bisherige Ergebnisse der Standorterkundung in Gorleben, Braunschweig: Physikalisch-Technische Bundesanstalt 1983.

35
Deutscher Bundestag: Untersuchungsausschuss Gorleben, Abschlussbericht, 2013.

Abbildungen

36
Ein ähnliches Bild ergab sich bei den elf weiteren CASTOR-Transporten nach Gorleben sowie den Transporten ins weitere zentrale Zwischenlager im westfälischen Ahaus. Nach dem Atomausstiegsbeschluss im Jahre 2000 wurden an den Kernkraftwerksstandorten dezentrale Zwischenlager gebaut.

37
Vereinbarung zwischen der Bundesregierung und den EVU vom 14.6.2000, https://www.bmuv.de/download/vereinbarung-zwischen-der-bundesregierung-und-den-energieversorgungsunternehmen (Zugriff: 2.3.2023).

38
Arbeitskreis Auswahlverfahren Endlagerstandorte (AkEnd): Auswahlverfahren für Endlagerstandorte – Empfehlungen des AkEnd – Arbeitskreis Auswahlverfahren Endlagerstandorte, Köln: W & S Druck 2002.

39
Bröskamp, Holger / Schlombs, Heiko / Brammer, Klaus-Jürgen: Absehbare Kosten und volkswirtschaftliche Effekte des vom AkEnd vorgeschlagenen Vorgehens, in: Atomwirtschaft, Atomtechnik, atw; offizielles Fachblatt der Kerntechnischen Gesellschaft e.V. (KTG), Bd. 48 (2003), S. 307–314.

40
Blowers, Andrew: The Legacy of Nuclear Power. New York: Routledge 2017, S. 215.

41
Wollenteit, Ulrich: Gesetz zur Suche und Auswahl eines Standortes für ein Endlager für hochradioaktive Abfälle, in: Frenz, Walter (Hg.): Atomrecht, Darmstadt: Nomos-Verlag 2019, S. 443.

42
BGE (Bundesgesellschaft für Endlagerung): Zwischenbericht Teilgebiete gemäß § 13 StandAG, 28.09.2020, 2020, https://www.bge.de/fileadmin/user_upload/Standortsuche/Wesentliche_Unterlagen/Zwischenbericht_Teilgebiete/Zwischenbericht_Teilgebiete_barrierefrei.pdf, Zugriff: 30.10.2022.

43
BGE (Bundesgesellschaft für Endlagerung): § 36 Salzstock Gorleben: Zusammenfassung existierender Studien und Ergebnisse gemäß §§ 22 bis 24 StandAG im Rahmen der Ermittlung von Teilgebieten gemäß § 13 StandAG, 28.09.2020, 2020, https://www.bge.de/fileadmin/user_upload/Standortsuche/Wesentliche_Unterlagen/Zwischenbericht_Teilgebiete/__36_Salzstock_Gorleben_barrierefrei.pdf, Zugriff: 30.10.2022.

44
Bei der Einengung der Teilgebiete werden ggf. bei gleicher Eignung außerdem planungswissenschaftliche Abwägungskriterien angewendet.

45
BGE (Bundesgesellschaft für Endlagerung): Zeitliche Betrachtung des Standortauswahlverfahrens aus Sicht der BGE: Rahmenterminplanung für Schritt 2 der Phase I bis zum Vorschlag der Standortregionen und zeitliche Abschätzungen für Phase II und III, Stand 16.12.2022, https://www.bge.de/fileadmin/user_upload/Standortsuche/Wesentliche_Unterlagen/05_-_Meilensteine/Zeitliche_Betrachtung_des_Standortauswahlverfahrens_2022/20221216_Zeitliche_Betrachtung_StandAW-48_barrierefrei.pdf, Zugriff: 16.01.2023.

46
Bundesgesellschaft für Endlagerung (BGE) Pressemitteilung vom 11.11.2022; Süddeutsche Zeitung, Nr. 262, 14.11.2022.

47
Kallenbach-Herbert, Beate / Hocke-Berglar, Peter: Always the same old story?, in: Brunnengräber, Achim u.a. (Hg.): Nuclear Waste Governance – An International Comparison – (Energiepolitik und Klimaschutz. Energy Policy and Climate Protection), Wiesbaden: Springer VS 2015, S. 177–201.

48
Uekötter: Atomare Demokratie, S. 304.

49
Ebd., S. 294.

50
Ebd., S. 297.

51
Kommission Lagerung hoch-radioaktiver Abfallstoffe: Abschlussbericht: Verantwortung für die Zukunft: Ein faires und transparentes Verfahren für die Auswahl eines nationalen Endlagerstandortes. https://www.bundestag.de/resource/blob/434430/bb37b21b8e1e7e049ace5db6b2f949b2/drs_268-data.pdf, Zugriff: 17.08.2016.

01:
Der Brennstoffkreislauf,
in: Salander, Carsten: Die Entsorgung der deutschen Kernkraftwerke, Vortrag vor der VDEW-Landesgruppe Hessen, Hannover 1982, S. 2

02:
Plakat: Albrecht, wir kommen! Treck der Lüchower Bauern nach Hannover, Hannover 1979
WLB Stuttgart / BfZ: PSLD/12008

03:
Plakat: Wach auf, mach mit! Keine WAA in Bayern oder anderswo, o.O. 1985?
WLB Stuttgart / BfZ: PSLD/12047a

04:
Postkarte: Freie Republik Wendland, 1980
WLB Stuttgart / BfZ: Postkarten-Sammlung, Anti-AKW

Eva Oberloskamp

Die Europäische Atomgemeinschaft

01 – US-Präsident Eisenhower bei der Präsentation der Briefmarke „Atoms for peace"

– Die europäische „Energielücke" und Visionen eines friedlichen „Atomzeitalters" nach dem Zweiten Weltkrieg

1951 unterzeichneten Belgien, die Bundesrepublik Deutschland, Frankreich, Italien, Luxemburg und die Niederlande den Vertrag zur Gründung einer Europäischen Gemeinschaft für Kohle und Stahl (EGKS). Dies war ein revolutionärer Schritt, denn die EGKS, die 1952 ihre Arbeit aufnahm, ermöglichte durch ihre supranationalen Institutionen eine gemeinsame Kontrolle der kriegswichtigen Kohle- und Stahlindustrien und schuf einen gemeinsamen, zollfreien Markt für diese Wirtschaftszweige. Das sollte der europäischen Friedenssicherung und dem wirtschaftlichen Wiederaufbau dienen, der wesentlich auf die Produktionsfaktoren Kohle und Stahl angewiesen war. In längerer Perspektive freilich richteten sich hohe Erwartungen europäischer Politiker auf eine völlig neue Energietechnologie: die Atomkernspaltung. Die Beherrschbarkeit und gleichzeitig die enorme Macht dieser Technologie hatten die USA 1945 mit den Atombombenabwürfen über Hiroshima und Nagasaki unter Beweis gestellt. Die USA setzten früh auch auf eine friedliche Nutzung der Nukleartechnologie. Im Dezember 1953 hielt US-Präsident Dwight D. Eisenhower vor der Generalversammlung der Vereinten Nationen seine „Atoms for Peace"-Rede, in der er ein Programm für die zivile Atomenergienutzung umriss und die Gründung einer internationalen Organisation zur Verhinderung von Proliferation anregte. Hieraus erwuchs im Juli 1957 die Gründung der Internationalen Atomenergie-Organisation (IAEO) in Wien.

In Europa war das Vereinigte Königreich, das sich am US-amerikanischen „Manhattan-Projekt" beteiligt hatte und seit Kriegsende ein eigenes militärisches und ziviles Atomprogramm realisierte, Vorreiter bei der Nutzung der Atomenergie. Die erste britische Atombombe wurde 1952 getestet, und 1956 ging im Vereinigten Königreich das in der westlichen Welt erste Kraftwerk ans Netz, das kommerziell Strom durch Atomkernspaltung produzierte.[1] Frankreich war Mitte der 1950er Jahre nach den USA und dem Vereinigten Königreich die dritte Nuklearmacht unter den westlichen Staaten. Der erste kommerzielle Reaktor ging hier 1959 ans Netz, und die erste Atombombe wurde 1960 getestet.[2] In beiden Staaten fußte die frühe Atomenergienutzung jeweils auf nationalen Reaktorlinien, die Natururan nutzten und die auch mit dem Bestreben entwickelt worden waren, Plutonium für militärische Anwendungen zu produzieren. Belgien, die Bundesrepublik Deutschland, Italien und die Niederlande betrieben zwar seit den 1950er Jahren ebenfalls eine aktive Atompolitik, jedoch mit allenfalls sehr begrenzten militärischen Implikationen.[3] Der Einstieg in die kommerzielle Atomenergienutzung sollte hier letztlich auf die Einführung von Leichtwasserreaktoren hinauslaufen, die kein Plutonium produzieren. Dies bedeutete freilich, dass man damit vom Import angereicherten Urans aus den USA abhängig war, die anfänglich der einzige Staat waren, der über entsprechende Technologien und Kapazitäten verfügte.[4]

Motiviert war das europäische Interesse an der Atomkraft durch Sorgen um eine bevorstehende „europäische Energielücke", die man in der raschen wirtschaftlichen Entwicklung und dem steigenden Energiebedarf begründet sah.[5] Die Atomenergie sollte die „Lücke" nicht nur schließen, sondern darüber hinaus völlig neuartige wirtschaftliche Entwicklungsmöglichkeiten eröffnen.[6] Im Juni 1955 formulierten die Außenminister der EGKS-Staaten in Messina die rückblickend geradezu utopisch anmutende Überzeugung, dass „die Entwicklung der Atomenergie zu friedlichen Zwecken [...] in naher Zukunft die Aussicht auf eine neue industrielle Revolution von unvergleichlich größerem Ausmaß als diejenige der letzten hundert Jahre eröffnen" werde.[7] Die Resolution von Messina bildete den Ausgangspunkt für den Aufbau einer Europäischen Wirtschaftsgemeinschaft (EWG) und einer Europäischen Atomgemeinschaft (Euratom).

Die Gründung von Euratom 1957/58

Die Gründung von Euratom durch die EGKS-Staaten[8] zielte darauf – so Artikel 1 des 1957 in Rom unterzeichneten Euratom-Vertrags –, „durch die Schaffung der für die schnelle Bildung und Entwicklung von Kernindustrien erforderlichen Voraussetzungen zur Hebung der Lebenshaltung in den Mitgliedstaaten und zur Entwicklung der Beziehungen mit den anderen Ländern beizutragen".[9]

Die Organisation, die ihre Arbeit 1958 aufnehmen sollte, erhielt den Auftrag, die Atomforschung und den wissenschaftlichen Austausch innerhalb der Gemeinschaft zu fördern, einheitliche Sicherheitsstandards zu gewährleisten, die militärische Verwendung zivilen Nuklearmaterials zu verhindern sowie die Versorgung der Mitgliedstaaten mit Spaltmaterial zu gewährleisten. Aufgaben und Kompetenzen von Euratom überschnitten sich teilweise mit jenen der IAEO, und es kamen immer wieder Konkurrenzstreitigkeiten auf, die erst 1973 mit dem Sicherungsübereinkommen zwischen IAEO und Euratom beigelegt werden konnten.[10] Eher komplementär zu Euratom waren die im Rahmen der OEEC angestoßenen Bemühungen um eine lose europäische Kooperation im Atombereich, die 1958 zur Gründung der European Nuclear Energy Agency (ENEA) führten.[11]

02 – Euratom-Vertrag (1957)

Die Frage der Versorgung mit Kernbrennstoffen war insofern wesentlich, als zwar einzelne europäische Staaten – so Frankreich[12] und bis 1960 Belgien in Belgisch-Kongo – eigene Uranvorkommen besaßen, jedoch nur die USA in der Lage waren, angereichertes Uran zu liefern. In der Folge wurden mehrere Kooperationsverträge zwischen Euratom und den USA über die Lieferung nuklearen Spaltmaterials abgeschlossen.[13] Die USA begleiteten und unterstützten den Euratom-Gründungsprozess sehr aktiv.[14]

Euratom war, ebenso wie EGKS und EWG, eine supranationale Organisation, auf welche die Mitgliedstaaten einen Teil ihrer nationalen Souveränitätsrechte übertrugen. Euratom besaß eine eigene Kommission und einen eigenen Ministerrat, teilte jedoch mit EGKS und EWG die parlamentarische Versammlung (das heutige Europäische Parlament) und den Europäischen Gerichtshof. Erst 1967 sollten die Kommissionen und Ministerräte der drei Europäischen Gemeinschaften zu je einer Institution zusammengefasst werden.[15]

Das Inkrafttreten des Euratom-Vertrags fiel 1958 mit der Ausrichtung der Weltausstellung in Brüssel zusammen. Belgien errichtete hier als zentralen Pavillon das „Atomium" – einen Stahlbau, der die Einheitszelle eines Eisenkristalls in 165-milliardenfacher Vergrößerung darstellte und sich gleichermaßen als Demonstration der Leistungsfähigkeit der belgischen Stahlindustrie wie als Symbol für die Modernität des friedlichen „Atomzeitalters" interpretieren lässt.[16]

Enttäuschende Euratom-Forschung, nationale Wege und Kritik

Anfänglich setzten alle europäischen Staaten Hoffnungen in eine gemeinsame europäische Atomforschungspolitik, die größere finanzielle Spielräume zu eröffnen schien als nationale Anstrengungen.[17] Schon die konkrete Ausgestaltung erwies sich jedoch als schwierig,[18] und auf längere Sicht stand die europäische Forschung oftmals in Konkurrenz zu nationalen Vorhaben. Das wichtigste in der Frühphase von Euratom durchgeführte Projekt war die Entwicklung eines mit schwerem Wasser moderierten und mit organischen Stoffen gekühlten Atomreaktors ORGEL in dem 1960 in Betrieb genommenen Forschungszentrum im italienischen Ispra.[19] Ein großer Teil der europäischen Forschungsgelder wurde diesem Projekt gewidmet, das allerdings bereits in den 1960er Jahren heftig kritisiert wurde.[20] In den 1970er Jahren etablierte sich der Topos eines Scheiterns der europäischen Atomforschungspolitik.[21]

Mit Blick auf die Förderung einer kommerziellen Atomenergienutzung setzte Euratom früh auf mit angereichertem Uran betriebene Leichtwasserreaktoren. Allerdings sollten die Bemühungen zum Bau einer europäischen Urananreicherungsanlage im Rahmen von Euratom scheitern.[22] Atomforschung und Regierung in Frankreich sahen zudem innerhalb von Euratom den französischen Reaktortyp vernachlässigt. Ohnehin betrachtete Frankreich – das sich seit der Wahl Charles de Gaulles zum Präsidenten 1959 als unabhängiger Akteur der Weltpolitik gegen die USA zu profilieren suchte – Euratom nur als Ergänzung zum eigenen, auch militärischen Atomprogramm.[23]

Letztlich blieb die Atompolitik der Mitgliedstaaten weiterhin vom nationalen Rahmen bestimmt. Seit den 1960er Jahren zeichnete sich zunehmend ab, dass die hohen Ansprüche und Hoffnungen, die anfänglich mit der Gründung von Euratom einhergegangen waren, kaum einlösbar schienen. Euratom wurde weder zu einem wesentlichen Faktor in der europäischen Integrationsdynamik noch beförderte es in besonderem Maße Fortschritte der Atomforschung oder den Aufbau einer europäischen Atomindustrie.[24]

Im Zuge der Anti-AKW-Proteste der 1970er Jahre wurde die Organisation oftmals als Inbegriff eines technokratischen und undemokratischen Europas wahrgenommen und gelegentlich auch Ziel von Protestaktionen.[25] Heute fordern kritische Stimmen eine Revision des Euratom-Vertrags beziehungsweise sogar den Austritt des jeweils eigenen Landes.[26] Die Skepsis richtet sich nicht allein gegen die Atomenergienutzung, sondern auch gegen die Intransparenz einer Organisation, die über keinen offiziellen Internetauftritt verfügt, gegen ihre undemokratischen Strukturen und gegen Defizite bei der Durchsetzung von Sicherheitsvorkehrungen.[27]

Dennoch scheint die Existenz von Euratom kaum infrage zu stehen. Im Bereich der Forschung wird über den Euratom-Etat insbesondere der Versuchs-Fusionsreaktor ITER (International Thermonuclear Experimental Reactor, lateinisch „Weg") zu erheblichen Teilen mitfinanziert – ein internationales Kooperationsprojekt im südfranzösischen Cadarache zur Realisierung eines Fusionsreaktors, der zur Stromproduktion genutzt werden kann. Eine weitgehend ressourcenunabhängige, risikofreie und umweltfreundliche Fusionsenergie freilich erscheint nicht nur im Hinblick auf ihre technische Realisierbarkeit fragwürdig – seit Jahrzehnten prognostiziert die Fusionsforschung, dass in ca. 30 bis 50 Jahren Strom liefernde Fusionsreaktoren ans Netz gehen könnten –, sondern auch im Hinblick auf ihre Wirtschaftlichkeit.[28]

04 – Forschungsreaktor in Ispra

Anmerkungen

1
Hill, Charles N.: An Atomic Empire. A Technical History of the Rise and Fall of the British Atomic Energy Programme, London: Imperial College Press 2013; Taylor, Simon: The Fall and Rise of Nuclear Power in Britain. A History, Cambridge: UIT Cambridge 2016.

2
Hecht, Gabrielle: Le rayonnement de la France. Énergie nucléaire et identité nationale après la seconde guerre mondiale, Paris: Édition La Découverte 2004.

3
Raithel, Thomas / Weise, Niels: Für die Zukunft des deutschen Volkes. Das bundesdeutsche Atom- und Forschungsministerium zwischen Vergangenheit und Neubeginn 1955–1972, Göttingen: Wallstein 2022; Geier, Stephan: Schwellenmacht. Bonns heimliche Atomdiplomatie von Adenauer bis Schmidt, Paderborn u.a.: Schöningh 2013; Hanel, Tilmann: Die Bombe als Option. Motive für den Aufbau einer atomtechnischen Infrastruktur in der Bundesrepublik bis 1963, Essen: Klartext 2015; Moreau, Jean-Louis: L'industrie nucléaire en Belgique de 1945 à la mise en veilleuse d'Euratom, in: Vaïsse, Maurice (Hg.): L'énergie nucléaire en Europe. Des origines à Euratom, Bern u.a.: Peter Lang 1994, S. 65–97; Berkers, Eric: The Netherlands. Short Country Report [on the History of Nuclear Energy and Society], https://www.honest2020.eu/sites/default/files/deliverables_24/NL.pdf, Zugriff: 14.10.2022; Gerlini, Matteo: The Rise and Fall of Nuclear Italy, in: Kirchhof, Astrid Mignon (Hg.): Pathways into and out of Nuclear Power in Western Europe. Austria, Denmark, Federal Republic of Germany, Italy, and Sweden, München: Deutsches Museum 2020, S. 170–237.

4
Müller, Wolfgang D.: Geschichte der Kernenergie in der Bundesrepublik Deutschland, Bd. 1: Anfänge und Weichenstellungen, Stuttgart: Schäffer-Poeschel 1990, S. 490f.

5
Vgl. dahingehend u.a. den Sekretär der Hohen Behörde der EGKS (1952 bis 1957) Max Kohnstamm: Kohnstamm, Max: Das Atom und die europäische Energielücke, in: Europa-Union Deutschland (Hg.): Euratom. Wirtschaftliche, politische und ethische Probleme der Atomenergie, Bonn: Europa-Union Deutschland 1957, S. 55–65. Siehe auch Armand, Louis / Etzel, Franz / Giordani, Francesco: A Target for Euratom, o.O. 1957, S. 15–24.

6
So beispielsweise der Tenor auf der ersten „International Conference on the Peaceful Uses of Atomic Energy", im August 1955 in Genf. Rusinek, Bernd-A.: Das Forschungszentrum. Eine Geschichte der KFA Jülich von ihrer Gründung bis 1980, Frankfurt a. M. / New York: Campus 1996, S. 90–95. Allgemein auch Nehring, Holger: „Atomzeitalter". Die Debatten um Atomenergie in der Bundesrepublik Deutschland der fünfziger Jahre, in: Thomas Kroll u.a. (Hg.): Energie in der modernen Gesellschaft. Zeithistorische Perspektiven, Göttingen: Vandenhoeck & Ruprecht 2012, S. 223–243; Pfister, Eugen: Nuclear Optimism in European Newsreels in the 1950s, in: Zeitgeschichte, Bd. 42 (2015), Heft 5, S. 285–298.

7
Zitiert nach: Richtlinie Nr. 1 an den Ausschuss für Atomenergie, http://www.cvce.eu/obj/richtlinie_n_1_an_den_ausschuss_fur_atomenergie_brussel_20_juli_1955-de-1f7651e9-9f49-4c16-ae21-b515717f4648.html, Zugriff: 13.10.2022. Weilemann, Peter: Die Anfänge der Europäischen Atomgemeinschaft. Zur Gründungsgeschichte von EURATOM 1955–1957, Baden-Baden: Nomos 1983, S. 17–30.

8
Zur Haltung des Vereinigten Königreichs vgl. Kramer, Heinz: Nuklearpolitik in Westeuropa und die Forschungspolitik der Euratom, Köln u.a.: Heymann 1976, S. 43f.; Elli, Mauro: A Politically-Tinted Rationality: Britain vs. EURATOM, 1955–63, in: Journal of European Integration History, Bd. 12 (2006), Heft 1, S. 105–124.

9
Vertrag zur Gründung der Europäischen Atomgemeinschaft, https://eur-lex.europa.eu/legal-content/DE/TXT/?uri=CELEX:11957A/TXT, Zugriff: 13.10.2022.

10
Reitbauer, Magdalena: The Origins, Formation, and Development of Euratom, in: Zeitgeschichte, Bd. 42 (2015), Heft 5, S. 299–306, hier: S. 300.

11
Stamm-Kuhlmann, Thomas: EURATOM, ENEA und die nationale Kernenergiepolitik in Deutschland, in: Berichte zur Wissenschaftsgeschichte, Bd. 15 (1992), S. 39–49.

12
Hubert, Laurence: La politique nucléaire de la Communauté européenne (1956–1968). Une tentative de définition, à travers les archives de la Commission européenne, in: Journal of European Integration History, Band 6 (2000), Heft 1, S. 129–153, hier: S. 141f.

13
Weilemann: Die Anfänge der Europäischen Atomgemeinschaft, S. 175–178.

14
Krige, John: The Peaceful Atom as Political Weapon: Euratom and American Foreign Policy in the Late 1950s, in: Historical Studies in the Natural Sciences, Bd. 38 (2008), Heft 1, S. 5–44; Segers, Mathieu L.L.: Zwischen Pax Americana und Pakt Atomica. Das deutsch-amerikanische Verhältnis während der EURATOM-Verhandlungen 1955–1957, in: Vierteljahrshefte für Zeitgeschichte, Bd. 54 (2006), Heft 3, S. 433–458; Schwarz, Insa: The United States and the Creation of the European Atomic Energy Community 1955–1958, in: Historians of Contemporary Europe Newsletter, Bd. 7 (1992), Heft 3–4, S. 209–224; Helmreich, Jonathan E.: The United States and the Formation of EURATOM, in: Diplomatic History, Bd. 15 (1991), S. 387–410.

15
Zur rechtlichen Einordnung vgl. Cenevska, Ilina: The European Atomic Energy Community in the European Union Context. The 'Outsider' Within, Leiden / Boston: Brill 2016.

16
Leslie, Stuart W. / Mercelis, Joris: Expo '58. Nucleus for a New Europe, in: Knowles, Scott Gabriel (Hg.): World's Fairs in the Cold War. Science, Technology, and the Culture of Progress, Pittsburgh: University of Pittsburgh Press 2019, S. 11–26.

17
Reitbauer: The Origins, Formation, and Development of Euratom, S. 302; Weilemann: Die Anfänge der Europäischen Atomgemeinschaft, S. 42.

18
Ebd., S. 180–187.

19
Hettstett, Daniela: Forschen und führen. Die Gemeinsame Forschungsstelle der EURATOM in Ispra unter Generaldirektor Gerhard Ritter, 1958–1970 [Manuskript, erscheint in Kürze in: Hettstett, Daniela u.a. (Hg.): Im Spielfeld der Interessen. Das bundesdeutsche Atom- und Forschungsministerium zwischen Wissenschaft, Wirtschaft und Politik 1955–1972, Göttingen: Wallstein 2023]; Müller, Wolfgang D.: Geschichte der Kernenergie in der Bundesrepublik Deutschland, Bd. 2: Auf der Suche nach dem Erfolg – Die Sechziger Jahre, Stuttgart: Schäffer-Poeschel 1996, S. 39–53.

20
Radkau, Joachim: Aufstieg und Krise der deutschen Atomwirtschaft 1945–1975. Verdrängte Alternativen in der Kerntechnik und der Ursprung der nuklearen Kontroverse, Reinbek: Rowohlt 1983, S. 317–320.

21
Kramer: Nuklearpolitik in Westeuropa, S. 65; Tindemans, Leo: L'échec d'Euratom, in: Schweizer Monatshefte, Bd. 60 (1980), Heft 4, Sonderbeilage.

22
Radkau, Joachim / Hahn, Lothar: Aufstieg und Fall der deutschen Atomwirtschaft, München: Oekom 2013, S. 115f.; Weilemann: Die Anfänge der Europäischen Atomgemeinschaft, S. 161–166.

23
Kramer: Nuklearpolitik in Westeuropa, S. 70; Andreini, Ginevra: EURATOM: An Instrument to Achieve a Nuclear Deterrent? French Nuclear Independence and European Integration during the Mollet Government (1956), in: Journal of European Integration History, Bd. 6 (2000), Heft 1, S. 109–128; Guillen, Pierre: La France et la négociation du traité d'Euratom, in: Relations internationales, Bd. 44 (1985), S. 391–412.

Abbildungen

24
Weilemann: Die Anfänge der Europäischen Atomgemeinschaft, S. 157–187.

25
Tompkins, Andrew: Towards a "Europe of Struggles"? Three Visions of Europe in the Early Anti-Nuclear Energy Movement 1975–70, in: Wenkel, Christian u.a. (Hg.): The Environment and the European Public Sphere. Perceptions, Actors, Policies, Winwick: The White Horse Press 2020, S. 124–146; Meyer, Jan-Henrik: "Where do we go from Wyhl?" Transnational Anti-Nuclear Protest targeting European and International Organizations in the 1970s, in: Historical Social Research, Bd. 39 (2014), S. 212–235; Kirchhof, Astrid Mignon / Meyer, Jan-Henrik: Revealing Risks: European Moments in Nuclear Politics and the Anti-Nuclear Movement, in: Kupper, Patrick u.a. (Hg.): Greening Europe. Environmental Protection in the Long Twentieth Century – A Handbook, Berlin / Boston: de Gruyter 2022, S. 331–361.

26
Europäische Atomgemeinschaft, https://de.wikipedia.org/wiki/Europäische_Atomgemeinschaft, Zugriff: 14.10.2022; Wegener, Bernhard W.: Die Kündigung des Vertrages zur Gründung der Europäischen Atomgemeinschaft (EURATOM). Europa-, völker- und verfassungsrechtliche Optionen der Bundesrepublik Deutschland, http://www.raus-aus-euratom.at/downloads/Gutachten-EURATOM-Wegener.pdf, Zugriff: 14.10.2022.

27
EURATOM: Die gescheiterte Gemeinschaft, https://www.energieverbraucher.de/de/euratom__1042/, Zugriff: 14.10.2022.

28
Asendorpf, Dirk: Illusion Kernfusion – Der Traum von der besseren Atomenergie, 21.7.2022, https://www.swr.de/swr2/wissen/illusion-kernfusion-der-traum-von-der-besseren-atomenergie-104.html Zugriff: 14.10.2022; Neue Methode löst großes Problem bei der Fusionsforschung, 11.10.2022, https://www.derstandard.de/story/2000139866743/neue-methode-loest-grosses-probleme-bei-derfusionsforschung, Zugriff: 18.11.2022; Nestler, Ralf: Kernfusion: Fusionsreaktor Iter wird frühestens 2025 fertig, 20.11.2015, https://www.tagesspiegel.de/wissen/fusionsreaktor-iter-wird-fruhestens-2025-fertig-3676075.html, Zugriff: 18.11.2022.

01:
US-Präsident Eisenhower bei der Präsentation der Briefmarke „Atoms for peace"
Foto: United States Department of Energy (public domain; Wikimedia commons: https://commons.wikimedia.org/wiki/File:%22ATOMS_FOR_PEACE%22_3_cent_stamp_art_detail_with_President_Eisenhower_in_1955_and_quotation_of_%22THE..._INVENTIVENESS_OF_MAN_SHALL%22_from-_HD.3C.032_(10692189783)_(cropped).jpg)

02:
Die Europäische Atomgemeinschaft. Wortlaut des Vertrags zur Gründung der Europäischen Atomgemeinschaft (Euratom), Baden-Baden: Lutzeyer 1957
WLB Stuttgart / BfZ: 92475

03:
Atomium Brüssel bei der Weltausstellung 1958
aus: Die Weltausstellung in Brüssel "Expo" 1958 und der deutsche Beitrag zum Generalthema, Essen: Bacht 1958, S. 3.
WLB Stuttgart: 10Ca/107

04:
Euratom-Forschungsreaktor in Ispra
Foto: Paolo Monti, Sammlung Biblioteca Europea di Informazione e Cultura(CC BY-SA 4.0, Wikimedia commons: https://commons.wikimedia.org/wiki/File:Paolo_Monti_-_Servizio_fotografico_(Ispra,_1969)_-_BEIC_6356403.jpg)
(Foto bearbeitet)

Rolf-Jürgen Gleitsmann-Topp

Protest und Widerstand

gegen die Ansiedlung der Bundes-Reaktorstation in Karlsruhe

September 1955 – September 1958

Der 19. Juli 1956 war für Karlsruhe ein Tag des Triumphes. Mit dem feierlichen Festakt zur Unterzeichnung des Vertrages über die Gründung der „Kernreaktor Bau- und Betriebsgesellschaft mbH"[1] (KBB) im Kleinen Saal der Stadthalle wurde öffentlich besiegelt, dass Karlsruhe der Standort für die Bundes-Reaktorstation sein würde, also eines kleinen Forschungsreaktors mit einer Leistung von 10 bis 12 MW, sowie der entsprechenden Infrastruktur an wissenschaftlichen Instituten und Anlagen auf einer Grundstückfläche von etwa 100 ha.[2] Hochrangige Vertreterinnen und Vertreter aus Bundes- und Landespolitik, aus Wirtschaft und Wissenschaft waren anwesend, um diesem bedeutsamen, zukunftsweisenden Ereignis die angemessene Würdigung zuteilwerden zu lassen.[3] Die jahrelangen intensiven Bemühungen in dieser Angelegenheit, federführend angeregt und betrieben durch den umtriebigen Oberbürgermeister der Stadt, Günther Klotz, hatten sich ausgezahlt. Karlsruhe und nicht sein lange favorisierter Konkurrent München[4] würde Standort der Zukunftstechnologie „Kernenergie" sein,[5] mithin Nukleus einer Deutschen Atomindustrieentwicklung mit schier unerschöpflichen Potentialen an wissenschaftlichem Fortschritt und wirtschaftlichem Wachstum. Hierauf würde gerade die junge Bundesrepublik als Wachstumsgesellschaft mit ihrer exportorientierten Wirtschaft keinesfalls verzichten können. „Die wirtschaftliche Zukunft unseres Landes, der Lebensstandard unserer Bevölkerung, der soziale Friede hängen davon ab, daß wir alle Anstrengungen machen, um die Atomenergie zu entwickeln"[6], so der baden-württembergische Wirtschaftsminister Hermann Veit in seiner Ansprache zur Gründung der KBB. Schon in der Presseerklärung des baden-württembergischen Staatsministeriums zur Entscheidungsfindung über den Reaktorstandort Karlsruhe vom 2. August 1955 hieß es bezüglich dieser Thematik u.a.: „Das Land Baden-Württemberg hat im Hinblick auf den zunehmenden Energiebedarf und in Erkenntnis der technischen Bedürfnisse seiner Industrie Wert darauf gelegt, sich maßgeblich an der deutschen Atomforschung zu beteiligen."[7] Um sich diese Perspektive zu eröffnen, hatten Politik und Verwaltung der Stadt Karlsruhe, maßgeblich unterstützt durch die Landesregierung Baden-Württemberg, nichts unversucht gelassen, die eigenen Chancen zur Erlangung des Zuschlags zur Errichtung des „ersten deutschen Atomforschungsmeilers" in jedweder Weise zu optimieren. Das Spektrum an diesbezüglich einschlägigen Aktivitäten war vielfältig. Es reichte dabei, um nur einige wenige Aspekte zu benennen, auf politischer Ebene bis hin zur direkten Einflussnahme auf Entscheidungsträger auf Bundeskabinettsebene, weitreichende finanzielle Zusagen durch das Land Baden-Württemberg mit der Übernahme von 20 % der Kosten zur Errichtung der Reaktorstation[8], kostenlose zur Verfügungstellung von 100 Hektar Bauland für das Vorhaben durch die Stadt Karlsruhe oder auch einem demonstrativ aufmerksamen Umgang mit beteiligten Wissenschaftlern und den Mitgliedern des Planungsausschusses der Physikalischen Studiengesellschaft bei Standortbesichtigungen.[9] Schon recht früh, das heißt im Mai 1953, war Oberbürgermeister Klotz auch an die Generalverwaltung der wissenschaftspolitisch höchst einflussreichen Max-Planck-Gesellschaft (MPG) herangetreten, und hatte dieser die weitreichende Bereitschaft der Stadtverwaltung Karlsruhe versichert, „die Angelegenheit (Reaktorbau und Verlegung von MP-Instituten nach Karlsruhe; R-J.G.) in jeder möglichen Weise zu unterstützen, und zwar sowohl durch Bereitstellung von Gelände, als auch durch sonstiges Entgegenkommen, auch finanzieller Art."[10]

Auch auf stadtpolitischer Ebene wurde OB Klotz in vorausschauender Weise tätig, indem er am 20. September 1955 seine „Vorlage zur Erstellung eines Atommeilers auf der Gemarkung Karlsruhe" im Stadtrat einbrachte und zur Diskussion stellte.[11] Ziel war es, sich parteiübergreifend der Zustimmung der politischen Mandatsträger zu versichern, um so das Vorhaben öffentlichkeitswirksam zu legitimieren. Dass diese Vorgehensweise erhebliche politische Sprengkraft besitzen konnte, war OB Klotz durchaus bewusst. Zum einen war ihm das Abstimmungsergebnis des Münchner Stadtrates zur „Errichtung einer Atommeiler-Station im Raum München" vom 16. Februar 1954[12] bekannt. Dieses war nach heftiger kontroverser Diskussion, anders als erwartet, mit einem Stimmenverhältnis von nur 30 zu 11 Voten für das Projekt doch recht bescheiden ausgefallen. Von einer „Atomeuphorie" des Münchner

Stadtrates konnte mithin keine Rede sein. In Karlsruhe kam erschwerend hinzu, dass im Vorfeld der anstehenden Karlsruher Stadtratssitzung auf Initiative sowohl der Stadträtin Toni Menzinger (CDU), als auch der „Arbeitsgemeinschaft Karlsruher Frauenorganisation" unter ihrer Vorsitzenden Ilse Krall[13] hin Sonderdrucke eines kurz zuvor in der Züricher Weltwoche erschienenen Artikels von Robert Jungk verteilt worden waren. Dieser hatte die außerordentliche Gefährdung durch radioaktive Strahlung als „Schatten über der Atomzukunft"[14] thematisiert. Wie von den Initiatorinnen beabsichtigt, führte die Verteilung dieses Artikels nicht nur im Stadtrat, sondern auch in der städtischen Öffentlichkeit tatsächlich zu einer gewissen Beunruhigung.[15] Dessen ungeachtet ging die Strategie des Karlsruher Oberbürgermeisters dennoch auf. Mit einer überwältigenden, fraktions- und parteiübergreifenden Mehrheit von 43 zu 6 Stimmen sprach sich der Stadtrat antragsgemäß für die Errichtung eines Atommeilers auf Karlsruher Gemarkung aus. Dieses Votum war umso überzeugender, als auch die das Vorhaben ablehnenden Stadtratsmitglieder sich keineswegs grundsätzlich gegen eine Atomenergienutzung ausgesprochen oder sich gar als „Fortschrittsfeinde" positioniert hatten. Vielmehr lässt sich ihr Protest[16], fasst man ihre Debattenbeiträge und persönlichen Erklärungen inhaltlich zusammen[17], auf folgendes verdichten:

01 Der Stadtrat sei von seiner Kompetenz her mit einer so weitreichenden Entscheidung überfordert;

02 Eine derartige Technik solle generell nicht in Großstadtnähe angesiedelt werden;

03 Um eine endgültige Entscheidung treffen zu können, sei nicht nur die gutachterliche Stellungnahme von Physikern, sondern ebenso diejenige von Radiologen und Medizinern einzuholen, um der Strahlenschutzproblematik gerecht zu werden (Stadträtin Menzinger/CDU);

04 Prinzipiell sei die Beherrschbarkeit jedweder Großtechnologie eine Illusion (Stadtrat Schöpf (FDP/DVP) und deren Ansiedlung deshalb abzulehnen;

05 Jedwedes Atomkraftwerk enthalte militärische Optionen, da bei dessen Betrieb Plutonium entstünde (Stadtrat Mezirek/KPD).

Das Votum des Stadtrates für eine Ansiedlung der Reaktorstation in Karlsruhe verlieh, wie von OB Klotz beabsichtigt, der Bewerbung deutlich öffentliches Gewicht. Dies umso mehr, als auch eine vom Meinungsforschungsinstitut EMNID unter der Karlsruher Bevölkerung durchgeführte Repräsentativumfrage als eindeutiger Erfolg und als Bestätigung der politischen Zielsetzung der Reaktorpläne des Oberbürgermeisters gewertet werden konnte.[18]

Dessen ungeachtet erlangte die Reaktorthematik in der Öffentlichkeit im Rahmen des Festaktes zur Unterzeichnung des Vertrages über die Gründung der „Kernreaktor Bau- und Betriebsgesellschaft mbH" (KBB) vom 19. Juli 1956 nochmals unerwartete Aufmerksamkeit. Den zahlreich angereisten hochrangigen Besuchern dieser Veranstaltung aus Politik, Wissenschaft und Wirtschaft, allen voran Bundes Atomminister Franz Josef Strauß, Nobelpreisträger Otto Hahn und Ministerpräsident Gebhard Müller, war etwas für die politische Kultur dieser Zeit schier Unglaubliches widerfahren: eine „Aktionsgemeinschaft für Strahlenschutz", zudem noch lauter junge Leute, hatten sich, wie in der Presse berichtet wurde, erdreistet, der ankommenden Prominenz Flugblätter mit der Überschrift „Atomreaktor in Karlsruhe?"[19] zu überreichen bzw. unter die Scheibenwischer der wartenden Limousinen zu klemmen.

01 – Flugblatt der Aktionsgemeinschaft für Strahlenschutz] (1956)

Atomreaktor in Karlsruhe?

Wir halten es für unsere Gewissenspflicht, heute, am Tage der Unterzeichnung der Reaktor GmbH., die Bevölkerung auf folgendes aufmerksam zu machen:

Für alle Gebiete der wissenschaftlichen und industriellen Forschung erläßt der Gesetzgeber die unbedingt notwendigen Schutzbestimmungen, die in ihrer Wirksamkeit laufend ergänzt werden. Mit der gleichen Intensität, mit der Bund und Land die deutsche Atomforschung vorantreiben, müssen deshalb auch die notwendigen Schutzbestimmungen und deren stete Ergänzung garantiert werden. Nur unter dieser Voraussetzung dürfen wir uns an der Atomforschung beteiligen. Wenn heute die Reaktor GmbH. unterzeichnet wird, so müßte gleichzeitig das entsprechende Schutzgesetz bereits in Kraft sein! Das ist bisher nicht geschehen, deshalb fordern wir im Namen der Bevölkerung, welcher Stadt es auch sei,

das Strahlenschutzgesetz.

Für dieses Schutzgesetz fordern wir:

1. seine schnellstmögliche Verabschiedung im Bundestag
2. seine Anwendung a) auf die gesamte Bevölkerung
   b) darüber hinaus speziell auf die im Reaktor Arbeitenden
3. eine Fachkommission für Strahlenschutz - unbedingt souveräner Sicherheits-Ausschuß - und zwar aus Fachleuten der Schutzforschung
4. Errichtung von Forschungsstellen für Biologie und Medizin unabhängig von Interessengruppen
5. Laufende Überwachung von Luft, Wasser, Boden und Nahrung
6. Bürgschaft des Staates für alle Körper- und Sachschäden
7. Katastrophenschutz! (u. a. Aufstellung von ärztlichen u. technischen Einsatzgruppen)

Aktionsgemeinschaft für Strahlenschutz
Gruppe Karlsruhe

Verantwortlich: T. Menzinger

Diese Protestaktion schlug Wellen. Die Presse witterte eine Sensation. Anders als von den Betroffenen vermutet, entpuppte sich der Inhalt der Flugblätter, für die die Stadträtin Toni Menzinger verantwortlich zeichnete, jedoch keineswegs als übles Pamphlet gegen die Reaktoransiedlung bzw. Atomenergienutzung, sondern forderte in sachlicher Weise nichts anderes ein, als die Verabschiedung eines Strahlenschutzgesetzes durch den Bundestag. Mochte die Form der demonstrativen Vorgehensweise auch als Affront gewertet werden, so fanden Menzingers inhaltliche Forderungen durchgängig Zustimmung und eine wohlwollende Würdigung in der Presseberichterstattung.[20]

Schien der Weg zur Errichtung der Bundes-Reaktorstation nach dem mehrjährigen Ringen um die Standortfindung, der positiven Willenserklärung des Stadtrates zum Projekt und der Gründung der Kernreaktor Bau- und Betriebsgesellschaft in Karlsruhe nunmehr endgültig frei zu sein, so kam es seit September 1956 zu Entwicklungen, die, gänzlich überraschend, das sicher geglaubte Vorhaben grundsätzlich in Frage stellten und nicht nur zu vehementen Protestaktionen, sondern auch zu heftigem öffentlichen Widerstand[21] gegen die Reaktoransiedlung führten. Was war geschehen, um einen derartigen Meinungsumschwung zumindest in den Landkreisgemeinden Karlsruhes auszulösen?

Ursächlich hierfür war ein kurzer Artikel in der Stadtausgabe der „Badischen Neuesten Nachrichten" vom 8. September 1956, der die auf den ersten Blick wenig spektakulär klingende Überschrift trug: „Atommeiler voraussichtlich nicht auf Karlsruher Gemarkung"[22]. In diesem wurde darüber informiert, dass „der Karlsruher Atommeiler ... aller Voraussicht nach nicht auf dem ursprünglich vorgesehenen Gelände am Rhein (bei Maxau; R.G.), sondern nordöstlich davon im Hardtwald, außerhalb der Karlsruher Gemarkung, gebaut werden (solle)."[23] Ursächlich hierfür seien zum einen die zu geringen Flächenerweiterungsmöglichkeiten für die Zukunft des Atomzentrums sowie zum anderen die höchst kostenaufwendige Notwendigkeit von vorzunehmenden Geländeaufschüttungen von mehreren Metern infolge der Hochwassergefährdung durch den Rhein. Von besonderer Sprengkraft erwies sich dabei allerdings eine eher beiläufige Formulierung im Artikel. Darin hieß es: „Natürlich spielte bei dem Wunsch, weiter nach Norden zu gehen, auch die Sicherheitsfrage eine Rolle. Aber es handelte sich hier doch mehr oder weniger um eine psychologische Frage."[24] Die Landgemeinden wurden von dieser Pressemitteilung völlig unvorbereitet überrascht. Sie waren bisher in keiner Weise in das Karlsruher Projekt eingebunden worden und sahen sich brüskiert. Es drängte sich bei ihnen der Eindruck auf, dass sich die Stadt aus Sicherheitsgründen des Vorhabens „Reaktorstation" zu entledigen und auf die Landgemeinden abzuwälzen gedachte. Diese sollten offenbar die Suppe auslöffeln, die sich die Stadt Karlsruhe und ihr Oberbürgermeister eingebrockt hatten. Ein derart übergriffiges, arrogantes Verhalten war nicht akzeptabel. Die Bevölkerung der Hardt-Gemeinden befand sich dementsprechend in „heller Aufregung."[25] Bei dieser Sachlage war es unumgänglich, sich gegen dieses Vorhaben der Stadt Karlsruhe zur Wehr zu setzen und Widerstand zu leisten. Die Bürgermeister der Hardt-Gemeinden und der zuständige Landrat Joseph Groß wurden aktiv und wandten sich mit ihrem Gesprächsbedarf folgerichtig an den Karlsruher OB Klotz, sowie die KBB und deren Geschäftsführer Gerhardt Ritter, Rudolf Greifeld und Prof. Otto Haxel.[26] Die Einwände, die die Hardt-Bürgermeister gegen das Projekt vorbrachten, umfassten im Kern folgendes:

01 Es bestünde die Gefahr der radioaktiven Verseuchung von Luft, Grundwasser und Boden, wodurch den agrarisch geprägten Gemeinden die Lebensgrundlage entzogen würde;

02 Der Abstand der Reaktorstation zu besiedeltem Gebiet von 2 bis 3 km sei zu gering;

03 Im Falle eines Krieges würden Kernreaktoranlagen zum bevorzugten Kriegsziel;

04 Die erforderlich großflächige Abholzung von Waldflächen sowie die Grundwasserentnahmen würden sich negativ auf die Klimaverhältnisse auswirken;

05 Es bestünde im Hinblick auf Schadenersatz- und Haftungsfragen bei auftretenden „Atomschäden" keinerlei Rechtsgrundlage, da dies infolge eines ausstehenden Atomgesetzes nach wie vor nicht geregelt sei.

Dass die Gemeinden insbesondere im Hinblick auf die Thematik des Abstandes des geplanten Atomreaktors zu bewohntem Gebiet tatsächlich richtig lagen, konnten sie nur erahnen, nicht jedoch wissen oder gar belegen. Demgegenüber war dieser Sachverhalt der Geschäftsleitung der KBB durchaus bekannt, und zwar durch einen streng vertraulichen Bericht ihres für die Reaktorplanung zuständigen Chefwissenschaftlers Prof. Karl Wirtz. Dieser hatte über vertrauliche Gespräche mit Kollegen der britischen Atomkommission an die Geschäftsleitung der KBB nämlich berichtet:

01 „Der Standort I (bei Maxau am Rhein; R-J.G. und II (Staatsforst Hardtwald, noch auf Karlsruher Stadtgebiet gelegen, R-J.G.) werden als absolut unmöglich bezeichnet, wegen der zu geringen Entfernung von der Stadt.

02 Beim Standort III (Gemarkung Leopoldshafen, R-J.G.) würde das englische Sicherheitskomitee wahrscheinlich auch die ‚Augenbrauen hochziehen'. Schließlich würde man aber wohl mit dem Standort III durchkommen. Er sei ‚fifty-fifty'."[27]

Die Reaktorsicherheits- und Strahlenschutzthematik war, wie bereits durch den Artikel in der „Weltwoche" von Robert Jungk im Vorfeld der Reaktoransiedlung 1955 problematisiert, mit großer Brisanz somit auf die politische Bühne zurückgekehrt.

Um die Ablehnungsfront der Hardt-Gemeinden demokratisch zu legitimieren, riefen deren Bürgermeister zu öffentlichen Bürgerversammlungen auf, die auch mit breitester Beteiligung wahrgenommen wurden. Den Auftakt bildete die Friedrichstaler Bürgerversammlung vom 29. Oktober 1956 unter ihrem Bürgermeister Max Borell, der sich später dann von der Zeitschrift „Der Stern" nicht nur mit dem diffamierenden Superlativ „Atomreaktionär" belegen, sondern auch als Fortschrittsfeind bezeichnen lassen musste.[28] Dem Friedrichstaler Beispiel folgend fanden dann Anfang Dezember 1956 auch in den Gemeinden Blankenloch, Hochstetten, Graben, Linkenheim, Liedolsheim und Leopoldshafen Bürgerversammlungen zum Thema Reaktoransiedlung statt. Auch diese waren bestens besucht und unterstrichen von ihren Abstimmungsergebnissen her eindrücklich die Ablehnung des Projekts.[29] Hierbei wurde von den Bürgern, trotz der Anwesenheit von Beamten der Kriminalpolizei, die die Versammlung zu beobachten und darüber Bericht zu erstatten hatten, hinsichtlich ihrer ablehnenden Haltung kein Blatt vor den Mund genommen. Die Presse begleitete diese Geschehnisse in ihrer Berichterstattung mit einem eher verwundert abschätzigen Kopfschütteln und Überschriften wie „Bauern gegen Atom", „Tabakbauern fürchten die Atome", „Mit Dreschflegeln und Mistgabeln: Friedrichstal macht Bonn die Hölle heiß" oder „Kreuzzug der Spargelbauern gegen die Atomkraft".[30] Es spiegelte sich hierin die Auffassung wider, dass sich unwissende „Hinterwäldler" in ihrer Borniertheit dem unverzichtbaren technischen Fortschritt und damit dem zukünftigen Wohlstand der Bundesrepublik in den Weg stellen würden.

Zwischenzeitlich hatten die Gemeinden Linkenheim, Blankenloch, Eggenstein, Friedrichstal, Hochstetten und Rußheim auch auf formalpolitischer Ebene damit begonnen, ihren Widerstand gegen das Atomprojekt zu organisieren. Am 15. Dezember 1956 hatten sie eine gemeinsame Petition an den Landtagspräsidenten von Baden-Württemberg gerichtet und diesen aufgefordert, sich in ihrem Sinne gegen die Errichtung des geplanten Atommeilers zu stellen.[31] Allerdings sollte diese Maßnahme nicht mehr zum Tragen kommen. Der politische Druck, den die Landesregierung auf die Hardt-Gemeinden ausgeübt und mit der Inaussichtstellung von finanziellen Förderprogrammen für Infrastrukturprojekte gekoppelt hatte, zeigte schließlich die erhoffte Wirkung. Die Gemeinde Leopoldshafen, auf deren Gemarkung das Atomforschungszentrum nun errichtet werden sollte, scherte aus der bisherigen gemeinsamen Abwehrfront der Petitionssteller aus. Man hatte in der Gemeinderatssitzung vom 18. Dezember 1956 beschlossen, mit sofortiger Wirkung von der Landtagspetition und den dort erhobenen Einwendungen gegen das Projekt Abstand zu nehmen und fortan der Durchführung der Reaktoransiedlung positiv gegenüberzustehen. Dieser Sinneswandel wurde damit begründet, dass sich die Stimmung in der Bevölkerung infolge etlicher öffentlicher „Aufklärungsveranstaltungen", in denen hochrangige Wissenschaftler die völlige Ungefährlichkeit der Reaktorstation dargelegt hatten, gewandelt habe und man darüber hinaus auch damit rechnen könne, maßgeblich am ökonomischen Aufschwung, der von dem Projekt

02 – Blick auf das Kernforschungszentrum Karlsruhe (um 1960)

ausginge, zu partizipieren. Damit war der Weg zur Erteilung der ersten Baugenehmigung durch das Landratsamt frei, die am 6. April 1957 durch den zuständigen Landrat Groß erfolgte. Im Anschluss daran machte der Bau der Reaktorstation rasch Fortschritte.

Sollten die KBB und ihre Gesellschafter allerdings geglaubt haben, dass damit der Widerstand gegen ihr Vorhaben ein Ende gefunden habe, so mussten sie sich umgehend eines anderen belehren lassen. Die Stimmungslage der Bevölkerung in den Anliegergemeinden Leopoldshafens, insbesondere in den Protesthochburgen Friedrichstal und Linkenheim, blieb dem Projekt gegenüber weiterhin ablehnend und feindselig.

Dies zeigte sich auf spektakuläre Weise in einer Aktion der Gemeinde Linkenheim. Man sah sich im politischen Diskurs über Technikzukünfte von jedweder demokratisch legitimierenden Mitwirkungsmöglichkeit an fundamentalen gesellschaftsrelevanten Entscheidungsprozessen ausgeschlossen. In Reaktion hierauf beschloss man, ein Fanal zu setzen und die anstehende Bundestagswahl vom 15. September 1957 demonstrativ zu boykottieren. Dieser Wahlboykott, als Zeichen des offenen Protestes gegen den Atomreaktorbau und eine geforderte demokratische Legitimierung des Vorhabens, wurde auf einer gesonderten Bürgerversammlung der Gemeinde gemeinsam beschlossen und in eindrucksvoller Weise in die Tat umgesetzt. Von den 2.363 wahlberechtigten Bürgern der Gemeinde Linkenheim gaben zur Bundestagswahl daraufhin nur 47 ihre Stimme ab. Dies entsprach einer Wahlbeteiligung von gerade einmal 1,98 %.

Die nach wie vor das Reaktor-Ansiedlungsprojekt ablehnende Haltung der Gemeinden Linkenheim und Friedrichstal fand ihren Niederschlag auch darin, dass diese sich veranlasst sahen, gegen das Projekt den Rechtsweg zu beschreiten. Gegen die erteilte Baugenehmigung wurde Verwaltungsbeschwerde beim Regierungspräsidium Nordbaden eingelegt und dies mit dem Antrag auf Erlass einer Verfügung verknüpft, welche den Aufschub von Baumaßnahmen bis zur Entscheidung des Rechtsstreites zum Gegenstand hatte. Dies wurde allerdings durch die Genehmigungsbehörde unter Landrat Joseph Groß mit einer Anordnung des Vollzugs der Baugenehmigung gemäß § 51(1) VwVfG im allgemeinen öffentlichen Interesse gekontert und damit jedem Rechtsmittel seine aufschiebende Wirkung genommen. Die Gemeinden Friedrichstal und Linkenheim mussten mithin weitere anderweitige juristische Schritte einleiten. Dies betraf zum einen eine Klage vor dem Verwaltungsgericht mit dem Ziel der Aufhebung der Versagung einer aufschiebenden Wirkung der Verwaltungsbeschwerde. Zum anderen eine Klage vor der zweiten Zivilkammer des Landgerichtes Karlsruhe mit dem Ziel eines Verbotes des Bauvorhabens zur Wahrung des Grundrechtes auf körperliche Unversehrtheit.[32] Hierzu hatte der Rechtsvertreter der Gemeinden, Anwalt Heinrich Ehlers, unter dem Titel „Zuerst

Sicherheit, dann Atomreaktorbau"[33] eine umfassende und auch öffentlich vielbeachtete Abwehrschrift verfasst. All diesen juristischen Anstrengungen der Gemeinden Friedrichstal und Linkenheim war allerdings kein Erfolg beschieden. Vor dem Hintergrund der Höhe der von den kleinen, finanzschwachen Gemeinden möglicherweise zu tragenden Prozesskosten im sechsstelligen Bereich strichen sie die Segel und schlossen mit der KBB am 16. September 1958 einen außergerichtlichen Vergleich.[34] Man zog seine Einwendungen gegen den Bau der Reaktorstation zurück und beugte sich der Macht des Faktischen. Die bisher aufgelaufenen Prozesskosten wurden im Wesentlichen von den Prozessgegnern übernommen, so dass die finanziell ohnehin klammen Gemeinden selbst nur einen bescheidenen Betrag von je 6.500 DM zu tragen hatten. Damit fand der frühe Widerstand gegen die Ansiedlung der Bundes-Reaktorstation notgedrungen zwangsläufig sein formales Ende.

03 – Blick ins Innere des Reaktors Karlsruhe (um 1965)

Anmerkungen

1
Die KBB war ein Unternehmen in der Rechtsform der GmbH zur Finanzierung des Baus der Reaktorstation. Beteiligt waren hieran die Privatindustrie über ihre Kernreaktor-Finanzierungsgesellschaft mit einem Anteil von 50 %, die Bundesrepublik Deutschland mit 30 % und das Land Baden-Württemberg mit 20 %.

2
Schelling, Erich: 10 Jahre Kernforschungszentrum Karlsruhe, Karlsruhe: Gesellschaft für Kernforschung mbH 1966.

3
Badische Neueste Nachrichten, Nr. 168, 20.7.1956.

4
Stadtverwaltung München (Hg.): Max-Planck-Institut für Physik, Reaktorverwaltung und Reaktorstation, München Dezember 1954 (Bewerbungsschrift, München). Zur Berichterstattung hierzu vgl.: Süddeutsche Zeitung/München, Nr. 99 vom 12.1.1955; Badische Neueste Nachrichten vom 13.1.1955.

5
Gleitsmann, Rolf-Jürgen: Im Widerstreit der Meinungen: Zur Kontroverse um die Standortfindung für eine deutsche Reaktorstation (1950–1955), Karlsruhe: Kernforschungszentrum Karlsruhe GmbH 1987.

6
Rede Veit zur Gründungsfeier der Kernreaktor Bau- und Betriebsgesellschaft am 19.7.1956 in Karlsruhe, Generallandesarchiv Karlsruhe (GLA); 69/KfK BN 311.

7
Hauptstaatsarchiv Stuttgart (HStAS), EA 6/10, Bü 8710, Nr. 148.

8
Müller, Wolfgang D.: Geschichte der Kernenergie in der Bundesrepublik Deutschland, Bd. 1: Anfänge und Weichenstellungen, Stuttgart: Schäffer Verlag 1990, S. 208–213.

9
Gleitsmann: Im Widerstreit der Meinungen.

10
Stadtarchiv Karlsruhe (StAK), Briefwechsel OB Klotz mit E. Telschow, MPG, H. Nr.781.57, H.1 vom 26.5.1953.

11
Gleitsmann, Rolf-Jürgen / Oetzel, Günther: Fortschrittsfeinde im Atomzeitalter? Protest und Innovationsmanagement am Beispiel der frühen Kernenergiepläne der Bundesrepublik Deutschland, in: ders. (Hg.): Technikdiskurse. Karlsruher Studien zur Technikgeschichte, Bd. 5, Diepholz, Berlin: Scientific Publishing 2012, S. 47–50, S. 159–184.

12
Süddeutsche Zeitung, Nr. 39, 17.2.1954.

13
Privatarchiv Toni Menzinger, Schreiben der Arbeitsgemeinschaft Karlsruher Frauenverbände an OB Klotz vom 16.9.1955; Menzinger, Toni: persönliche Mitteilung am 01.06.1987.

14
Robert Jungk: Die „unheimliche Krankheit". Schatten über der Atomzukunft, in: Die Weltwoche, Nr. 1138, 2.9.1955, S. 7.

15
Gleitsmann / Oetzel: Fortschrittsfeinde im Atomzeitalter?, S. 46.

16
„Der Protest …. Ist ein verbaler … Ausdruck der Zurückweisung oder des Widerspruchs gegenüber bestimmten Geschehnissen, Situationen oder gegenüber einer bestimmten Art der Politik.", https://de.wikipedia.org/wiki/Protest, Zugriff: 30.11.2022.

17
Gleitsmann / Oetzel: Fortschrittsfeinde im Atomzeitalter?, S. 159–184.

18
Generallandesarchiv Karlsruhe (GLA), Presseberichterstattung, in: Badische Neueste Nachrichten, 17.09.1955, Presseberichterstattung, in: Badische Volkszeitung, 19.09.1955, Bestand 69/BN 547.

19
Privatarchiv Toni Menzinger, Schreiben der Arbeitsgemeinschaft; Privatbesitz R.-J. Gleitsmann Interview mit Toni Menzinger vom 1.6.1987 (Tondokument: Privatbesitz wie zuvor).

20
Erinnerungen an einen großen Tag, in: Badische Neueste Nachrichten, 20.7.1956.

21
Widerstand (Politik), https://de.wikipedia.org/wiki/Widerstand_(Politik), Zugriff: 01.12.2022.

22
Badische Neueste Nachrichten, Nr. 211, 08.09.1956.

23
Ebd.

24
Ebd.

25
Landratsamt Karlsruhe, Brief Landrat Groß an MdB Leonhardt, 09.10.1956.

26
Landratsamt Karlsruhe, Landrat Groß an die Bürgermeister der Unteren Hardt, 19.9.1956; Landrat Groß an die KBB, 07.11.1956.

27
Generallandesarchiv Karlsruhe (GLA), 69/KfK BN 311.

28
Max Borell, der Atomreaktionär, in: Der Stern, Januar 1957.

29
Gleitsmann / Oetzel: Fortschrittsfeinde im Atomzeitalter?, S. 74–78.

30
Generallandesarchiv Karlsruhe (GLA), Bestand 69/BN 547.

31
Landesratsamt Karlsruhe, Petition der Gemeinde Linkenheim u.a. an den Präsidenten des Landtages Baden-Württemberg.

32
LRA Informationsdienst „Nucleus", Nr. 33, 18.8.1957.

33
Generallandesarchiv Karlsruhe (GLA), 69/KfK BN 143.

34
Gleitsmann / Oetzel: Fortschrittsfeinde im Atomzeitalter?, S. 98f.

Abbildungen

01:
Flugblatt: Atomreaktor in Karlsruhe, Aktions-
gemeinschaft / Gruppe Karlsruhe, Karlsruhe
1956
WLB Stuttgart / BfZ: Flugblätter Neue Soziale
Bewegungen (Schenkung Gleitsmann-Topp).

02:
Lehmann, Walter M. (Redaktion): Kernforschungszentrum Karlsruhe, Karlsruhe um
1960
WLB Stuttgart: A22Ca/434, Umschlag

03:
Lehmann, Walter M. (Redaktion): Kern-
forschungszentrum Karlsruhe, 3. Auflage,
Karlsruhe 1965, S. 15.
WLB Stuttgart: 15Ca/64

Daniel Häfner

Eine Anti-Atom-Bewegung

In ihrem Fortschrittsglauben waren sich die Systeme in der DDR und in der BRD überraschend ähnlich: Sie setzten beide auf die Atomtechnologie. Und in beiden Systemen geriet der Ausbau der Technologie an ihre Grenzen – in der BRD aufgrund starker Proteste und in der DDR aufgrund unzureichender wirtschaftlicher Rahmenbedingungen. Der Systemvergleich zeigt aber auch die transformative Kraft von Umweltthemen in beiden Systemen: in der BRD führte die Anti-Atom-Bewegung zu einer Demokratisierung der Gesellschaft – in der DDR war die Umweltbewegung ein entscheidender Baustein, der zum Untergang des Systems beitrug.

Ein Vergleich der westdeutschen Anti-Atom-Bewegung mit der Umweltbewegung der DDR ist nur in sehr abstrakter Weise möglich. In der DDR fehlte die Möglichkeit gemeinsamen Handelns im öffentlichen Raum fast vollständig und somit fehlten auch die Rahmenbedingungen, die Wyhl in der BRD zum Symbol einer entstehenden Anti-Atom-Bewegung werden ließen. Wyhl steht für die Debatte um die Nutzung der Atomenergie im öffentlichen Raum – eingebracht durch zivilen Ungehorsam wie bei der Bauplatzbesetzung – und für die Entstehung einer kollektiven Identität der westdeutschen Protest-Bewegung. In der DDR war dies unvorstellbar. Um den Unterschied in den Systemen auf den Punkt zu bringen: Die Bewegungen in beiden Staaten kannten das Strafgesetzbuch – wo die westdeutsche Bewegung die Grenzen durch zivilen Ungehorsam überschritt, hielt die DDR-Umweltbewegung diese Grenzen strikt ein. Oder noch dezidierter: Wo Teile der westdeutschen Bewegung den „Atomstaat" stürzen wollten, ihn aber stattdessen transformierten, stürzte die ostdeutsche Umweltbewegung maßgeblich das System, das sie eigentlich transformieren wollte.

Im Folgenden soll zunächst auf die Entwicklung der Atomwirtschaft in der DDR eingegangen werden. Danach werden gesellschaftliche Rahmenbedingungen erläutert sowie die Entwicklung der Umweltbewegung in der DDR dargestellt, und exemplarisch werden einige Protestaktionen veranschaulicht.

Uranbergbau und Kernenergie in der DDR

Kommunismus sei „Sowjetmacht plus Elektrifizierung", erklärte Wladimir Iljitsch Lenin im Jahr 1920. Der marxistische Philosoph Ernst Bloch ergänzte in seinem Hauptwerk „Das Prinzip Hoffnung", das zunächst ab 1954 in der DDR erschien, die Atomenergie schaffe „aus Wüste Fruchtland, aus Eis Frühling. Einige hundert Pfund Uranium und Thorium würden ausreichen, die Sahara und die Wüste Gobi verschwinden zu lassen, Sibirien und Nordamerika, Grönland und die Antarktis zur Riviera zu verwandeln".[1]

Die Zukunft der Atomtechnologie begann bereits 1946, also vor der Gründung der DDR, als in Sachsen und Thüringen große Uranvorkommen entdeckt und deren Abbau vorbereitet wurde. Die in der sowjetischen Besatzungszone gegründete Sowjetisch-Deutsche Aktiengesellschaft (SDAG) Wismut entwickelte sich zum weltweit viertgrößten und für die Sowjetunion wichtigsten Uranlieferanten. Bis zum Jahr 1953 stammten rund 60 % des Urans des sowjetischen Atomprogramms von der SDAG Wismut mit rund 200.000 Beschäftigten.

01 – Unternehmenssitz der Wismut AG in Chemnitz (bis 1990)

Besonders zu Beginn der Tätigkeit wurden zahlreiche Arbeitskräfte zwangsverpflichtet – allein in den ersten drei Jahren flohen rund 50.000 von ihnen (überwiegend in den Westen). Die erste sowjetische Atombombe wurde am 29. August 1949 im heutigen Kasachstan bei Semipalatinsk gezündet – verwendet wurde dort Plutonium, das u.a. aus dem Uran der Wismut gewonnen wurde.

Bis in die 1960er Jahre verliefen die Entwicklungen der Atomtechnologie in DDR und BRD relativ parallel. Zunächst war es beiden Staaten aufgrund des Kontrollratsgesetzes der Alliierten vom Mai 1946 bis ins Jahr 1955 verboten, eigenständige kerntechnische Forschungen und Entwicklungen zu betreiben. Das änderte sich danach schlagartig: bereits 1957 nahm der Forschungsreaktor in Garching bei München den Betrieb auf und fast zeitgleich wurde der Forschungsreaktor Rossendorf (bei Dresden) in Betrieb genommen.

03 – Eine junge Kernkraftwerks-Ingenieurin als Motiv der 10-Mark-Banknote der DDR (um 1971)

02 – Einweihung des Rossendorfer Forschungsreaktors (1957)

Die Zukunft der Atomenergie in der DDR sollte somit zunächst im Wettbewerb gegen die BRD errungen werden: „Auch der Aufbau unseres Atomkraftwerks ist eine Schlacht gegen den Imperialismus, in der wir alle Reserven aufbringen müssen"[2], heißt es zum Bau des ersten Atomkraftwerks der DDR in Rheinsberg (70 MW), welches 1966 in Betrieb ging.

Zur angeblich leuchtenden Zukunft des Atomkraftwerks gesellten sich aber schon bald realsozialistische Probleme. So schreibt die Kraftwerksleitung 1966: „Die äußere Umzäunung entspricht nicht den Anforderungen zur Gewährleistung der Sicherheit. Der morsche und teilweise verfaulte Holzzaun stellt kein Hindernis zum unbefugten Betreten des Geländes dar. [...] Die täglich durchzuführenden Reparaturen sind nicht mehr unter Kontrolle zu bringen. Das Volkspolizei-Kommando ist infolge der Besetzungsschwierigkeiten nicht in der Lage, das Werksgelände durch erhöhte Streifentätigkeit abzusichern"[3], und die Chefsekretärin erinnert sich: „Wir wollten immer eine Mauer haben, aber das Geld für Investitionen war knapp. Erst als das Unglück in Harrisburg war, haben sie auf die Mauer gedrängt."[4] Später wurde auch eine doppelte Mauer mit Sicherheitsschleuse errichtet.

Das zweite Kernkraftwerk der DDR („Bruno Leuschner") wurde in Lubmin bei Greifswald errichtet und ging 1974 ans Netz. Bis 1990 wurden nach und nach zusätzliche Reaktorblöcke (je 440 MW) hinzugefügt und bis 1995 sollten es insgesamt acht Blöcke werden. Beim Bau der Reaktoren kam es zu starken Verzögerungen, u.a. auf Grund von betriebswirtschaftlichen Fehlkalkulationen und auf Grund der gestiegenen Sicherheitsbestimmungen nach dem Reaktorunfall von Tschernobyl im Jahr 1986. So begründete die Staatliche Plankommission 1989 die Verzögerungen beim Bau in einem Schreiben an das zuständige ZK-Mitglied Günter Mittag: „vor allem in der unzureichenden Qualität der Projekte des sowjetischen Generalprojektanten, die wegen begründeter Sicherheitsanforderungen der zuständigen Kontrollorgane der DDR überarbeitet werden mußten."[5]

In Stendal sollte das damals größte Atomkraftwerk der Welt nahe der innerdeutschen Grenze mit mehr als 4.000 MW gebaut werden. Die ursprünglich für 1980 geplante Fertigstellung verzögerte sich aber immer wieder, anscheinend waren sowohl die Sowjetunion als auch die DDR nicht (mehr) in der Lage, die notwendigen technischen Komponenten zu liefern. Zum Ende der DDR wurde der Termin der Fertigstellung mit 1991 bis 1996 angegeben.

Trotz der Rückschläge beim Bau der Atomreaktoren plante die DDR weitere Atomkraftwerke. Die zukünftigen Kraftwerke wurden nur IV und V genannt, der letzte zuständige DDR-Minister Sebastian Pflugbeil erinnert sich, dass das Projekt „IV" in Börln / Ortsteil Schwarzer Kater rund 40 km vor Leipzig errichtet werden sollte. Mit insgesamt 5.200 MW Leistung wäre es dann das „allergrößte" Atomkraftwerk der Welt geworden.

Der Ausbau der Atomenergie schien für die DDR energiepolitisch absolut notwendig, denn sie war stark von der Braunkohleverstromung abhängig. Im Jahr 1980 stammten rund 76 % des Stroms aus der Braunkohle – und rund 12,7 % aus der Atomenergie. Die Atomenergie sollte den gesamten Zuwachs an Energieerzeugungskapazitäten ab den 1990er Jahren bereitstellen. Abgebrannte Brennelemente wurden in die Sowjetunion zurück geliefert; schwach- und mittelradioaktive Stoffe wurden im Endlager Morsleben eingelagert.

Die Auswirkungen der nuklearen Anlagen sind umstritten. Zumindest die menschlichen und finanziellen Kosten des Uranbergbaus waren gewaltig. Allein bei der SDAG Wismut wurden zwischen 1951 und 1990 mehr als 30.000 Fälle an Berufskrankheiten anerkannt, darunter waren rund 15.000 Fälle von Staublunge (Silikose) und 5.300 Fälle von Lungenkrebs.[6] Seit 1991 kamen mindestens 4.200 anerkannte Krebsfälle und 3.000 Silikosen hinzu.[7] Die Abraumhalden mit 311 Mio. m³ schwach radioaktiven Abfällen sowie 160 Mio. m³ radioaktiven Schlämmen in dicht besiedelten Gebieten wurden nach der politischen Wende bis heute überwiegend saniert. Die Kernsanierung soll bis 2028 abgeschlossen sein mit Kosten von insgesamt rund neun Milliarden Euro.[8]

Der Betrieb des Kernkraftwerks Rheinsberg und des Kernkraftwerks in Greifswald wurde im Sommer 1990 eingestellt und der Bau des Kernkraftwerks in Stendal abgebrochen. Hintergrund waren sowohl wirtschaftliche Gründe als auch Erwägungen hinsichtlich Sicherheit und Umweltverträglichkeit.[9] Das Endlager Morsleben wurde durch die Bundesrepublik weiter genutzt und radioaktive Reststoffe wurden bis 1998 eingelagert.

Die Umweltbewegung der DDR

In der DDR waren Umweltprobleme alltäglich und fast überall zu erleben. Möglichkeiten der politischen Problematisierung, der öffentlichen Meinungsäußerung oder des rechtlichen Vorgehens existierten aber nicht. In der DDR herrschte in den 1980er Jahren eine völlig abgeschlossene Realität: eine freie kritische Meinungsäußerung war faktisch nicht möglich, nicht-staatliche Demonstrationen waren verboten, die DDR-weiten Medien berichteten nur über Umweltprobleme in Westdeutschland, lokale Umweltprobleme wurden nur gelegentlich und in stark beschönigender Form erwähnt, Beschwerden waren nur in Form von Eingaben an staatliche Stellen möglich, Umweltdaten waren ab 1982 geheime Verschlusssache, eine Verwaltungsgerichtsbarkeit existierte nicht, die politische Justiz war (wenn eingeschaltet) unberechenbar und die Staatssicherheit – real oder als Drohung – allgegenwärtig.

Die gegen Ende der 1970er Jahre in der DDR – überwiegend im kirchlichen Kontext – entstehende nicht-staatliche Umweltbewegung setzte dem die Überzeugung entgegen, dass ein christlicher Blick auf Umweltprobleme nie nur ein hoffnungsloser sei, sondern auch zur verändernden Tat werde.[10] Martin Kühne von der Umweltgruppe Cottbus (UGC) berichtet beispielsweise, dass er überraschend lange daran glaubte, dass die staatlichen Stellen nur besser über die Probleme informiert werden müssten, um die Probleme angesichts der allgegenwärtigen Mangelwirtschaft wenigstens schrittweise abzustellen. Und er selbst war lange Zeit davon überzeugt, dass ein Sozialismus mit menschlichem Antlitz möglich sei.

Zu Fragen des Umweltbewusstseins oder der Wahrnehmung von Umweltproblemen gab es in der DDR keinerlei repräsentative Untersuchungen der Gesamtbevölkerung. Einige Indizien deuten aber darauf hin, dass es ab den 1970er Jahren ein verstärktes Umweltbewusstsein in der Bevölkerung gab. Eine nicht-öffentliche repräsentative Studie des Zentralinstituts für Jugendforschung in Leipzig mit 1.900 Jugendlichen offenbart dazu aber dramatische Zahlen: rund 58 % der Jugendlichen sahen die Erhaltung der natürlichen Umwelt pessimistisch – und dies galt sowohl für Jugendliche, die sich der DDR stark verbunden fühlten

(44 %) als auch für Jugendliche, die dem Staat fernstanden (73 %).[11]

Die Umweltbewegung in der DDR bestand überwiegend aus kleinen kirchennahen Gruppen, die durchaus nicht homogen waren und sich seit Beginn der 1980er Jahre zunehmend aus Jugendlichen rekrutierten. Gemeinsam war den Gruppen häufig, dass sie sich auch mit Friedens- und Menschenrechtsfragen beschäftigten, was aus Sicht des Staates ein „politisch abweichendes Verhalten" darstellte.[12] Auf Grund internationaler Verpflichtungen konnten und wollten Staat und Staatssicherheit aber nicht offenkundig massiv repressiv gegen kirchliche Gruppen vorgehen.

Zum intellektuellen Zentrum der Umweltbewegung wurde ab den 1970er Jahren das Kirchliche Forschungsheim in Wittenberg, das 1980 zunächst die Dokumentation „Die Erde ist zu retten" herausgab, die den Bericht des „Club of Rome" aus dem Jahr 1972 auf die Verhältnisse in der DDR anwandte. Eine folgende Ausstellung „Mensch und natürliche Umwelt" soll bereits innerhalb eines Jahres in verschiedenen Kirchen rund 20.000 Menschen erreicht haben. Ab 1981 wurde die Umweltzeitschrift „Briefe zur Orientierung im Konflikt Mensch – Erde" herausgegeben, welche ihre Auflage von anfänglich 400 auf 4.000 Exemplare steigerte.[13] 1988 erschien beim Forschungsheim das vielbeachtete 60-seitige Heft „Pechblende – der Uranbergbau in der DDR und seine Folgen" von Michael Beleites, das auf nur illegal möglichen Recherchen basierte.

Auch wenn die Anzahl an Publikationen einen Achtungserfolg darstellt, so zeigen sie auch, dass die nicht-staatlichen Umweltgruppen die insgesamt 17 Millionen Einwohner medial kaum erreichen und die starke Wahrnehmung der Umweltproblematik eher aus der Lebenswelt der Bevölkerung heraus resultierte. Die Wahrnehmung der Menschen richtete sich also vor allem auf sichtbare Umweltrisiken wie die Belastung durch Abgase, Staub oder Müll – radioaktive Gefahren hingegen blieben unsichtbar und deshalb auch nicht wahrnehmbar. Anekdotenhaft sei dies an der Geschichte eines Physiklehrers beim AKW Rheinsberg verdeutlicht: „Eine Attraktion war, Silvester zum Atomkraftwerk zu laufen und im 18 Grad warmen Wasser des Auslaufkanals zu baden.[14]

Ulrich Beck schreibt dazu in der „Risikogesellschaft": „Risiken, wie sie in der fortschrittlichsten Stufe der Produktivkraftentwicklung erzeugt werden – damit meine ich in erster Linie die sich dem unmittelbaren menschlichen Wahrnehmungsvermögen vollständig entziehende Radioaktivität, aber auch Schad- und Giftstoffe in Luft, Wasser, Nahrungsmittel [...] setzen systematisch bedingt, oft irreversible Schädigungen frei, bleiben im Kern meist unsichtbar, basieren auf kausalen Interpretationen, stellen sich also erst im [...] Wissen um sie her, können im Wissen verändert, verkleinert oder vergrößert, dramatisiert oder verharmlost werden und sind insofern in besonderem Maße offen für soziale Definitionsprozesse. Damit werden Medien und Positionen der Risikodefinition zu gesellschaftlich-politischen Schlüsselstellungen."[15]

Gerade über solche Medien und Schlüsselstellungen verfügte die nicht-staatliche Umweltbewegung in der DDR aber kaum – und konnte die Risikowahrnehmung zur Kernenergie somit zunächst auch nur in geringem Maße beeinflussen. Das sollte sich mit der Katastrophe von Tschernobyl ändern.

Zur Atomenergie in der DDR arbeiteten einige kleinere Umweltgruppen, so in Menz (bei Rheinsberg) und in Greifswald sowie in Stendal und Cottbus. Wie schon angedeutet können öffentliche Proteste hier – anders als in Westdeutschland – aber nicht als Gradmesser des Umweltbewusstseins angesehen werden, da sie im öffentlichen Raum zu verpuffen drohten und somit für viele Gruppenmitglieder zu riskant erschienen.

Proteste und Kritik an der Atomenergie[16]

Die erste bekannte größere Protestaktion gegen die Atomkraft auf dem Boden der DDR fand am 27. Januar 1982 statt, kurioserweise aus Protest gegen den Baubeginn des Zwischenlagers in Gorleben: 100 Frauen und Männer aus dem Wendland ließen sich auf der Wiese vor dem Grenzzaun, im „Niemandsland" zwischen der BRD und der DDR nieder. Der besetzte Grenzstreifen gehörte zur DDR, für den Bundesgrenzschutz war es nicht möglich, das Gelände zu betreten. Von beiden Seiten wurden die Demonstrierenden eindringlich aufgefordert, das Gelände unverzüglich zu verlassen. Diese warteten jedoch ab, bis ihre Besetzung die Gorleben-Pläne in die Weltpresse brachte.

Das Staatliche Amt für Atomsicherheit und Strahlenschutz (SAAS) suchte anfangs noch das Gespräch mit Kritiker:innen: „Wenn auch interessengebunden, so stellte das Amt im Grundsatz deren gute Absicht nicht in Frage. Lediglich wegen ihrer Wirkung auf die öffentliche Meinung sahen die Mitarbeiter des SAAS insbesondere in Magdeburg wegen der Nähe zum Kernkraftwerksstandort Stendal Gefahren."[17]

Nach der Reaktorkatastrophe von Tschernobyl gab es zunehmend Eingaben und Unterschriftensammlungen gegen die weitere Nutzung der Atomkraft in der DDR. Den Appell der Friedens- und Ökobewegung „Tschernobyl wirkt überall" unterzeichneten 141 Personen. Mehr als 1.000 Bürgerinnen und Bürger unterstützten mit ihrer Unterschrift die Forderung der „Initiative Frieden und Menschenrechte" nach einer Volksabstimmung über den weiteren Ausbau der Kernenergie.[18]

Auch der Protest gegen das im Bau befindliche Atomkraftwerk in Stendal wuchs zum Ende der DDR an. Malte Fröhlich vom Friedenskreis Stendal schildert, wie die Gruppe im Jahr 1987 Flugblätter und kleine Druckschriften vervielfältigte: „Nach mehrfach wiederholten Verteilaktionen unserer kleinen Karten, zahlreicher Eingaben usw. kam es zu zahlreichen Verhaftungen und Befragungen durch Polizei und Staatssicherheit. Es gab Wochen, in denen ich vier derartige Verhöre jeweils nach der Arbeit hatte, den anderen Mitstreitenden erging es nicht anders." Die Protestaktionen des Friedenskreises wurden auch durch den Anti-Atom-Widerstand aus dem Wendland auf der Westseite unterstützt, so gab es den „kleinen Grenzverkehr", bei dem Flugblätter und Bücher in die DDR geschmuggelt wurden.

04 – Demonstration an der innerdeutschen Grenze bei Gorleben (1982)

Auf dem Weg zur 1. Mai-Kundgebung im Jahr 1988 wurde Malte Fröhlich gestoppt: Er hatte ein kleines Plakat dabei: „Ich habe Angst vor dem AKW Stendal". Malte Fröhlich: „Es war ein spannendes Verhör über Stunden, in dem es weder den Polizisten noch den herbeigeholten Stasioffizieren gelang, mir die Rechtswidrigkeit meiner öffentlich geäußert wollenden Angst darzulegen. Sie konstruierten dann ein mangelndes Vertrauen in die Staatsführung. Mussten dann aber eingestehen, dass ein noch so großer Mangel an Vertrauen wohl kaum rechtswidrig sein könne. Eigentlich hatte ich eher Angst, aber das war ein Verhör, bei dem ich mich köstlich amüsiert habe und dies auch zum Ausdruck brachte. Sie wurden immer hilfloser."

Dem Friedenskreis Stendal gelang dann im Wendejahr 1989 auch eine Sitzblockade mit zwölf Menschen vor der AKW-Baustelle. Vorangegangen war ein Training in der Bildungsstätte für gewaltfreie Aktion im Wendland. Fröhlich: „Am 7. Oktober 89 war es soweit. Das erinnere ich noch so genau, weil wir uns damals darauf vorbereiteten, Polizisten und Soldaten mit Schießbefehl gegenüber zu stehen und trotzdem handlungsfähig zu bleiben." Am Ende waren es aber nicht Volkspolizisten, sondern Bauarbeiter, die die Blockierenden aggressiv angingen, so Fröhlich. Aufbauend auf diese Proteste fand am 3. Februar 1990 dann die erste „deutsch-deutsche Anti-Atom-Demonstration" in Gorleben statt.

Zu einer zentralen Figur bei der Information über Risiken der „friedlichen" Nutzung der Atomenergie wurde nach der Katastrophe von Tschernobyl der Physiker Sebastian Pflugbeil. Im Auftrag des Bundes der Evangelischen Kirchen in der DDR arbeitete er an einer Studie über Probleme der Kernenergiepolitik in der DDR mit und wurde zum gefragten Experten. Beispielsweise hielt er im Mai 1987 einen Vortrag in Cottbus / Chóśebuz. Martin Kühne erinnert sich: „Streng wissenschaftlich und mit umfangreichem Zahlenmaterial analysierend verdeutlichte Pflugbeil, dass die Atomenergienutzung für das künftige Energieprogramm der DDR nach 1990 verzichtbar sei. Ganz natürlich mussten seine Darlegungen auch zur Frage einer umweltbewussten Lebensweise führen, die uns in der Umweltgruppe sehr am Herzen lag. **Am 23. Juni 1988 veranstaltete die UGC schließlich einen enorm stark besuchten Schlosskirch-Abend – ganz im Sinne eines Honecker-Zitats jener Zeit ('Atomenergie – nicht das letzte Wort'), u.a. mit dem Ziel eine von unten geplante Volksbefragung zur weiteren Nutzung der Kernenergie und einem starken Ausbau der erneuerbaren Energien vorzubereiten. Entsprechend hoch war der staatliche Druck im Vorfeld und am Veranstaltungstag. Als Moderator wurde ich mehrfach vom hauptamtlichen Stasi-Vertreter meines Instituts für Kraftwerke in Vetschau dazu befragt. Statt eines Verbots bediente man sich allerdings ‚weicherer' Mittel, entsandte Gruppen von Mitarbeitern aus dem Kombinat Braunkohlenkraftwerke, schickte eine ganze Delegation der Cottbuser CDU dorthin und versuchte dann ziemlich erfolglos mit ellenlangem ‚Ko-Referat' eine offene Diskussion zu verhindern." Nach der Wende stellte Sebastian Pflugbeil ab Februar 1990 als Minister ohne Geschäftsbereich der DDR für die Volkskammer ein Dossier über die Atomkraftwerke zusammen, welches zahlreiche Probleme offenbarte und die Abschaltung der Atomkraftwerke der DDR mit einleitete.**

Vergleich und Ausblick

Die Ereignisse in Wyhl führten zur Entstehung und Verstetigung einer westdeutschen Anti-Atom-Bewegung, die in der Öffentlichkeit wirkte und somit als Teil einer diskursiven politischen Aushandlung verstanden werden kann. Bücher wie „Bürger gegen Kernkraftwerke. Wyhl der Anfang?"[19] oder „Wyhl. Kein Kernkraftwerk in Wyhl und auch sonst nirgends"[20] wurden durch staatliche Publikationen wie den Bericht des Bundesministers für Forschung und Technologie „Bürgerinitiativen im Bereich von Kernkraftwerken" (1975) beantwortet.

In der DDR führten diese Vorgänge zu keiner bekannten direkten Resonanz. In der DDR fehlte die kollektive Erfahrung, die eine zivilgesellschaftliche Bewegung ausmacht, vollständig. Solche Unterschiede sind in der Umweltbewegung auch heute noch präsent: so wird ziviler Ungehorsam im Westen als deutlich legitimer empfunden als in Ostdeutschland, wo die Umweltbewegung – aus historischen Gründen – immer noch stark der Legalität verpflichtet ist und diese auch nach der DDR zu schätzen weiß.

05 – Wüstenhagen, Hans Helmut: Bürger gegen Kernkraftwerke. Wyhl –der Anfang? (1976)

Hans-Helmut Wüstenhagen

Bürger gegen Kernkraftwerke

Vyhl – der Anfang?

Anmerkungen

1
Bloch, Ernst: Das Prinzip Hoffnung, Frankfurt a.M.: Suhrkamp 1959, S. 775.

2
Gröschner, Annett: Erinnerung an eine strahlende Zukunft. Mit Fotografien aus dem Archiv des Kernkraftwerks Rheinsberg, Berlin: Kontextverlag 2003 (Rheinsberger Bogen; 9), S. 37.

3
Ebd., S. 107.

4
Ebd.

5
Stinglwagner, Wolfgang: Die Energiepolitik der DDR und ihre wirtschaftlichen und ökologischen Folgen, in: Kurth, Eberhard (Hg.): Am Ende des realen Sozialismus Beiträge zu einer Bestandsaufnahme der DDR-Wirklichkeit in den 80er Jahren, Bd. 4, Opladen: Leske + Budrich 1999, S. 190–224, hier: S. 194.

6
Karlsch, Rainer: Uran für Moskau – Die Wismut – eine populäre Geschichte, Bonn: Bundeszentrale für politische Bildung 2007, S. 104.

7
Erices, Rainer: Mehr als eine Milliarde Euro Entschädigung für Wismut-Kumpel, in: mdr, online, 2021: https://www.mdr.de/geschichte/ddr/wirtschaft/wismut/lungenkrebs-silikose-berufskrankheit-strahlung-entschaedigung-100.html, Zugriff: 10.11.2022.

8
Wismut: Weitere 2,1 Milliarden Euro für Uranbergbausanierung, in: dpa Thüringen, 2021: online: https://www.zeit.de/news/2021-02/17/wismut-weitere-21-milliarden-euro-fuer-uranbergbausanierung, Zugriff: 10.11.2022.

9
Stinglwagner: Energiepolitik, S. 195.

10
Stief, Martin: „Stellt die Bürger ruhig": Staatssicherheit und Umweltzerstörung im Chemierevier Halle-Bitterfeld, Göttingen: Vandenhoeck & Ruprecht 2019 (Analysen und Dokumente; 55), S. 132.

11
Lange, Günther: Das staatsbürgerliche Bewußtsein der Jugendlichen. Leipzig: Zentralinstitut für Jugendforschung (ZIJ) 1989 (online: https://nbn-resolving.org/urn:nbn:de:0168-ssoar-402964), S. 41.

12
Halbrok, Christian: Die unabhängigen Umweltgruppen der DDR, Bundeszentrale für politische Bildung 2011: https://www.bpb.de/themen/deutschlandarchiv/61423/die-unabhaengigen-umweltgruppen-der-ddr/

13
Stief: „Stellt die Bürger ruhig", S. 133ff.

14
Gröschner: Erinnerung, S. 11.

15
Beck, Ulrich: Risikogesellschaft. Auf dem Weg in eine andere Moderne, Frankfurt a.M.: Suhrkamp 1986, S. 29f. Hervorhebungen im Original.

16
Die folgende Zusammenstellung an Protestereignissen basiert unter anderem auf den Arbeiten von Wolfgang Ehmke und den Arbeiten des Autors für das Buch: „Ziviler Ungehorsam schaltet Deutschlands Atomkraft AUS! – Eine historische Bewegung und die Kultur des Widerstands" (2022) sowie auf Interviews, die vom Autor durchgeführt wurden.

17
Abele, Johannes: Kernkraft in der DDR. Zwischen nationaler Industriepolitik und sozialistischer Zusammenarbeit 1963–1990, Dresden: Hannah-Arendt-Institut für Totalitarismusforschung e. V. an der Technischen Universität Dresden 2000 (online: http://www.hait.tu-dresden.de/dok/bst/Heft_26_Abele.pdf), S. 96.

18
Ebd., S. 99.

19
Wüstenhagen, Hans-Helmut: Bürger gegen Kernkraftwerke. Wyhl der Anfang?, Reinbek bei Hamburg: rowohlt 1975.

20
Gladitz, Nina (Hg.): Wyhl. Kein Kernkraftwerk in Wyhl und auch sonst nirgends, Berlin: Wagenbach 1976.

Abbildungen

01:
Wismut-Unternehmenssitz in Chemnitz
(bis 1990)
Foto: Norbert Kaiser, 2008 (CC BY-SA 3.0, wikimedia commons: https://commons.wikimedia.org/wiki/File:Chemnitz_Bundesknappschaft_(01).jpg)

02:
Einweihung des Forschungsreaktors Dresden-Rossendorf am 16.12.1957
Bundesarchiv, Bild 183-51829-0004

03:
Rückseite der 10-Mark-Banknote der DDR
(ab 1971)
Privatsammlung

04:
Demonstration an der innerdeutschen Grenze bei Gorleben 1982
Gorleben-Archiv

05:
Wüstenhagen, Hans Helmut: Bürger gegen Kernkraftwerke. Wyhl der Anfang? Reinbek: rowohlt 1976
WLB Stuttgart: 27/1339

Tim Schedel

Die Beteiligung der (evangelischen) Kirche am Konflikt um ‚Wyhl'

Die Debatte um den Weiterbetrieb der verbleibenden Atommeiler angesichts der Energiekrise des Winters 2022/23 zeigte, dass es bei der Atomfrage in Deutschland um mehr geht als um produzierte Kilowattstunden oder Strahlungswerte und andere Risikofaktoren.[1] Beide Seiten des Debattenspektrums sind sich vermutlich der Schwächen ihrer Argumentationsführung bewusst. Die Befürworter wissen, dass der Anteil des atomaren Schwellenbetriebs an der gesamten Stromproduktion marginal ist und sich einsparen bzw. kompensieren ließe. Die Gegner des Weiterbetriebes sind sich auch bewusst, dass das Wiederhochfahren von Kohlekraftwerken mit einem immensen CO_2-Ausstoß einhergeht und sich die meisten internationalen Ökoparteien in der Frage ‚Kohle oder Atom?' anders positionieren würden.

01 – Plakat: „Christen gegen Atomkraft" (1979)

CHRISTEN GEGEN ATOMKRAFTWERKE

W i d e r
die schändlichen Lügenmäuler in Bonn, Hannover und anderswo, die Lakaien und Vorprediger des großen Geldes, und deren schwachbrüstigen, frommen Nachbeter auf Bischofsstühlen und oberlandeskirchlichen Ratssitzen, die da nichts anderes zu reden und zu säuseln wissen als von der unbedingten Notwendigkeit der zerstörerischen Atomkraftwerke, der Vertrauenswürdigkeit aller verlogenen, objektiven Wissenschaftler, der sündigen Bereitschaft zum Risiko von Menschenleben, der Unaufhaltsamkeit des wirtschaftlichen Überschwungs und gleichzeitig den Massen Angst machen mit den gespenstischen Wirklichkeiten Arbeitslosigkeit, Energiemangel und Krieg!

A u f r u f
zum rechten, frischen christlichen Glauben daran, daß nichts anderes unbedingt nötig ist zum Leben und zum Sterben, denn Gottes Gnade allein!
Aus ihr fließt, daß wir niemandem rückhaltlos vertrauen, indem wir uns selbst für unzuständig erklären und entmündigen, sondern jedermann auf seine Worte und seinen Glauben prüfen, ob er von Gott her redet oder vom Teufel.
Aus ihr fließt, daß wir Menschenopfer erkennen als das, was sie sind: nicht Ausdruck eines seligen und Glück bringenden Mutes zum Risiko, sondern schlimmster Irrglaube, von dem beseelt sich jede Unmenschlichkeit und Barbarei rechtfertigen lassen.
Aus ihr fließt, daß wir die Wirtschaft und ihre Ordnung nicht als heilige Kuh betrachten, die von allen gläubig verehrt und gemästet sein will, und um deren Wohlergehen und beständiges Wachstum wir uns mit Auferbietung aller unserer Kräfte, unserer Gesundheit, unserer Menschenwürde bis zur grenzenlosen Vernichtung aller natürlichen Lebensquellen zu sorgen haben, andernfalls ihr Zorn angeblich über uns zusammenschlagen wird,
sondern sie verstehen als Dienerin unseres Lebens.

W i r   b e k e n n e n
daß in jedem Grashalm und jedem Blatt mehr heilbringende Energietechnologie steckt als in dem perfektesten schnellen Brüter, und daß die Menschen zahlreich werden können und zu essen finden, wenn andere sie nicht hindern.
Wir bekennen, daß wir niemandem glauben, denn unserem Herrn, und uns in seinem Namen und Auftrag für verantwortlich halten für alles, was bei uns geschieht.
Wir bekennen, daß es nur einen Geist gibt, der uns zur menschlichen Gesellschaft führen kann. Er kommt nicht aus dem Geld und seiner Vermehrung.
Er kommt allein aus dem Vertrauen auf die Allmacht Gottes in seinem Sohn. Amen.

**Versammlung am 7. Juli 1979, Beginn 10.00 Uhr
Tituskirche, Hannover - Vahrenheide, Weimarer Allee 60**

Diese Gemengelage ist meiner Meinung nach typisch für die Debatten, die in Deutschland um die Atomkraft geführt wurden und – überraschenderweise – wieder geführt werden. Da ist eine vermeintlich objektive Argumentationsführung mit ‚Energiebedarf' und ‚Risikofaktoren', die überlagert wird von Emotionalität und diffusen Äußerungen, dass ein Weiterbetrieb ‚unbedingt notwendig sei' bzw. ‚sich irgendwie falsch anfühle'.

Somit ist ein breites Spektrum der Meinungen zum Thema Atomkraft zu verzeichnen. Der von weiten Teilen der Gesellschaft getragene Ausstiegskonsens nach Fukushima ist brüchig geworden. Darin ähneln die Debattenumstände der Auseinandersetzung um das geplante Kernkraftwerk Wyhl den heutigen. Auch in der Kernzeit des ‚Wyhlkonfliktes' (1974–1976) waren beide Positionen gleichwertig im Diskurs präsent. Der Zeitraum in der Mitte der 1970er Jahre war nicht mehr geprägt durch die Atombegeisterung der 1950er und 1960er Jahre.[2] Jedoch gab es noch keine deutschlandweiten Proteste wie in Gorleben (1979) und schließlich die Ablehnung durch die Mehrzahl der Bevölkerung nach dem Unglück von Tschernobyl (1986). Eine weitere Parallele: Ähnlich wie die ‚Ölpreiskrise' (1973) mit den autofreien Sonntagen drängt auch heute die Notwendigkeit, sich im Energiesektor von autokratischen Regimen zu lösen, die Option Atomkraft nach vorne.

Der Schwerpunkt dieses Beitrages liegt darauf, die Debattenbeteiligung der Kirchen in der Auseinandersetzung um das KKW Wyhl zu beleuchten. Hierfür wird zunächst die Struktur (evangelisch-)kirchlicher Beteiligung in der Atomkraftdebatte skizziert, um die Spezifika hervorzuheben. Zur Verdeutlichung wird anschließend ein Fallbeispiel einer solchen Beteiligung im Konfliktfall skizziert. Ein Fazit schließt den Beitrag.

Strukturen kirchlichen Protestes

Der Beitrag beleuchtet die kirchliche Debattenbeteiligung um ‚Wyhl' aus einer evangelisch-christlichen Perspektive. Diese Vorbemerkung ist wichtig, da es Kennzeichen des Protestantismus ist, dass der Fokus nicht **auf der Institution Kirche liegt, sondern auf dem kommunikativen Zusammenspiel aller mit dem Protestantismus assoziierten Akteure.[3] Dies zeigt sich in der Hierarchie der evangelischen Kirche. Aus der Mitte von hauptamtlich eingestellten und ehrenamtlich engagierten Personen werden ausgehend von der untersten Ebene (Kirchgemeinde/Parochie) Mandatare in die nächsthöhere Ebene gewählt (Bottom-Up-Prinzip). Trotz dieser Unterschiede zu anderen ‚Kirchen', wie bspw. der römisch-katholischen, lassen sich doch genügend gemeinsame Grundlinien eines kirchlichen Protestes hervorheben.**

Diese Grundlinien wurden bereits in verschiedenen Veröffentlichungen nachgezeichnet. Kernthese der prägenden zeitgeschichtlichen Monografie zum Thema ist,

> „dass der Konflikt um die Atomenergie in Deutschland kulturell und religiös codiert war und dass die Kirche aus ihrer weltanschaulichen und sozialethischen Tradition heraus Anknüpfungspunkte an die diskursiven Strategien der Atomkraftgegner bot."[4]

Die religiöse Codierung zeigt sich bspw. in der apokalyptisch anmutenden Sprache, die durch Atomkraftgegner gern in die Debatten eingebracht wurde. Auch ist bspw. in der kirchlichen Rede von der Bewahrung der Schöpfung ein Grundanliegen der Umweltbewegung religiös codiert zum Ausdruck gebracht. Ein weiteres Spezifikum der Kirche war, dass sie sich im Konflikt politisch engagierte, jedoch gegenüber der Politik den strukturellen Vorteil hatte, aufgrund ihrer Unabhängigkeit von Wählerinteressen „ökologische Maklerdienste" wahrzunehmen.[5] Diese Rolle als Kommunikatoren und Multiplikatoren von Umweltthemen machten die protestantischen Akteure schnell zu Partizipanten der sog. ‚Neuen Sozialen Bewegungen'[6], und sie konnten umgekehrt deren Anliegen in das konservativ kirchliche Milieu hinein vermitteln. Was die kirchlichen Gruppen als oberste Priorität festsetzten, war das Primat der Gewaltfreiheit in den Protestformen.[7] Ein weiteres Merkmal war die Möglichkeit der Kirchen, dem Protest Raum zu geben. Dieses Raumgeben bezieht sich einerseits wörtlich auf die zahlreichen Gemeindehäuser und andere kirchliche Räumlichkeiten, in denen sich die Teilnehmer der Proteste für Planungen etc. treffen konnten, andererseits wurden durch die partizipative Struktur der evangelischen Kirche auch Diskussionsräume eröffnet.

Die Partizipation am gesellschaftlichen Diskurs, der Schutz der Umwelt, das Bereitstellen von Räumen sowie der Primat der Gewaltfreiheit können als Merkmale des kirchlichen Protests gegen Atomkraftwerke genannt werden. Die Aneignung von und die Sympathie für die Anliegen der breiten Anti-AKW-Bewegung ist offensichtlich. Dennoch boten sich protestantische Akteure aktiv als Vermittler zwischen den Fronten an. Dieser Spagat konnte dann gelingen, wenn zwar einerseits die eigene Position in der Sache nicht verleugnet wurde, aber andererseits das Ziel einer Übereinkunft der verschiedenen Parteien debattenleitend sein sollte. Diese ‚kirchliche' Vermittlung sollte die Debatte auch nicht abkürzen, sondern einer konfliktiven Aushandlung eines gesellschaftlichen Konsenses Raum geben. Weil aus christlicher Sicht die letztgültige Bewertung von weltlichen Konfliktfällen in die ‚Zuständigkeit' Gottes fällt, konnte auch in der Atomkraftdebatte eine Ausgewogenheit der Argumente oder deren Inkommensurabilität ausgehalten werden.[8] Das Eingeständnis, dass keine der Parteien die besseren Argumente hat, wird in Debatten wohl viel zu selten gemacht. Diese besondere Vermittlungsleistung wird als letztes strukturelles Merkmal markiert und kann als Anwaltschaftliche Vermittlung bezeichnet werden.[9]

Evangelische Pfarrer im Konfliktfall Wyhl

Das Schlaglicht dieses Beitrages wird zeitlich auf die ‚aktionistische Phase' und akteurszentriert auf den Weiswalter Pfarrer Günter Richter und weitere ‚Ortspfarrer' in der Nähe des KKW-Bauplatzes geworfen. Diese lokale Nähe zum Projekt ist deswegen von Bedeutung, weil sie bei den Betroffenen eine andere Emotionalität hervorrief als bei allgemeinen Gegnern der Atomkraft.

„Neben den potentiellen Folgen einer atomaren Havarie, welche eine deutlich größere Fläche betroffen hätte, hatten die Nachbargemeinden Wyhls weitreichendere Bedenken gegen das Projekt, die konkret nur die unmittelbaren Anrainer betrafen. Darunter fiel Angst vor der Verbauung der Natur und vor den ‚Nebenfolgen' eines Kraftwerks für Landwirtschaft, Fischerei und Weinbau beispielsweise durch den ausgestoßenen Dampf und die Abwärme des Kraftwerks."[10]

Diese Emotionen – etwa die Angst vor dem Verlust der Heimat – konnten in die Vermittlungsstrategien der Pfarrer integriert und als valide Argumente in den ansonsten stark technokratisch geführten Diskurs mit aufgenommen werden.[11] Andererseits bestand die Aufgabe auch darin, die Emotionen der Atomkraftgegner aufzunehmen und durch Angebote von Sinndeutung und Seelsorge im besten Fall abklingen zu lassen.

Eine Schlüsselszene für das intensivere Engagement der Pfarrer waren die polizeilichen Maßnahmen angesichts der Bauplatzbesetzung in der Nacht vom 19. auf den 20. Februar 1975. Demonstrierende hatten das Baugelände des Kernkraftwerks ohne Anwendung von Gewalt besetzt und diese – de iure illegale – Besetzung wurde von der Polizei unter dem Einsatz von Wasserwerfern aufgelöst. Dieser als überzogen wahrgenommene Einsatz gegen ‚friedliche' Demonstrierende bestärkte den Weiswalter Pfarrer Richter in seiner Haltung:

„Ich bin mit einer Zahnarzt-Tochter nach Hause gefahren, weil die so nass war. Bevor die sich erkältet – es war ja Februar – bring ich sie zum Wäschetausch zu meiner Frau. Man fragt sich ja, wie es sich damals eine Landesregierung leisten konnte, die Leute so zu behandeln."[12]

Antriebsfeder für kirchlichen Protest gegen das Projekt war im Fall Günter Richters weniger eine rationale Gefahrenbeurteilung eines Kernkraftwerkes, sondern die emotionale Reaktion des Mitgefühls mit der Demonstrantin. Die Emotion Mitgefühl wird in der evangelischen Ethik oft als Ursache für das Gute Handeln bestimmt und biblisch mit dem Gleichnis vom barmherzigen Samariter (Lukas 10, 25–37) begründet.[13] Die Parteinahme für Schwächere kehrt in verschiedenen Aussagen von beteiligten kirchlichen Personen in den Konflikten um die Atomkraft wieder.

Dieses grundsätzlich überzeugende Narrativ ist jedoch in zweifacher Hinsicht zu hinterfragen. Zum einen entwickeln die vermeintlich ‚Schwächeren' durch die Protestformen eine neue Form der Eigenwirksamkeit gegenüber dem vorherrschenden System. Eine zu deutlich betonte ‚Beschützerrolle' der Kirchen widerstrebt den emanzipativen Zielen der Bewegung. Zum anderen werden als Gewährsmänner für den Schutz der Schwächeren bspw. der Theologe Dietrich Bonhoeffer oder Martin Luther King bemüht. Auch wenn die Argumentation der beiden aufgenommen werden kann, so muss doch die Unterschiedlichkeit der Situation betont werden. Der Konflikt um ein Kernkraftwerk in der Bundesrepublik Deutschland Mitte der 1970er ist nicht mit der Situation der Bekennenden Kirche im NS-Staat Mitte der 1930er zu vergleichen.

Als ein weiteres Distinktionsmerkmal der kirchlichen Beteiligung kann eine vermeintliche religiöse Legitimation des Protests bestimmt werden. Selbstverständlich waren Pfarrer als Staatsbürger Teil der Protestbewegung und doch konnten und sollten sie sich auch als kirchliche Amtspersonen politisch äußern.[14] Allerdings mussten hier wieder die beiden Größen ‚Anwaltschaft' und ‚Vermittlung' ausgewogen zur Geltung kommen. Während der Platzbesetzung wurde Pfarrer Richter gebeten, zum Zeichen der Unterstützung die Kirchenglocken läuten zu lassen. Dies unterließ er aber mit der Begründung, er wolle zwar einerseits mit den Demonstrierenden solidarisch sein und auch seine eigene Position in der Frage demonstrieren. Andererseits sollte die ‚Kirche' eben nicht für eine politische Position instrumentalisiert werden und diese dann ‚religiös' legitimieren.

Aus diesem Grund verzichteten die Pfarrer des Kaiserstuhls im Rahmen von Protestaktionen auf das Tragen von Talaren – der schwarzen Amtskleidung evangelischer Pfarrer. Bei den Demonstrationen gegen ‚Brokdorf' führte dies zu Missverständnissen und Kritik aus der Kirchenleitung. Denn es ist ja gerade die Funktion der Amtskleidung, einer Handlung einer mit höherer institutioneller Macht ausgestatteten Person den Segen zu erteilen. Diese religiöse Legitimation einer politischen Position war die Grenzlinie, die beim kirchlichen Protest um ‚Wyhl' nicht überschritten wurde.

02 – Postkarte: Andacht der WAA-Gegner

Fazit

Die evangelischen Kirchen standen beim Protest gegen die Atomkraft Mitte der 1970er sicher nicht an der vordersten Front, zumal es sich dabei nicht um ein Kernanliegen des christlichen Glaubens handelte. Doch christliche Kernanliegen wie das der Bewahrung der Schöpfung oder das der Versöhnung der Menschen untereinander und mit Gott waren Antriebsfedern für die Beteiligung an den Protesten. Nicht an der vordersten Front, sondern durch die Beteiligung in der zweiten Reihe konnten die Kirchen eine andere Form der Wirksamkeit erzielen. Auf der organisatorischen Ebene gelang dies durch die Bereitstellung von Räumen, Expertenwissen[15] und die Vernetzung innerhalb der Bewegung. Zudem waren Pfarrer und weitere kirchlich engagierte Personen Multiplikatoren der Anliegen der Protestierenden in andere Milieus hinein. Das Drängen auf Versöhnung fand durch die oben skizzierte ‚anwaltschaftliche Vermittlung' ihren Ausdruck. Neben dem allgemeinen Aufruf zu Gewaltfreiheit und Dialogbereitschaft fand diese Vermittlung im Fall ‚Wyhl' in der ‚Offenburger Vereinbarung' ihren Ausdruck, die durch ein Gespräch des Fraktionsvorsitzenden der CDU, Lothar Späth, mit Pfarrer Günter Richter initiiert wurde.[16]

Doch das meines Erachtens entscheidende Spezifikum der ‚kirchlichen' Beteiligung an den Protesten gegen ‚Wyhl' ist, dass in Situationen der Unabgeschlossenheit der Deutungshorizont über das vermeintliche Faktische hinaus geöffnet wurde. Dies betrifft strukturell das Eingeständnis, dass allein das bloße Führen eines Lebens mit dem Verbrauch von Energie, Ernährung etc. immer auf Kosten anderer geht. Irgendwo muss Strom produziert und müssen Nahrungsmittel erzeugt werden. Es ist ein redlicher Ansatz, die Nebenfolgen für Umwelt und die zukünftigen Generationen möglichst gering zu halten, ein völliges Nullsummenspiel ist allerdings kaum möglich. Dieses Eingeständnis kann mit dem theologischen Begriff der unvermeidlichen Schuld gefasst werden. Die Erkenntnis, dass die eigene (politische) Position mit Mängeln behaftet und nur eine von mehreren mangelbehafteten Positionen ist, kann alle Partizipanten einer Diskussion vor überlegenheitsfixiertem Moralismus schützen.

Dieser Vorbehalt weltlicher Positionen im Hinblick auf die Unendlichkeit sollte Prüfstein für politische Debattenbeiträge sein; und zwar unabhängig davon, ob sie von religiöser oder säkularer Warte aus geäußert wurden. Denn: Die große Pointe an ‚Wyhl' ist ja, dass der Bau des Kernkraftwerkes nicht wegen eindeutiger technischer Gutachten gegen das Projekt eingestellt wurde und auch nicht wegen einer Gerichtsentscheidung. Letztendlich war es die Erkenntnis der Regierung um Lothar Späth, dass ein als ‚alternativlos' kommunizierter und durch Politik-von-oben durchzusetzender Kraftwerkbau gegenüber der Bevölkerung nicht haltbar war. Späths Vorgänger Hans Filbinger prophezeite noch, ohne ‚Wyhl' würden im ‚Ländle' die Lichter ausgehen. Doch solche ‚absoluten Gewissheiten' wurden hinterfragt und gerieten ins Wanken. Dies hatte seine Ursache in einem neuen Politikverständnis, das in zahlreichen Demonstrationen und Aktionen gegen das Kraftwerk seinen Ausdruck fand. Inwieweit und aus welchen Gründen kirchliche Akteure diesen Protest begleiteten, zeigte dieser Beitrag auf.

Anmerkungen

1
NB: Dieser Beitrag nimmt Überlegungen der Dissertation Schedel, Religiöse Sprache und Atomkraft, 2021 für den Begleitbad der Ausstellung auf. Gute Lesbarkeit und eine fundierte Erstinformation zum Thema stehen im Mittelpunkt. Für eine tiefergehende Betrachtung des Themas vgl. die o.g. Studie sowie die angegebene Literatur.

2
Schedel, Tim: Religiöse Sprache und Atomkraft-Strategien des Protestantismus zur anwaltschaftlichen Vermittlung in gesellschaftlichen Konfliktfeldern, Tübingen: Mohr Siebeck 2021 (Religion in der Bundesrepublik Deutschland; 9), S. 34f.

3
Albrecht, Christian / Anselm, Reiner: Öffentlicher Protestantismus. Zur aktuellen Debatte um gesellschaftliche Präsenz und politische Aufgaben des evangelischen Christentums, Zürich: Theologischer Verlag Zürich 2017, S. 19–22.

4
Schüring, Michael: Bekennen gegen den Atomstaat – Die evangelischen Kirchen der Bundesrepublik Deutschland und die Konflikte um die Atomenergie 1970–1990, Göttingen: Wallstein 2015, S. 8.

5
Kroll, Thomas: Protestantismus und Kernenergie, in: Erhardt, Hendrik u.a. (Hg.): Energie in der modernen Gesellschaft – Zeithistorische Perspektiven, Göttingen: Vandenhoeck & Ruprecht 2012, S. 108.

6
Unter den ‚Neuen Sozialen Bewegungen' werden neben der Anti-AKW-Bewegung bspw. auch die Emanzipations-, die Anti-Apartheid- und viele andere Bewegungen subsumiert. Grundlage sind die gesellschaftlichen Bestrebungen nach mehr Demokratie und Teilhabe, die – historisch vereinfachend – ihren Anfang im Jahr 1968 nahmen.

7
Schramm, Luise: Evangelische Kirche und Anti-AKW-Bewegung – Das Beispiel der Hamburger Initiative kirchlicher Mitarbeiter und Gewaltfreie Aktion im Konflikt um das AKW Brokdorf 1976–1981, Göttingen: Vandenhoeck & Ruprecht 2018.

8
Argumente sind dann inkommensurabel, wenn sie aufgrund ihrer Unterschiedlichkeit nicht gleichwertig gegeneinander aufgewogen werden können. Im konkreten Fall bspw. ‚Versorgungssicherheit' versus ‚psychische Angst/Bedenken gegen ein AKW'.

9
Schedel, Religiöse Sprache, S. 107f.

10
Schiedel: Religiöse Sprache, S. 75f.

11
NB: Bei einem technokratischen Diskurs entscheiden rein objektive und technische Argumente eine politische Entscheidung. Natürlich haben gerade die Debatten um Kernkraftwerke diese Art der politischen Entscheidungsfindung stark hinterfragt und im Endeffekt auch als illusorisch erwiesen. Siehe auch oben Fußnote 8.

12
Schedel, Tim: Zeitzeugeninterview mit Pfarrer Günter Richter; Schedel: Religiöse Sprache, S. 78f.

13
Fischer, Johannes / Gruden, Stefan / Imhof, Esther / Strub, Jean-Daniel: Grundkurs Ethik – Grundbegriffe philosophischer und theologischer Ethik, Stuttgart: Kohlhammer 2008, S. 48.

14
Karle, Isolde: Herausforderungen politischer Predigt, in: Theologische Literaturzeitung, Bd. 142 (2017), Heft 10, S. 995–1006.

15
Altner, Günter: Atomenergie – Herausforderung an die Kirchen – Texte, Kommentare, Analysen, Neunkirchen-Vluyn: Neukirchener Verlag 1977.

16
Schedel: Religiöse Sprache, S. 80f.

Abbildungen

01:
Plakat: Christen gegen Atomkraftwerke, Hannover: SOAK 1979
WLB Stuttgart / BfZ: PSLD9/4023

02:
Postkarte: Andacht der WAA-Gegner
WLB Stuttgart / BfZ: Postkarten-Sammlung, Anti-AKW

Chronologie

1940er

2. Dezember 1942
Enrico Fermi gelingt in Chicago erstmals eine kritische Kernspaltungs-Kettenreaktion

Mai 1947
Gründung der Sowjetischen Wismut AG zur Förderung von Uranerz in Sachsen und Thüringen

1930er

17. Dezember 1938
Otto Hahn entdeckt die Kernspaltung

Legende:

Atomkraft allgemein
Whyl und Dreyeckland

1950er

20. Dezember 1951
In Idaho / USA erzeugt der Versuchsreaktor EBR 1 zum ersten Mal Strom durch Kernenergie

8. Dezember 1953
UNO-Rede „Atome für den Frieden" von US-Präsident Dwight D. Eisenhower

August 1955
Erste Genfer Atomkonferenz

16. Oktober 1955
Franz Josef Strauß wird erster Bundesminister für Atomfragen

1956
Gründung der Kernforschungszentren in Hamburg, Jülich, Geesthacht, Berlin und Karlsruhe

25. März 1957
Gründung der Europäischen Atomgemeinschaft EURATOM

31. Oktober 1957
Die TU München nimmt den ersten bundesdeutschen Forschungsreaktor (sog. „Atom-Ei") in Betrieb.

1960er

1960
In der Bundesrepublik Deutschland tritt das Atomgesetz in Kraft

1962
Erste Überlegungen für den Bau eines Kernkraftwerks in Fessenheim (F)

1966
Das erste bundesdeutsche KKW in Gundremmingen geht in Betrieb

1967
Baubeginn des KKW in Lubmin (DDR). Erster Reaktor geht 1973 ans Netz, zwei weitere 1979

1970er

Juni 1970
Veröffentlichung der Broschüre „Fessenheim - Vie ou mort de l'Alsace"

Anfang 1971
Gerüchte über Pläne des Baus eines AKWs in Breisach

12. April 1971
Erste Demonstration gegen den Bau des AKW in Fessenheim

1. September 1971
Baubeginn für Block 1 des Kernkraftwerks Fessenheim

1971 / 72
Proteste in Fessenheim und Breisach, allerdings von der Öffentlichkeit kaum wahrgenommen

5. Februar 1972
Ulrich Roether veröffentlicht in der Badischen Bauernzeitung einen Bericht über die klimatischen Auswirkungen für den Weinbau durch das geplante AKW Breisach

16. März 1972
Würgassen-Urteil: Der Schutz vor den Gefahren der Kernenergie hat Vorrang vor der Kernkraftnutzung. Das Urteil schafft die Grundlage für die folgenden juristischen Auseinandersetzungen

1972
Erste Trecker-Demonstration in der Region; bei Fessenheim kommt es zur ersten grenzüberschreitenden Demonstration gegen Atomkraft in Europa

1973
Erste Ölkrise

19. Juli 1973
Im Rundfunk wird erstmals Wyhl als Standort für ein AKW genannt

22. Juli 1973
Erste Bürgerversammlung in Wyhl; daran anschließend Gründung von Bürgerinitiativen in Wyhl und Weisweil

1. April 1974
Eine schweizerische Abordnung verkündet in Wyhl, dass der Bauplatz für das geplante AKW Kaiseraugst besetzt ist

April 1974
Im Landratsamt Emmendingen werden 96.000 Unterschriften gegen den geplanten Bau des AKWs Wyhl eingereicht

27. April 1974
Demonstrationsfahrt von 400 Treckern durch den Kaiserstuhl

Juli 1974
Bekanntgabe des Standorts für ein Bleichemiewerk in Marckolsheim (Frankreich)

9. / 10. Juli 1974
Erörterungstermin in Wyhl; die Atomkraftgegner verlassen unter Protest die Veranstaltung; sie tragen dabei einen Sarg mit der Aufschrift „Demokratie"

25. August 1974
Gründung der „Föderation der badisch-elsässischen Bürgerinitiativen" (zunächst 21, später über 50 Gruppen aus Freiburg, dem Markgräflerland, dem Kaiserstuhl und dem Elsass)

20. September 1974
Der Bauplatz in Marckolsheim wird gemeinsam von Bürgern aus Baden und dem Elsass besetzt. In Wyhl gibt es ebenfalls Proteste

21. Januar 1975
Bei einem Bürgerentscheid in Wyhl stimmen 55 % der Stimmberechtigten für den Verkauf des Baugeländes an den Konzern Kernkraftwerk Süd (KWS)

1975
Bundesforschungsminister Hans Matthöfer initiiert den „Bürgerdialog Kernenergie"

17. Februar 1975
Baubeginn des AKWs in Wyhl

19. Februar 1975
Erste Bauplatzbesetzung in Wyhl

20. Februar 1975
Die Polizei räumt den Platz in Wyhl, umzäunt ihn mit Nato-Draht und verhaftet einen Großteil der Besetzer; das brutale Vorgehen der Polizei u.a. gegen Frauen und ältere Menschen mit Knüppeln und Wasserwerfern, verbreitet durch die Presse, das Fernsehen und persönliche Berichte, empört immer mehr Menschen aus der ganzen Region und darüber hinaus

23. Februar 1975
Über 20.000 Menschen sind auf dem Bauplatz in Wyhl, denen gegenüber die Polizei machtlos ist. Die Besetzung dauert acht Monate an

25. Februar 1975
Ende der Bauplatzbesetzung in Marckolsheim. Aufgrund des massiven Widerstands verzichten die Chemischen Werke München auf die Errichtung des Werks

Mai 1975
Proteste der Markgräfler Bevölkerung gegen die Pläne für eine Brennelementefabrik in Heitersheim

29. Oktober 1975
Auf einer Sitzung in Forchheim wird beschlossen, den Bauplatz ab 7.11. „für die Dauer der Verhandlungen zu verlassen". Dieser Beschluss führt zu großen Konflikten innerhalb der Bürgerinitiativen

7. November 1975
Ende der zweiten Besetzung des Bauplatzes in Wyhl

31. Januar 1976
Die „Offenburger Vereinbarung" zwischen den Bürgerinitiativen, der Landesregierung und der Kernkraftwerk Süd GmbH sieht einen Baustopp bis 1.11.1976 vor, Schadenersatzforderungen werden fallengelassen, die Strafverfolgung eingestellt. Die Bürgerinitiativen sagen zu, keine rechtswidrigen Handlungen mehr vorzunehmen und den Bauplatz endgültig zu verlassen

30. August 1976
Novelle zum Atomgesetz. Neue Kernkraftwerke müssen eine geregelte Entsorgung nachweisen

30. Oktober 1976
Nach einer Demonstration in Brokdorf kommt es zu einer vorübergehenden Bauplatzbesetzung. Es folgen weitere Demonstrationen

1. November 1976
Ende der Baustoppfrist. Die Landesregierung nimmt die Bautätigkeit jedoch vorerst nicht wieder auf, wohl auch, weil man erst die Entscheidung des Verwaltungsgerichts abwarten will

Januar 1977
Das Verwaltungsgericht Freiburg eröffnet die Beweisaufnahme im Hauptverfahren in Sachen AKW Wyhl. Mehrere Gemeinden im Kaiserstuhl sowie Privatpersonen klagen. Die Verhandlungen finden unter großer Beteiligung der Öffentlichkeit in der Breisgauhalle in Herbolzheim statt, also in der Nähe von Wyhl. In einer Art wissenschaftlichem Streitgespräch beantworten 47 Gutachter einen umfassenden Fragenkatalog des Gerichts

13. Januar 1977
Störfall in AKW Gundremmingen, Block A erleidet Totalschaden

26. Januar 1977
150 Umweltschützer besetzen einen Platz im elsässischen Gerstheim und erreichen so, dass die Planungen für eine dortige Nuklearanlage eingestellt werden

22. Februar 1977
Entscheidung über die Errichtung eines nuklearen Entsorgungszentrums in Gorleben. 18 Tage später findet eine erste Demonstration von Gegnern statt

7. März 1977
Inbetriebnahme des AKW Fessenheim trotz Demonstrationen (Hungerstreik im Elsass, Schülerstreik in Südbaden, öffentliche Proteste verschiedener Gruppen sowie sechsmonatige Besetzung eines Strommastes in Heiteren)

19. März 1977
„Schlacht um Grohnde" Schwere Auseinandersetzungen mit der Polizei während der Proteste gegen den Bau des AKWs, als ein Teil der Demonstrierenden versucht, das Baugelände zu besetzten. 800 Demonstrierende und 240 Polizisten werden verletzt

April 1977
Das Verwaltungsgericht Freiburg entscheidet, dass der Bau des AKWs in Wyhl wegen eines fehlenden Berstschutzes unzulässig ist. In folgenden Jahren heben die höheren Instanzen das Urteil auf

4. Juni 1977
Erste Sendung von Radio Verte Fessenheim

31. Juli 1977
Großdemonstration gegen den Bau eines AKWs in Malville (Frankreich). Infolge der Zusammenstöße mit der Polizei, stirbt einer der Demonstranten, mehrere werden verletzt

September – Oktober 1977
„Deutscher Herbst" – Die Terrorwelle der Roten Armee Fraktion erreicht ihren Höhepunkt und führt zu einer angespannten Lage in der Bundesrepublik

24. September 1977
Polizeieinsatz gegen Demonstrierende in Kalkar, wo ein „Schneller Brüter" gebaut werden soll. 1985 wird der Bau abgeschlossen, allerdings geht er nie in Betrieb. 1991 wird das Projekt aufgegeben

17. Oktober 1977
Verhängung eine Baustopps in Brokdorf durch das Oberverwaltungsgericht in Lüneburg

28. März 1979
Unfall im Kernkraftwerk Three Mile Island in Harrisburg (USA)

18. Mai 1979
Ernst Albrecht, Ministerpräsident von Niedersachsen, erklärt den Verzicht auf eine Wiederaufarbeitungsanlage in Gorleben

1980er

1979 bis 1980
Enquete-Kommission „Zukünftige Kernenergie-Politik" des Deutschen Bundestages

28. Februar 1981
Großdemonstration bei Brokdorf mit mehr als 50.000 Teilnehmern

1982
Baubeginn der Leistungsreaktoren Isar 2, Emsland und Neckarwestheim 2

1982
Höhepunkt der Anti-AKW-Proteste in Frankreich: Auf das AKW Malville werden fünf Geschosse aus einem tragbaren Raketenwerfer abgefeuert

31. März 1982
Urteil des Verwaltungsgerichts in Mannheim: Wyhl darf gebaut werden

Erneuter internationaler Protest in Wyhl nach dem Gerichtsentscheid: Demonstration von 50.000 Menschen an der Nato-Rampe bei Wyhl

Sommer 1983
Durch Zeitungsmeldungen aufgeschreckt mobilisieren die Kernkraftgegner wieder für Aktionstage in Wyhl

1984
Ministerpräsident Späth gibt bekannt: „im Augenblick ist der Zeitdruck für Wyhl nicht gegeben", die Lage beruhigt sich daraufhin, es wird nicht weitergebaut

1985
Sog. „Brokdorf-Beschluss" des Bundesverfassungsgerichts zum Versammlungsrecht

4. Februar 1985
Beschluss der Deutschen Gesellschaft für Wiederaufarbeitung von Kernbrennstoffen über Bau der WAA in Wackersdorf

26. April 1986
Reaktorkatastrophe in Tschernobyl

16. Dezember 1987
Schwerer Störfall in Block A des AKWs Biblis

23. Dezember 1987
Die Landesregierung Baden-Württemberg erklärt offiziell den Verzicht auf den Bau des AKWs in Wyhl

April 1989
Die Pläne für den Bau der Wiederaufarbeitungsanlage (WAA) Wackersdorf werden aufgegeben. Die Aufarbeitung der Brennelemente soll in Frankreich stattfinden

15. April 1989
Das AKW Neckarwestheim 2 nimmt als letzter Leistungsreaktor in der Bundesrepublik Deutschland den Betrieb auf

1990er

1990
Stilllegung der Kernkraftwerke auf dem Gebiet der DDR

25. April 1995
Ein erster Castor-Transport erreicht Gorleben. Bis 2011 werden weitere zwölf Transporte folgen

2000er

14. Juni 2000
Atomkonsens zwischen der rot-grünen Bundesregierung und den Energiekonzernen. Als Regellaufzeit für AKWs werden 32 Jahre festgelegt und auf dieser Grundlage die Reststrommenge bestimmt.

2010er

28. Oktober 2010
Der Deutsche Bundestag beschließt eine Laufzeitverlängerung für die deutschen AKWs

11. März 2011
Nach einem Tsunami kommt es zu einer Katastrophe im AKW Fukushima Daiichi in Japan

30. Juni 2011
Der Deutsche Bundestag beschließt die Abschaltung der AKWs bis Ende 2022

2020er

29. Juni 2020
Stilllegung des AKW Fessenheim

5. März 2021
Einigung zwischen der Bundesregierung und den Energiekonzernen über eine Entschädigung für den vorzeitigen Atomausstieg

11. November 2022
Der Bundestag beschließt die Verlängerung der Laufzeit der drei verbleibenden deutschen AKWs. Die Meiler Isar 2, Neckarwestheim 2 und Emsland sollen bis zum 15. April 2023 in Betrieb bleiben.

Philipp Gassert

„Kernenergie akzeptabel für die Bevölkerung machen" – Bonn und der Anti-AKW

In der frühen Bonner Republik war „Atomkraft" kein Thema, das kontroverse Energie auf sich gezogen oder überhaupt Potential zur Lagerbildung zwischen den im Bundestag vertretenen Parteien besessen hätte. In der zweiten Hälfte der 1950er Jahre wurde in der beschaulichen Bundeshauptstadt am Rhein zwar aufs heftigste über die nukleare Aufrüstung der Bundeswehr gestritten.[1] Doch die zivile Entfesselung „der Urkräfte des Atoms" blieb, nachdem Anfang der 1960er Jahre der erste Enthusiasmus zerstoben war, ein Nischenthema für Wissenschaftler, Ingenieure und Juristen. Auch die Industrie stand, angesichts ungeklärter wirtschaftlicher und versicherungsrechtlicher Risiken, der Kernenergie eher skeptisch gegenüber. „Atomzeitalter"-Utopien verschwanden aus dem öffentlichen Diskurs.[2] Die populärkulturell gesteigerte Angst vor der nuklearen Katastrophe, die sich überwiegend auf militärische Szenarien bezog, flaute nach der Beilegung der Kubakrise rapide ab. Die 68er-Bewegung ignorierte Atomängste komplett.[3]

Nicht rechtlich, aber materiell politisch gesehen waren Atomkraftwerke „Ländersache". Der Bund hatte mit dem Atomgesetz, mit der Errichtung des Ministeriums für Atomfragen (später Bundesministerium für Forschung und Technologie, BMFT) sowie den verschiedenen Atomprogrammen seit 1957 massiv in die zivil-nukleare Forschung investiert und so einen gesetzlichen und institutionellen Rahmen geschaffen.[4] Indes: Atomkraftwerke baute die Industrie, Genehmigungsverfahren führten die Länder in der Auftragsverwaltung des Bundes durch, Gerichte hatten oft das letzte Wort. Dementsprechend hatten die Länder eine starke Position, so auch in Wyhl – was die deutsche Atompolitik grundsätzlich von der im benachbarten Frankreich unterschied. Vor 1975 beschäftigte sich der Bundestag so gut wie gar nicht mit AKWs.[5] Als 1968 der Konflikt über den Nichtverbreitungsvertrag für Atomwaffen hochkochte, auch weil eine Abkopplung der BRD von der internationalen Atomforschung drohte, waren die Risiken der zivilen Nutzung der Kernenergie kein Thema.[6]

Wyhl war anfangs Kristallisationspunkt eines wesentlich lokal wie auch in „traditionellen" Ideen des Natur- und Landschaftsschutzes gegründeten Anti-Atom-Protests, entfaltete jedoch bald überregionale mediale Ausstrahlung.⁷ Zwar waren der Platzbesetzung vergleichbare Aktionen im benachbarten Elsass und in der Schweiz vorausgegangen. Dennoch wirkten die Akte „zivilen Ungehorsams" im Wyhler Wald neuartig. Seitens der SPD, wie auch unter der Hand in der Unionsfraktion, gab man der „psychologisch ungeschickt" agierenden Stuttgarter Regierung eine Mitschuld für die Eskalation.⁸ Dennoch wurde die regierende sozialliberale Koalition unter ihrem ausgesprochen atomenergiefreundlichen zweiten Kanzler, Helmut Schmidt, von der in Wyhl hochkochenden „Atomfrage" kalt erwischt. Die Bundesregierung hielt fehlende „sachliche Informationen" über Risiken und Nutzen der Kernenergie für die Hauptursache des Widerstands. Sie reagierte mit einer teuren Aufklärungs- und Informationskampagne, dem „Bürgerdialog Kernenergie".⁹ Zugleich suchte sich der Bundestag mittels Anhörungen und der Enquete-Kommission „Zukünftige Kernenergie-Politik" ein besseres Bild zu machen.¹⁰

Die Kontroverse um Wyhl zeigt stellvertretend, wie ein einstmals „progressives", von positiven Utopien und Gleichheitshoffnungen begleitetes Thema innerhalb kürzester Zeit „regressiv" umgedeutet werden kann. Die einst „neutrale" Kernenergie wurde zum politischen Lackmustest: Noch um 1975 war Gegnerschaft politisch weder „rechts" noch „links" verortet. Das änderte sich rasch. Angesichts des „ökologischen Schocks" (erkennbar auch in der parallel geführten Waldsterben-Debatte) wuchs sich Kernenergie zum ideologischen Spaltpilz innerhalb der Linken aus. Verbindungen zwischen lokalen Initiativen und der „neuen" Linken waren in Wyhl deutlich sichtbar geworden und bestärkten die Bonner CDU in ihrer „Anti-Anti"-Haltung, während die SPD durch das Atomproblem vor allergrößten innerparteilichen Herausforderungen stand. Die unter Willy Brandt noch recht erfolgreiche Integration der Neuen Linken stoppte. Erst das Ende der sozialliberalen Koalition sorgte für eine „Frontbegradigung". In der SPD setzten sich die atomkritischen Stimmen durch, was aber den Einzug der GRÜNEN in den Bundestag nicht aufhalten konnte.¹¹

01– Werbebroschüre des Bundesministeriums für Forschung und Technologie für die Kernenergie (1975).

Bonner Hoffnungen: Von der sozialen Utopie zur Schließung der „Energielücke"

Der Bielefelder Historiker und Pionier der zivilen Nukleargeschichte in Deutschland, Joachim Radkau, spricht mit Blick auf die 1950er Jahre von der friedlichen Atomnutzung als einer politischen „Integrationsideologie".[12] Die Atom-Lobby, an vorderster Stelle Deutschlands führende Physiker, darunter mehrere Nobelpreisträger, propagierte sie als vielversprechende Zukunftstechnik. Bedenken in der Bevölkerung, in der sich angesichts des gleichzeitigen nuklearen Wettrüstens Skepsis regte, wurden in den 1950er Jahren mit dem Verweis auf die „unglaublichen Chancen" der Atomenergie beiseite gewischt.[13] Die Führungskader der deutschen Wissenschaft, allen voran die Autoren des sich gegen nukleare Rüstung richtenden „Göttinger Manifests", machten sich aus recht eigennützigen Motiven für die zivile Nutzung der Atomenergie stark. Die wissenschaftlichen Autoritäten fanden breite Resonanz unter den im Bonner Bundestag sitzenden Parteien, die sich lediglich im Grad ihres Enthusiasmus für die Potentiale der Atomenergie unterschieden.[14]

Auffällig ist, dass sich Vertreter der SPD, die die atomare Aufrüstung der Bundeswehr auf schärfste bekämpften, mit besonderer Leidenschaftlichkeit für die zivile Nutzung der Atomenergie stark machten. Auf ihrem Münchener Parteitag 1956 hatte die SPD einen eigenen „Atomplan" verabschiedet, leite doch die Kernenergie den „Beginn eines neuen Zeitalters für die Menschheit" ein, mit „Frieden und Freiheit für alle". Mit Atomkraft öffne sich ein neues, gerechteres Kapitel der Sozialgeschichte. Sie werde sich segensreich auf den Wohlstand der arbeitenden Menschen auswirken.[15] Es gehört zu den besonderen Aperçus der Nachkriegszeit, dass das Godesberger Programm, mit dem die SPD ihre Erneuerung als moderne, reformorientierte Volkspartei festzurrte und sich den Weg zur Macht in Bonn ebnete, in der Einleitung gleich im ersten Satz von der „Entfesselung der Urkraft des Atoms" als der größten Gefahr für die Menschheit spricht, um dann in einem zweiten Schritt die Atomenergie als größter Hoffnung auf ein sorgenfreies Leben und „Wohlstand für alle" rhapsodisch zu preisen.[16]

Atomwaffen sorgten in Bonn für Streit, Atomenergie für Einheit. Es fehlte noch in den frühen 1970er Jahren der publizistische Rückenwind für nuklearkritische Perspektiven. Hatte der atomare Angst-Diskurs um 1962 einen ersten Höhepunkt erreicht, so fürchtete sich die Menschheit zwar vor dem Vernichtungspotential der „Bombe", aber nicht vor dem von Kernreaktoren. Die Gefährdungen letzterer wurden auch mangels besseren Wissens verdrängt und ausgeblendet. Vielleicht aber auch, weil sie näher an den Menschen waren als der nukleare Vernichtungskrieg.[17] Hatte der „Kampf dem Atomtod" Millionen auf die Straßen gebracht, so kannte die „friedliche Nutzung der Kernenergie" zwar ihre Zweifler, aber vor 1975 keine bundesweite Gegenbewegung, jenseits regionaler Bürgerinitiativen. Wirtschaftliche Erwartungen wurden unterschiedlich beurteilt, es dominierten wissenschaftliche Interessen, technischer Expertenstreit wie auch Anstrengungen, die Forschung voranzutreiben – Fachdebatten ohne größere Publizität.[18]

Der Ölpreisschock von 1973 und die Auseinandersetzungen um die „Grenzen des Wachstums" verstärkten das Interesse am Atomstrom. Bundesregierung und Abgeordnete sprachen von einer drohenden „Energielücke", auch wenn diese nie eintreten sollte.[19] Die hohe Abhängigkeit von importiertem Erdöl, mit 55,4 % des Primärenergieverbrauchs 1972, wurde als strategische Herausforderung und wirtschaftliche Bedrohung ersten Grades gesehen. Hierbei setze der Bund neben „heimischer Kohle" und Energie-Einsparungen auf Atomenergie wie auf sowjetisches Gas.[20] Das vierte Atomprogramm 1973 verdoppelte die für die Atomforschung zur Verfügung gestellten Mittel. Deutlich weniger wurde in die Erforschung der auch damals schon als Alternativen diskutierten „erneuerbaren" Energien wie Biotechnik, Wind- und Sonnenkraft investiert. Als nachrangig galt auch die Effizienzsteigerung von Wärmepumpen und anderen Antrieben, obwohl auch diese bereits ihre Befürworter hatten.[21]

Mitte der 1970er Jahre wurden im Bundestag verschiedentlich die Zusammenhänge zwischen der Energiekrise und den „Grenzen des Wachstums" thematisiert. Das Framing war ein anderes als heute: Die Mehrheit der Abgeordneten sah wegen der Ölpreiskrise wie auch der Umweltdebatte Atomenergie als

Teil der Lösung. Erst seit 1975 wurde Kernenergie als ökologisches Problem gerahmt. Der Bericht des Club of Rome, 1973 mit dem Friedenspreis des deutschen Buchhandels ausgezeichnet, wurde auch im Bundestag zitiert, legte aber eher noch eine Beschleunigung des Atomausbaus nahe.[22] 1974 spekulierte Bundesfinanzminister Helmut Schmidt darüber, dass langfristig der Elektroantrieb rohölbasierte Antriebe im Verkehr ersetzen könne, sofern ausreichend Atomstrom vorhanden sei. Kohle könne dann als Grundstoff in der Chemieindustrie das Erdöl ersetzen und würde nicht weiter zur Stromerzeugung verbrannt. Als Schmidt 1974 Willy Brandt als Regierungschef ablöste, hielt der „Atomkanzler" an der Zukunftstechnologie Kernenergie fest, betonte aber nach seiner Wiederwahl 1976, dass die Sicherheit Vorrang vor wirtschaftlichen Erwägungen habe und ein Ausgleich zwischen energiepolitischer Notwendigkeit und „berechtigten Begehren" betroffener Bürger getroffen werden müsse.[23]

Nutzen und Risiken: Das Bonner Parlament und der Anti-AKW-Protest

Für die Bonner Politik kam es überraschend, als sich Mitte der 1970er Jahre der Protest gegen den Bau von AKWs verstärkte, der sich in der Erinnerung vor allem an Wyhl, aber auch an Brokdorf festmacht. Ein Nischenthema war plötzlich in aller Munde. Lange Zeit war Widerstand lokal geblieben, so beim Bau eines Forschungsreaktors in Karlsruhe sowie beim geplanten BASF-AKW, das als großstadtnahes Projekt mitten in der Metropolregion Rhein-Neckar Ende der 1960er Jahre bohrende Fragen nach dem Schutz der Bevölkerung aufwarf.[24] Obwohl in Karlsruhe der Bund direkt involviert war, sorgten diese Bauprojekte nicht für parlamentarischen Redebedarf. Zu den wenigen Skeptikern gehörte der Nuklearphysiker und rheinland-pfälzische SPD-Bundestagsabgeordnete (1957–1972) Karl Bechert, der lange den Bundestagsausschuss für Atomenergie und Wasserwirtschaft geleitet hatte. Als einsamer Rufer in der Wüste wurde er jedoch erst retrospektiv zum „Urvater" der Anti-AKW-Bewegung geadelt.[25]

Die Lage änderte sich um 1972, als aufgrund von Einsprüchen gegen die Genehmigung des Baus des AKWs Würgassen in Ostwestfalen zum ersten Mal „ein lokaler Widerstand überlokalen Rückhalt fand"[26]. In Würgassen fehlte es zwar an einer „aktivistischen" Bürgerinitiative wie auch einer breiteren Mobilisierung außerhalb des Gerichtssaals. Der Konflikt wurde vor allem auf dem Rechtsweg ausgefochten. Dennoch rief Würgassen kritische Nachfragen im Bundestag hervor, nachdem sich die Gegner bis zum Bundesverwaltungsgericht hochgeklagt und damit einen Teilerfolg erzielt hatten. Das Gerichtsurteil postulierte einen Vorrang der Sicherheit. Dennoch sah sich Bundesforschungsminister Klaus von Dohnanyi (SPD) durch das „Würgassenurteil" bestätigt. Er hob in seiner Antwort auf eine parlamentarische Anfrage hervor, dass die Regierung der Sicherheit der Bevölkerung auch bisher stets Priorität vor wirtschaftlichen Erwägungen gegeben habe.[27] Würgassen wurde als eines der beiden ersten kommerziell betriebenen AKW in der BRD gebaut. Das Urteil hatte für alle Seiten etwas, galt aus Betreibersicht als Muster für ein erfolgreiches, rechtskonformes Genehmigungsverfahren.[28]

Mittelfristig trugen die Konflikte um Würgassen, die sich bis auf die höchste Ebene eines Bundesgerichts zogen, wie auch die massenhaften Einwendungen gegen weitere geplante AKW-Standorte dazu bei, dass sich eine Gegenexpertise formierte.[29] Diese ging anfangs nicht aus den Reihen der Neuen Linken hervor, sondern aus dem Umfeld des Bundestags wie auch der nuklearen Forschung selbst. So stammt die „Bibel" der Anti-AKW-Bewegung, der Band „Friedlich in die Katastrophe" (1973), nicht von einem linken Dissidenten, sondern von Holger Strohm, einem ehemaligen Sachverständigen des Bundestags-Innenausschusses.[30]

Im Bundestag bildete sich eine energiepolitische Gegenexpertise heraus. Neben dem SPD-Mann Bechert ist der CDU-Politiker Herbert Gruhl zu nennen, dessen Buch „Ein Planet wird geplündert" (1975) Furore machte und der später zum Gründungskreis der GRÜNEN stieß. Die Mehrheit der atomar „oppositionellen" Bundestagsabgeordneten gehörte zur SPD, darunter der 1976 mit 28 Jahren in den Bundestag gewählte Reinhard Ueberhorst, sowie aus Baden-Württemberg u.a. Liesel Hartenstein, Harald B. Schäfer und der als innerparteilicher Hauptantagonist von Schmidt geltende

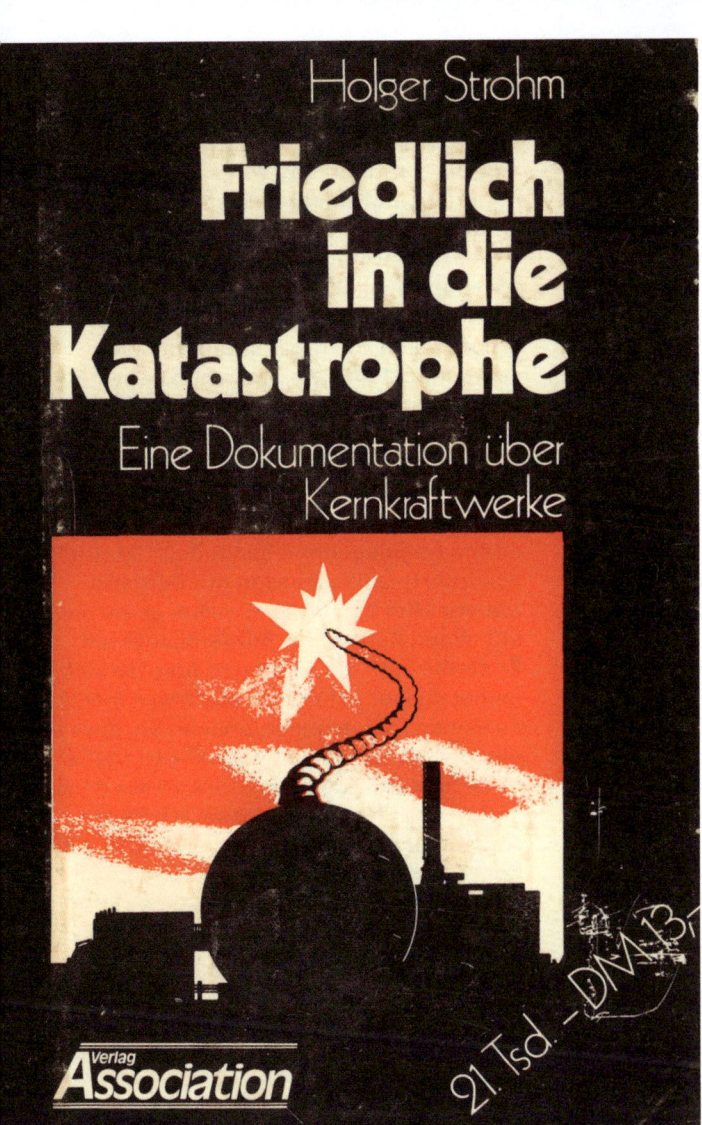

02 – SHolger Strohm: „Friedlich in die Katastrophe" (4. Aufl. 1977)

Erhard Eppler.[31] Trotzdem aber war Atomenergiepolitik um 1975 weder „rechts" noch „links".[32]

Somit war seitens „etablierter" politischer Akteure eine kritische Masse an „Gegenwissen" vorhanden, als 1974/75 der Kampf gegen den Bau eines AKW in Wyhl begann.[33] Obwohl sich der Protest zunächst an den Industrialisierungsplänen der Stuttgarter Landesregierung für die Region um Freiburg und am Oberrhein festmachte[34], hatte Wyhl für die Anti-AKW-Bewegung bundesweite „Signalwirkung" (Runcht). Diese Wirkung erzielte Wyhl aufgrund eines spezifischen Protestrepertoires. Während an anderen geplanten AKW-Standorten Bürgerinitiativen auf dem Rechtsweg kämpften, wurde in Wyhl mit der aus dem Elsass abgeschauten Bauplatzbesetzung der Schritt zum „zivilen Ungehorsam" erstmals für ein AKW konsequent beschritten. Das produzierte sensationelle Bilder.[35] Atomkritische Bundestagsabgeordnete wie auch Befürworter der Kernenergie sahen als Hauptursache der Proteste die unzureichende „Farce" des von Stuttgart durchgeführten Genehmigungsverfahrens. Es bedürfe dringend einer Verbesserung des rechtlichen Gehörs.[36]

Abgeordnete beider Fraktionen rezipierten den straßenpolitischen Strategiewechsel der Anti-AKW-Bewegung und sahen in Wyhl einen Wendepunkt. So meinte der Herborner CDU-MdB Christian Lenzer, noch nie sei „in derartiger Form gegen ein Kernkraftwerk protestiert worden." Der Stuttgarter CDU-MdB und spätere Bundesverteidigungsminister Manfred Wörner vertrat die Filbinger-Linie, wonach ein Einknicken politisch gefährlich sei. In Wyhl entscheide sich, ob „überhaupt noch Atomkraftwerke gebaut werden können, wenn die Bevölkerung sich dagegen sträubt. Das heißt, wenn wir in diesem Punkte weichen, nachgeben, dann bedeutet das, dass in keiner anderen Stelle [...] noch etwas erreicht werden kann".[37] Mitglieder der SPD-Fraktion forderten eine differenzierte Vorgehensweise und griffen die Regierung Filbinger an: Von den „Vorgängen am Oberrhein" wisse man, dass „nackte Staatsgewalt oder der Versuch, diejenigen, die Ängste gegenüber dieser Energienutzungsart haben, in eine extremistische Ecke zu drängen", sich als kontraproduktiv erweise. Die Bundesregierung müsse daran arbeiten „Kernenergie akzeptabel für die Bevölkerung zu machen."[38]

■ Aufklären statt protestieren: Die informationspolitische Gegenoffensive des Bundes

„Kernenergie akzeptabel für die Bevölkerung zu machen", so lautete denn auch das Rezept, mittels dessen die Bundesregierung auf den Protest in Wyhl reagierte. Sie führte die Ablehnung primär auf Informationsdefizite zurück, nicht auf eine prinzipielle Gegnerschaft im Volk. Da in den 1970er Jahren „Partizipation" im ostentativ vorgetragenen Selbstverständnis der SPD auch seit Brandts erster Regierungserklärung 1969 hochgeschätzt wurde, initiierte Forschungsminister Hans Matthöfer (SPD) 1975 einen „Bürgerdialog Kernenergie". Die Bundesregierung baue ja keine Atomkraftwerke, so Matthöfer, und sei auch nicht deren „Nutznießer". Die Bürgerinitiativen hätten zum Problembewusstsein beigetragen. Man dürfe sie daher nicht „überrollen". Doch am Ende müssten die „vom Volke Legitimierten", sofern sie die Argumente sorgfältig abgewogen hätten, „nach einem breiten Willensbildungs- und demokratischen Entscheidungsprozess" das Beschlossene auch durchsetzen: „Wozu brauchten wir sonst wohl eine Zentralregierung?"[39]

Matthöfer gehörte nicht zu den Hardlinern. Er ließ Zweifel durchblicken, nicht zuletzt an dem ungelösten Entsorgungsproblem, der berühmten „Achillesferse" der Kernenergie.[40] Er hielt das Vorgehen der Landesregierung in Wyhl für desaströs. Andererseits sah der aus ärmlichen Verhältnissen in der Ruhrarbeiterschaft aufgestiegene Minister in manchen Demonstrierenden verwöhnte „Bürgersöhnchen". Er hingegen erhoffte sich von der Kernenergie Wohlstandseffekte für die einfachen Leute. Auch unterstellte er den bäuerlichen Gegnern am Kaiserstuhl wirtschaftliche Motive und Egoismus.[41] Zugleich bemühte er sich um einen Konsens, wobei die Kritiker bezweifelten, dass „es sich wirklich um eine ergebnisoffene Angelegenheit handelte."[42] Matthöfer diskutierte unverdrossen mit Bürgerinitiativen. Am 21. Juli 1975 nahm er am vielstündigen Auftakt des Bürgerdialogs teil. Er stellte sich der Kritik und brachte sich immer wieder auf Podien ein.[43] Man merkt es seinen Reden und Interviews an, dass er eine verantwortungsethisch abgewogene Entscheidung auch aus Gründen der demokratischen Hygiene durchsetzen wollte. Aber er verstand, dass Kernenergie in ihrer Komplexität, auch in der Verknüpfung mit der „kriegerischen Vernichtungsgewalt" der Atomwaffen, Ängste und Emotionen weckte.[44]

Die Bundesregierung stellte über drei Jahre 15 Millionen DM für Informationsveranstaltungen u.a. in politischen Akademien sowie durch private und öffentliche Bildungsträger bereit.[45] Sie organisierte diese Veranstaltungen nicht selbst, sondern zahlte Zuschüsse. Auch Bürgerinitiativen konnten Finanzmittel beantragen und taten dies auch. Zugleich brachte sie über die Jahre mehrere hunderttausend Gratisexemplare des Bandes „Kernenergie – eine Bürgerinformation" (1975) unter das Volk. Auch ein Interview-Band mit einschlägigen Beiträgen des Forschungsministers („Den unsterblichen Tiger am Schwanz gepackt") wurde in hoher Auflage produziert. Die Angebote, so heißt es in einer mit viel Selbstlob garnierten halbseitigen Anzeige „Zwischenbilanz des Bürgerdialogs", die im ganzen Land veröffentlicht wurde, seien „sehr stark in Anspruch genommen" worden.[46] Die Aktion habe Neuland betreten, so der Parlamentarische Staatssekretär und künftige Forschungsminister Volker Hauff 1977: Es gehe nicht um

„PR", sondern um die „umfassende Information der Bürger mit dem Ziel der eigenständigen Meinungsbildung".[47]

Ungeachtet des „aufgeklärten", auf Partizipation zielenden Ansatzes hinterließ der „Bürgerdialog Kernenergie" einen schalen Geschmack. Er galt den Kritikern nicht als „Dialog", sondern als geschickt inszenierte Überzeugungsstrategie, der man sich verweigern und mit allen Mitteln entgegenstellen müsse. Aus Sicht der AKW-Gegner sprachen die Polizeieinsätze eine andere Sprache als die Hochglanzbroschüren und Sonntagsreden des Forschungsministers. So persiflierten AKW-Gegner den dialogischen Ansatz, indem sie die Worte der Anzeigenkampagne des BMFT, die „lebhafte Beteiligung am Kernenergie-Dialog" forderte, vor ein Foto montierten, das behelmte und mit Schlagstöcken bewaffnete Polizisten im Clinch mit Demonstrierenden in Wyhl zeigt.[48]

03 – Plakat: „Lebhafte Beteiligung am Kernenergie-Dialog" (um 1975)

Hartmut Gründler

Ein Leben für das Überleben

Der radikale Atomkraftgegner Hartmut Gründler warf Matthöfer, der mit seinem ersten Gespräch im Juli 1975 direkt auf einen Hungerstreik Gründlers reagiert hatte und Zweifel und Nachdenklichkeit durchscheinen ließ, vor: Dialog sei ja „klug, gewissenhaft und nützlich", aber er werde von Matthöfer unaufrichtig geführt. Die Politik missbrauche das „Vertrauen", das sie im Dialog aufbauen wolle, weil sie den Gegenargumenten keine Geltung gebe.[49]

Der apokalyptische Tonfall radikaler AKW-Kritiker war sicher nicht geeignet, den „vernünftig" abwägenden Minister umzustimmen. Der Bürgerdialog konnte auch deshalb keine Pazifizierung erreichen, weil es nicht zu dem geforderten Moratorium beim Ausbau der Atomenergie kam. Hier wollte sich die Regierung nicht erpressen lassen. Bei aller „Dialogbereitschaft" hielt Bonn an den energiepolitischen Zielen fest. SPD, FDP und CDU/CSU waren im Bund und in den Ländern, bei aller Detailkritik etwa an der unverhältnismäßigen Polizeigewalt in Brokdorf und Wyhl, vom Ausbau des Atomstroms bis Mitte der 1980er Jahre mehrheitlich überzeugt. Umfragen gaben ihnen recht, denn die Bevölkerung insgesamt war, bei einem hohen Anteil von Unentschiedenen, für Atomkraft. Nur in den betroffenen Regionen stieg die Ablehnung stark.[50] Zu dieser Skepsis trug der entgegen der Vorwürfe von Gründler und vielen AKW-Gegnern so viel gescholtene „Bürgerdialog" sogar noch bei. Denn er bot Kritikern eine Plattform, eröffnete ihnen die Möglichkeit zur Finanzierung und Leitung von Seminaren und verstärkte so die antagonistische Meinungsbildung.[51]

Der „Bürgerdialog" ist direkt mit der dramatischsten Widerstandshandlung gegen Atomenergie überhaupt verknüpft, der Selbstverbrennung des Ökopazifisten Hartmut Gründler, am Rande des SPD-Bundesparteitags am 16. November 1977 in Hamburg. Gründler hatte, wie gesagt, durchaus die Aufmerksamkeit Matthöfers erlangt, weil er seit Jahren mit Hungerstreiks „gegen atomare Lügen" kämpfte, sich an Gandhi orientierte und sich auf das Widerstandsrecht im Grundgesetz berief.[52]

Am Buß- und Bettag 1977 übergoss sich der Pastorensohn vor der evangelischen Petrikirche, mitten in der Hamburger Fußgängerzone, mit Benzin. Fünf Tage später starb er an seinen Verletzungen. Anders als die Selbstverbrennung eines weiteren protestantischen Christen, Oskar Brüsewitz, ein Jahr zuvor in der DDR, löste Gründlers Tod nur ein blasses Medienecho aus. Seine Tat wurde von der Presse wie auch der Bonner Politik zwar nicht totgeschwiegen, aber doch weitgehend ignoriert.[53] Matthöfer hatte es zwar mit ihm versucht, aber der Kanzler wollte sich nicht zu einem Gespräch zwingen lassen und ließ es an jeglicher Reaktion fehlen.[54]

04 – Hartmut Gründler:
„Ein Leben für das Überleben"
(1978)

Politisches Patt: Kein Konsens, auch im Schatten von Harrisburg und Tschernobyl

Obwohl die Ereignisse in Wyhl, Brokdorf und anderswo für die deutsche Protestgeschichte eine hohe, auch erinnerungskulturell gefestigte Bedeutung besitzen und in der jüngsten Klimakrise eine Ressource und einen Orientierungspunkt bieten, führten sie keine grundsätzliche Wende in der deutschen Atompolitik herbei. Zwar heizte der Atom-Unfall in der Nähe von Harrisburg im US-Bundesstaat Pennsylvania am 28. März 1979 die Debatte weiter an. Doch führten dieser wie auch andere atomare „Zwischenfälle" nicht zu einem grundsätzlichen Spurwechsel.
Dies zeigt sich an dem vielleicht wichtigsten Beitrag des Bundestags zur Auseinandersetzung um die Kernenergie, die Beratungen der Enquete-Kommission „Zukünftige Kernenergiepolitik" 1979.[55] **Diese endete in einem Patt, mit einem viel zitierten Diktum als Quintessenz: „Es ist heute in breitem Konsens nicht möglich, sich für oder gegen die langfristige Nutzung der Kernenergie auszusprechen."**[56]

Die Enquete, die von 1979 bis 1980 unter dem Vorsitz des SPD-Abgeordneten Reinhard Ueberhorst tagte und nach dessen Wegberufung als Senator nach Berlin von seinem Fraktionskollegen Harald B. Schäfer (1981 – 1983) geleitet wurde, erzielte einen, so zeitgenössisch: „historischen Kompromiss". Danach gebe es unterschiedliche Entwicklungspfade, zu der Atomkraft, Energiealternativen wie auch Energieeinsparung gehörten. Zwei Varianten ohne Atomstrom wurden skizziert, wobei die radikalste Variante in der Projektion für 2030 prophetisch wirkt: Sie sieht keine AKWs mehr vor, unter der Bedingung verlangsamten Wirtschaftswachstums und „extremer" Energieeinsparung bei gleichzeitig fortgesetzter Kohleverstromung und Ausbau von Sonnenenergie.[57] Dass „Sparen" von Vertretern der Regierung und der Opposition als mögliches Szenario ins Auge gefasst wurde, beschrieb schon eine „kleine Revolution", so die Politikwissenschaftlerin Claudia Altenburg, die die Beratungen der Enquete analysiert hat. Alle Kommissionsmitglieder hielten alle Szenarien für realisierbar, wenn auch nicht für gleichermaßen wünschbar. Die Enquete entwickelte, noch bevor die letzten AKWs 1989 ans Netz gingen, erstmals Ausstiegsszenarien.[58]

Bekanntlich wurden einzelne AKWs verhindert, andere gebaut. Die Ursachen hierfür lagen oft auch in lokalen Gegebenheiten.[59] Als Lothar Späth im Landtagswahlkampf 1984 erklärte, beim Bau des AKW in Wyhl „bestehe keine Eile" mehr, beinhaltete das entlang der im Bundestag diskutierten Szenarien keine Grundsatzentscheidung.[60] Trotz der bundesweiten Aufmerksamkeit, den die Auseinandersetzungen um Wyhl, wie auch Brokdorf, Grohnde und später Wackersdorf und Gorleben erzielten, war Bonn Mitte der 1980er Jahre weit von einem „Atomkonsens" entfernt. Zwar konnten neue Projekte kaum mehr durchgesetzt werden. Auch Wyhl wurde nicht mehr gebaut, obwohl das Bundesverwaltungsgericht im Dezember 1985 sämtliche Klagen abwies. Das Badenwerk hatte das Interesse an dem Projekt verloren, Späth scheute den Konflikt. Zugleich fehlte es in der „Bonner Republik" an den politischen Voraussetzungen für einen Ausstieg. Dieser wurde erst im vereinigten Deutschland der „Berliner Republik" von Rot-Grün beschlossen und dann in einer Hauruck-Entscheidung, trotz vorübergehender Laufzeit-Verlängerung 2010, nach Fukushima 2011 sogar auf 2022 vorgezogen.

„Bonn" saß die Zweifel an der Atomkraft bis zum Ende aus. Als sich knappe fünf Jahre nach dem Beginn der Konflikte in Wyhl am 14. Oktober 1979 etwa 150.000 Kernkraftgegner und Kernkraftgegnerinnen im Protest auf der Hofgartenwiese versammelten, da hatte die Bewegung ihren Zenit überschritten. Es begann ein fluktuierender Demonstrationsprozess, der aufgrund der ausstehenden Entscheidung über ein Endlager auch in Zukunft nicht abgeschlossen sein dürfte. In Gorleben institutionalisierte sich die Anti-AKW-Bewegung, aber über die Jahre, so Frank Uekötter in „Atomare Demokratie" (2022), ebbte sie nach temporären Höhepunkten auch im Wendland immer wieder ab.[61] Bekanntlich verlieren sowohl die Öffentlichkeit wie auch ein aktivistisches Spektrum nach einer Weile das Interesse an vermeintlichen „Schicksalsfragen". Auch Tschernobyl brachte keine Wende, trotz des enormen Schocks, den die Havarie des sowjetischen Reaktors auslöste. Kanzler Kohl warnte vor „Bagatellisierung und Beschwichtigung", aber wandte sich „ebenso entschieden gegen das Schüren von Katastrophenstimmung."[62] Als ab 1995 die Castoren rollten, wurde Gorleben zum Stein des Anstoßes für den dann im Jahr 2000 von der in zentralen Teilen „niedersächsisch" vorsozialisierten rot-grünen Bundesregierung durchgesetzten Atomausstieg.[63] Diesen Ausstieg hatte „Bonn" vorbereitet, aber „Berlin" beschlossen.

Anmerkungen

1
Schildt, Axel: „Atomzeitalter" – Gründe und Hintergründe der Proteste gegen die atomare Bewaffnung der Bundeswehr Ende der fünfziger Jahre, in: „Kampf dem Atomtod". Die Protestbewegung 1957/58 in zeithistorischer und gegenwärtiger Perspektive, München: Dölling und Galitz Verlag 2009, S. 39–57; Gassert, Philipp: Bewegte Gesellschaft. Deutsche Protestgeschichte seit 1945, Stuttgart: Kohlhammer 2018, S. 78–90.

2
Jung, Matthias: Öffentlichkeit und Sprachwandel. Zur Geschichte des Diskurses über die Atomenergie, Opladen: Westdeutscher Verlag 1994, S. 65ff.

3
Gassert, Philipp: Popularität der Apokalypse: Zur Nuklearangst seit 1945, in: Aus Politik und Zeitgeschichte, Bd. 61 (2011), Heft 46–47, S. 48–54; Wittner, Lawrence S.: The Nuclear Threat Ignored. How and Why the Campaign Against the Bomb Disintegrated in the Late 1960s, in: Fink, Carole u.a. (Hg.): 1968. The World Transformed, New York: Cambridge University Press 1998, S. 439–458.

4
Eine spezielle monographische Darstellung der Bonner zivilen Atompolitik fehlt, daher stütze ich mich auf zwei übergreifende Standardwerke: Radkau, Joachim: Aufstieg und Krise der deutschen Atomwirtschaft 1945–1975. Verdrängte Alternativen in der Kerntechnik und der Ursprung der nuklearen Kontroverse, Reinbek: Rowohlt 1983; Uekötter, Frank: Atomare Demokratie – Eine Geschichte der Kernenergie in Deutschland, Stuttgart Franz Steiner Verlag 2022.

5
Oberloskamp, Eva: Energy and the Environment in Parliamentary Debates in the Federal Republic of Germany, United Kingdom and France from the 1970s to the 1990s, in: Wenkel, Christian u.a. (Hg.): The Environment and the European Public Sphere. Perceptions, Actors, Policies, Cambridgeshire: The White Horse Press 2020, S. 205–219, hier: S. 207; Rucht, Dieter: Von Wyhl nach Gorleben: Bürger gegen Atomprogramm und nukleare Entsorgung. München: C. H. Beck 1980, S. 79f.

6
Dülffer, Jost: Multiple Ängste vor dem Nichtverbreitungsvertrag von Atomwaffen in den 1960er-Jahren. Angst – ein schillernder historischer Begriff, in: Miard-Delacroix, Hélène u.a. (Hg.): Emotionen und internationale Beziehungen im Kalten Krieg, Berlin: De Gruyter Oldenbourg 2020, S. 161–182.

7
Rusinek, Bernd-A.: Wyhl, in: François, Étienne u.a. (Hg.): Deutsche Erinnerungsorte, Bd. 2, München: C. H. Beck 2001, S. 652–666; Eith, Ulrich: „Nai hämmer gsait!" – stilbildender ziviler Widerstand in Wyhl am Kaiserstuhl, in: Weber, Reinhold (Hg.): Aufbruch, Protest und Provokation. Die bewegten 70er- und 80er-Jahre in Baden-Württemberg, Stuttgart: Theiss 2013, S. 35–53; Pohl, Natalie: Atomprotest am Oberrhein – Die Auseinandersetzung um den Bau von Atomkraftwerken in Baden und im Elsass (1970–1985), Stuttgart: Franz Steiner Verlag 2019.

Anmerkungen

8
Man dürfe nicht versuchen, Bedenken in weiten Kreisen der Bevölkerung „mit Polizeigewalt zu zerstreuen", so der Bundesforschungsminister Hans Matthöfer; Matthöfer, Hans: Interviews und Gespräche zur Kernenergie. „Den unsterblichen Tiger am Schwanz gepackt", Karlsruhe: Müller Verlag 1976, S. 10; Matthöfer, Hans: Rede vor dem Deutschen Bundestag am 14. März 1975, in: Stenographische Berichte der Verhandlungen der Deutschen Bundestages, 7. Wahlperiode, 156. Sitzung, S. 10892ff.

9
Kernenergie – Eine Bürgerinformation, Bonn: Bundesministerium für Forschung und Technologie 1975.

10
Altenburg, Cornelia: Kernenergie und Politikberatung. Die Vermessung einer Kontroverse, Wiesbaden: VS Verlag für Sozialwissenschaften 2010.

11
Lieb, Felix: Arbeit und Umwelt? Die Umwelt- und Energiepolitik der SPD zwischen Ökologie und Ökonomie 1969–1998, Berlin: De Gruyter Oldenbourg 2022; Gassert, Philipp: Mehr partizipatorische Demokratie wagen? Demokratisierung, Modernisierung und Protest im transatlantischen Vergleich, in: Schildt, Axel u.a. (Hg.): „Wir wollen mehr Demokratie wagen". Antriebskräfte, Realität und Mythos eines Versprechens, Bonn: Verlag J.H.W. Dietz Nachfolger 2019, S. 185–202.

12
Radkau: Aufstieg und Krise, S. 78.

13
Löwenthal, Gerhard / Hausen, Josef: Wir werden durch Atome leben, Berlin: Blanvalet Verlag 1956; Radkau: Aufstieg und Krise, S. 79.

14
Die „progressiven Potentiale" wurden auch in der DDR betont; Augustine, Dolores L.: Taking on Technocracy. Nuclear Power in Germany – 1945 to the Present, New York: Berghahn Books 2018, S. 40f.

15
Lieb: Arbeit und Umwelt, S. 43f.

16
Godesberger Programm. Grundsatzprogramm der SPD von 1959, https://www.fes.de/adsd50/godesberger-programm, Zugriff: 05.01.2022.

17
Gassert: Popularität der Apokalypse.

18
Radkau: Aufstieg und Krise, S. 411–418.

19
Graf, Rüdiger: Öl und Souveränität. Petroknowledge und Energiepolitik in den USA und Westeuropa in den 1970er Jahren, München: De Gruyter Oldenbourg 2014; Uekötter: Atomare Demokratie, S. 101ff.; Rucht: Von Wyhl nach Gorleben, S. 26.

20
Vorrang für bessere Energienutzung – oder Atomenergie? Zur Energieforschung der Bundesregierung, IFEU-Bericht Nr. 21, Heidelberg: Institution für Energie- und Umweltforschung 1982, S. 3; indes sollte es auch in den folgenden Jahren nicht gelingen, die BRD unabhängig vom Öl zu machen, den größten Zuwachs erzielte das Erdgas und nicht der Atomstrom; Rucht: Von Wyhl nach Gorleben, S. 33.

21
Ebd.; Viertes Atomprogramm der Bundesrepublik Deutschland (1973–1976), in: Kabinettsprotokolle der Bundesregierung 1973, 42. Sitzung, 5. Dezember 1973, https://www.bundesarchiv.de/cocoon/barch/1000/k/k1973k/kap1_2/kap2_47/para3_5.html, Zugriff: 05.01.2023; Energiepolitische Debatte im Bundestag am 17. Januar 1974, in: Stenographische Berichte der Verhandlungen der Deutschen Bundestages, 7. Wahlperiode, 73. Sitzung, S. 4539ff.; Energiepolitische Debatte im Bundestag am 8. November 1974, in: Stenographische Berichte der Verhandlungen der Deutschen Bundestages, 7. Wahlperiode, 129. Sitzung, S. 8696ff.

22
Energiepolitische Debatte im Bundestag am 31. Januar 1975, in: Stenographische Berichte der Verhandlungen der Deutschen Bundestages, 7. Wahlperiode, 147. Sitzung, S. 10223; Seefried, Elke: Zukünfte – Aufstieg und Krise der Zukunftsforschung 1945–1980, Berlin: De Gruyter Oldenbourg 2015, S. 452ff.

23
Schmidt, Helmut: Die Energiekrise – Eine Herausforderung für die westliche Welt. Vortrag vor der Roosevelt University in Chicago am 13. 3. 1974, in: Bulletin des Presse- und Informationsamts der Bundesregierung, Bd. 35 (1974), S. 325–330; Soell, Hartmut: Helmut Schmidt – Macht und Verantwortung – 1969 bis heute, Stuttgart: Deutsche Verlagsanstalt 2008, S. 773–790.

24
Mannheimer Morgen, Als die BASF mit RWE einen Atomreaktor betreiben wollte – mitten im Werk Ludwigshafen, 2. Juni 2021; Pohl: Atomprotest, S. 48ff.

25
Lieb: Arbeit und Umwelt, S. 192f.

26
Radkau: Aufstieg und Krise, S. 446.

27
Schriftliche Antwort Dohnanyis auf die Frage des Abgeordneten Corterier (SPD) am 22. September 1972, in: Stenographische Berichte der Verhandlungen der Deutschen Bundestages, 6. Wahlperiode, 199. Sitzung, S. 11828.

28
Radkau: Aufstieg und Krise, S. 448.

29
Anfangs schien der Rechtsweg der deutlich vielversprechendere Ansatz zur Verhinderung von AKWs zu sein als Aktionen „zivilen Ungehorsams"; Gaumer: Wackersdorf, S. 40f.

30
Strohm, Holger: Friedlich in die Katastrophe. Eine Dokumentation über Atomkraftwerke, Hamburg Edition Nautilus 1973; FAZ, Kernkraftkritiker der ersten Stunde. Einer steht im Weg, 25. April 2011.

31
Zu den „oppositionellen" SPD-MdBs, die sich quer zur atomfreundlichen „Schmidt-Linie" stellten und von denen eine relativ große Zahl aus Baden-Württemberg stammte: Lieb: Arbeit und Umwelt, S. 192ff.

32
Mende, Silke, „Nicht rechts, nicht links, sondern vorn". Eine Geschichte der Gründungsgrünen, München: De Gruyter Oldenbourg 2011.

33
Pohl: Atomprotest, S. 82–93.

34
Ebd.; Engels, Jens Ivo: Naturpolitik in der Bundesrepublik, Paderborn: Ferdinand Schöningh 2006, S. 351.

35
Medial besonders wirkungsvoll war eine WDR-Dokumentation über die brutale erste Platzräumung; Gaumer: Wackersdorf, S. 42.

36
Die Debatte über den Konflikt in Wyhl am 14. März 1975, in: Stenografische Berichte der Verhandlungen des Deutschen Bundestages, 7. Wahlperiode, 156. Sitzung, S. 10885.

37
KGParl, Editionsprogramm Fraktionen Online, CDU/CSU-Bundestagsfraktion, 7. Wahlperiode, 3. November 1975, https://fraktionsprotokolle.de/cdu-csu-07_1975-03-11-t1507_WZ.xml?action=search&view=page&odd=fraktionsprotokolle.odd, Zugriff: 06.01.2023.

38
KGParl, Editionsprogramm Fraktionen Online, SPD-Bundestagsfraktion, 7. Wahlperiode, 10. März 1975, https://fraktionsprotokolle.de/spd-07_1975-03-18-t1515_WN.xml?action=search&view=page&odd=fraktionsprotokolle.odd#3.6.4.8.108.6.3.4, Zugriff: 06.01.2023.

39
Matthöfer: Interviews und Gespräche, S. 12.

40
Was auch für Schmidt das Hauptproblem war; Soell: Macht und Verantwortung, S. 780ff.; Tiggemann, Anselm: Die ‚Achillesferse' der Kernenergie in der Bundesrepublik Deutschland: zur Kernenergiekontroverse und Geschichte der nuklearen Entsorgung von den Anfängen bis Gorleben. 1955 bis 1985, Lauf an der Pegnitz: Europaforum–Verlag 2004.

Abbildungen

41
Abelshauser, Werner: Nach dem Wirtschaftswunder. Der Gewerkschafter, Politiker und Unternehmer Hans Matthöfer, Bonn: J.H.W. Dietz Nachfolger 2009, S. 332.

42
Schüring, Michael: Bekennen gegen den Atomstaat – Die evangelischen Kirchen der Bundesrepublik Deutschland und die Konflikte um die Atomenergie 1970–1990, Göttingen: Wallstein 2015, S. 224.

43
Abelshauser: Nach dem Wirtschaftswunder, S. 332ff., S. 344f.

44
Ebd., S. 333, sowie Matthöfer: Interviews und Gespräche.

45
Rucht, Dieter: Planung und Partizipation. Bürgerinitiativen als Reaktion und Herausforderung politisch-administrativer Planung, München: tuduv-Verlagsgesellschaft 1982, S. 261.

46
Eine Zwischenbilanz des Bürgerdialogs Kernenergie, in: Der SPIEGEL, Heft 35/1976, S. 23.

47
Hauff, Volker: Zwischenbilanz zum „Bürgerdialog Kernenergie", 28.10.1977, 1977; http://library.fes.de/spdpd/1977/771028.pdf, Zugriff: 18.01.2023; Altenburg: Kernenergie, S. 62; Lieb: Arbeit und Umwelt, S. 191f.

48
Plakat: „Kein KKW in Wyhl" (ca. 1975), https://www.mitwelt.org/temp/plakat-akw-wyhl-kernenergie-dialog_source.jpeg, Zugriff: 14.01.2023.

49
Flugblatt: „Matthöfers Dialog – ein Märchen für Fortgeschrittene", in: Hüfler, Wilfrid u.a. (Hg.): Hartmut Gründler – Ein Leben für die Wahrheit, ein Tod gegen die Lüge. Schriften, Dokumente, Würdigungen, Gundelfingen: G&M-Westmayer 1997, S. 41; Abelshauser: Nach dem Wirtschaftswunder, S. 344.

50
Antwort des Parlamentarischen Staatssekretärs Hauff zu mündlichen Fragen des Abg. Ueberhorst (SPD), in: Stenografische Berichte der Verhandlungen des Deutschen Bundestages, 8. Wahlperiode, 17. Sitzung, S. 977.

51
Meyer, Jan-Henrik: Das Forschungsprojekt „Bürgerdialog Kernenergie" (1974–1983), https://www.gorleben-archiv.de/ueber-uns/foerderungen/das-forschungsprojekt-buergerdialog-kernenergie-1974-1983/, Zugriff: 06.01.2023.

52
Was für den NS-Gegner und früheren Frontsoldaten Matthöfer eine ungeheure Anmaßung bedeutet haben dürfte.

53
Hädecke, Wolfgang: Der Skandal Gründler, Baiersbronn: Himmelheber-Stiftung 1979.

54
Schüring: Bekennen gegen den Atomstaat, S. 60; Flugblatt: „Selbstverbrennung eines Lebensschützers", in: Hüfler, Wilfrid u.a. (Hg.): Hartmut Gründler – Ein Leben für die Wahrheit, in Tod gegen die Lüge, S. 51f.; noch Ende August 1977 hatte Gründler im Rahmen des „Bürgerdialogs" ein BMFT-finanziertes Seminar organisiert und geleitet; Ebd., S. 78.

55
Deutscher Bundestag, „Zukünftige Kernenergie-Politik", BT-Drucksache 8/2682, 27. Juni 1980; Altenburg: Kernenergie; Radkau, Joachim / Hahn Lothar: Aufstieg und Fall der deutschen Atomwirtschaft, München: Oekom 2013, S. 346f.

56
Ebd., S. 194.

57
Altenburg: Kernenergie, S. 42.

58
Ebd., S. 209ff.

59
Karapin, Roger: Protest Politics in Germany. Movements on the Left and the Right since the 1960s, Pennsylvania: University Park 2007.

60
Pohl: Atomprotest, S. 259.

61
Uekötter: Atomare Demokratie, S. 227ff.

62
Deutscher Bundestag, 10. Wahlperiode, 215. Sitzung, 14. Mai 1986, S. 16522.

63
Wolfrum, Edgar: Rot-Grün an der Macht, München: C. H. Beck 2013; Schmiechen-Ackermann, Detlef: Der Gorleben-Trek als markantes Ereignis der niedersächsischen Landesgeschichte, in: Schmiechen-Ackermann, Detlef u.a. (Hg): Der Gorleben-Treck 1979 – Anti-Atom-Protest als soziale Bewegung und demokratischer Lernprozess, Göttingen: Wallstein 2020, S. 58–73, hier: S. 71.

01:
Matthöfer, Hans: Kernenergie, eine Bürgerinformation des Bundesministers für Forschung und Technologie, Bonn: Bundesminister für Forschung und Technologie, 1975.
WLB Stuttgart: 26C/581

02:
Strohm, Holger: Friedlich in die Katastrophe: eine Dokumentation über Kernkraftwerke, 4. Auflage, Göttingen: Verlag Association 1979
WLB Stuttgart: 27/11731

03:
Plakat: Lebhafte Beteiligung am Kernenergie-Dialog, um 1975.
Sammlung Axel Mayer

04:
Gründler, Hartmut: Ein Leben für das Überleben: überall ist Wyhl, Wyhl ist überall, hrsg. Im Auftrag des Beerdigungskomitees von Hans Schmid, Tübingen: Schwäbische Verlags-Gesellschaft 1978
WLB Stuttgart: 28C/80125

Carol Hager

Protest gegen – eine Schule Demokratie

Atomkraftwerke der

Mit den Anfängen in Breisach und Wyhl entwickelte sich der Kampf gegen Atomkraftwerke zu einem Kampf für sinnvolle Bürgerbeteiligung in der westdeutschen Gesellschaft. Viele, die an den Protesten teilnahmen, waren zuvor nicht politisch aktiv gewesen. Ihre Wandlung in aktive Bürger ist einer der wichtigsten, wenn auch weniger erforschten Aspekte des Widerstands gegen die Kernkraft in Deutschland. Durch die Mobilisierung gegen einen intransparenten Planungsprozess, die Entwicklung von Gegenexpertise, die Überbrückung sozialer Spaltungen und den Aufbau von Innovationsnetzwerken kann die Bewegung gegen die Wyhler Anlage mit Recht als eine „Schule der Demokratie" angesehen werden. Nicht jeder nachfolgende Anti-Atomkraftprotest erzeugte den positiven Geist der Ereignisse in Wyhl. Dennoch halfen die Erkenntnisse, die man in Wyhl gewonnen hatte, eine fortlaufende gesellschaftliche Diskussion über Energiefragen und wirtschaftliches Wachstum in Westdeutschland und später im vereinigten Deutschland zu fördern, und sie legten die Grundlage für eine basisorientierte Energiewende in den frühen 2000er Jahren.[1]

Verfilzte Planung

In den frühen 1970er Jahren erfuhren die Anwohner vom Plan der baden-württembergischen Landesregierung eines industriellen Ausbaus der Oberrheinregion zwischen der Schweizer Grenze und Mannheim. Die französische und die Schweizer Regierung hatten diese Gegend auch für Chemie- und Energieanlagen ausgewählt, allerdings nicht in Zusammenarbeit mit ihren deutschen Nachbarn. Wären die Pläne aller drei Länder durchgeführt worden, ständen auf der 145 km langen Strecke von Gösgen (Schweiz) bis Wyhl (Deutschland) nicht weniger als acht Atomkraftwerksanlagen mit einer Gesamtzahl von bis zu 17 Reaktoren. Die Zeitung „Die Welt" nannte dies „die gewaltigste Energieballung auf der Erde."[2] Die Bewohner begannen Widerstand gegen die Pläne zu mobilisieren.

Protestgruppen auf allen Seiten der Grenze formierten sich als „Bürgerinitiativen". Diese waren in Deutschland in den späten 1960er und frühen 1970er Jahren entstanden, meist als Selbsthilfegruppen, um kommunale Dienste wie Kinderbetreuung bereitzustellen. Im Laufe der 1970er Jahre wandten sie sich vermehrt dem Protest gegen große, staatlich finanzierte Industrieprojekte wie z.B. gegen Elektrizitätswerke zu. Der regionale Charakter des Protestes im Oberrheintal ermutigte die Bürger vor Ort, über die Grenzen ihrer Stadt oder ihres Dorfes hinaus zu blicken und die Sicherheit und die Vorteile der Kernenergie im Allgemeinen in Frage zu stellen. Sie gründeten 1974 das Internationale Komitee der Badisch-Elsässischen Bürgerinitiativen. Die neue Gruppe kritisierte die enge Beziehung zwischen der Landesregierung und dem Energieversorger Badenwerk. Spitzenpolitiker der Landesregierung, einschließlich des Wirtschaftsministers und des Ministerpräsidenten selbst, saßen im Aufsichtsrat des Energiebetriebs, dessen Bauantrag sie beurteilten.[3] Nach einem umstrittenen, aber erfolgreichen Volksentscheid über den Verkauf des Baulands begann der Energieversorger, den Wyhler Bauplatz zu roden. Mehrere hundert Demonstranten versuchten, das Grundstück zu besetzen, und bei ihrem zweiten Versuch gelang es ihnen, dort ein Lager zu errichten.

Der Energieprotest in der Gegend um Wyhl sowie in ganz Westdeutschland war eingebunden in eine größere Reihe von Bürgerbewegungen, die sich mit Lebensqualität und Kritik an der Wirtschaftswachstumsmentalität von Regierung und Industrie beschäftigten. Diese Bewegungen schlossen Frauenrechtler, Bürgerrechtler, Kriegsgegner, Studenten und Arbeitergruppen sowie die Friedensbewegung mit ein, die in den 1960er Jahren entstanden waren. Kritische Bürger begannen nicht nur die Inhalte von Planungsentscheidungen der Regierung, sondern auch die Legitimität der intransparenten Form der Entscheidungsfindung, unter der diese zustande kamen, in Frage zu stellen. Dieter Rucht erklärt, dass auch Bürgerinitiativen, die sich ursprünglich aus anderen Gründen gebildet hatten, nun begannen, gegen die Kernenergie zu mobilisieren:

01 – Bürger gegen Großprojekte (Januar 1975)

„Neben der Sorge um die menschliche Gesundheit, um die Sicherung gegebener Existenzbedingungen und den Schutz der Natur trat die Kritik an einer als undemokratisch empfundenen Planung, der ‚Schock' durch die verspätete Veröffentlichung von Projektvorhaben und die Angst vor gravierenden politischen Fehlentscheidungen."[4]

Kernenergie wurde zum Symbol für einen befangenen politischen Prozess, der die Großindustrie auf Kosten der einfachen Bürger begünstigte. Die Demonstranten prangerten die hinter den Kulissen stattfindende Zusammenarbeit zwischen Regierung und Industrie bei politischen Entscheidungen an. Es sei kein Wunder, meinten sie, dass solche Entscheidungen oft nicht mit allgemeinen Werten vereinbar waren. Die Demonstranten kritisierten auch die etablierten politischen Parteien, die es aus ihrer Sicht versäumt hatten, den bürokratischen Entscheidungsträgern neue Impulse aus der Bürgerschaft zu vermitteln. Stattdessen schien ihre Rolle hauptsächlich darin zu bestehen, die Entscheidungen von Ministerialbeamten und Vertretern der Industrie abzusegnen. Indem sie die Wachstumsmentalität der deutschen Regierung und ihre Absprache mit der Industrie in Frage stellten, entfachten die Atomkraftgegner eine nationale Debatte sowohl über die weiteren Ziele der Industriegesellschaft als auch über die Rolle des Bürgers beim Aufstellen solcher Ziele.

Gegenexpertise versus technokratische Planung

Verwaltungsgerichtsverfahren, bei denen das Schicksal der Wyhler Anlage und anderer Projekte endgültig zur Entscheidung anstanden, waren eine rein technische Angelegenheit. Sie hatten nicht das Ziel, frischen Wind in die allgemeine Richtung des bundesdeutschen Energieprogramms zu bringen oder sich mit der Wachstumsmentalität von Industrie und Regierung anzulegen. In den Verfahren ging es darum zu zeigen, dass die Anlage in der vorgeschlagenen Form nicht genehmigungsfähig war. Als Laien waren die Bürger innerhalb dieser Argumentationslinie deutlich im Nachteil. Auf dem besetzten Wyhler Grundstück beantworteten kritische Fachleute, die sich des Falls angenommen hatten, Fragen der Bewohner und machten sie mit der Terminologie der Debatte vertraut. Trotzdem hinterließ die Missachtung, mit der die Behörden ihre Argumente behandelten, einen tiefen Eindruck bei vielen Teilnehmern. 27 wissenschaftlich ausgebildete Personen, die am Wyhler Widerstand teilgenommen hatten, entschlossen sich, dem etwas entgegenzusetzen, indem sie im November 1977 das Institut für angewandte Ökologie (Öko-Institut) in Freiburg gründeten. Ihre Gründungserklärung bezog sich direkt auf die Erfahrungen in Wyhl. Die Gerichte hatten ihnen einen Einstieg ermöglicht, aber der Genehmigungsprozess der Verwaltung war ebenfalls problematisch:

> „In Gerichtsverfahren und Anhörungen trifft der kritische Bürger auf eine Phalanx der Experten, die Verwaltung und Industrie beraten [...] Nur wenige Wissenschaftler sind bislang bereit, Bürger zu unterstützen. Langfristig wird es Bürgerinitiativen aber nur gelingen, ihre Forderungen in Planungen und vor Gerichten durchzusetzen, wenn sie selbst die nötige wissenschaftliche Begründung liefern."[5]

Eine wichtige Lektion, die man in Wyhl gelernt hatte, war die Tatsache, dass juristische und technische Gutachten in diesen Konflikten wesentlich sind. Die Anti-Atomkraft-Bewegung hatte erkannt, dass die vorherrschende wissenschaftliche Meinung sich auf die Seite der Versorgungsbetriebe schlug und dass Wissenschaftler der Hauptrichtung stark abhängig von der Industrie waren, deren Pläne sie zu begutachten hatten. Von Anfang an bestand ein Teil der Aufgaben des Instituts darin, das, was die Gründer „Gegenexpertise" nannten, weiterzuentwickeln. Sie widmeten sich explizit der Neubewertung wissenschaftlicher Belege und Beurteilungen, die umfassend als Wahrheiten dargestellt worden waren. Somit verschafften sie den kritischen Wissenschaftlern eine Stimme, die das Institut zunächst meist auf ehrenamtlicher Basis berieten. Es hatte für Experten, die die Begeisterung der Regierungs- und Industrieeliten für nukleare oder fossile Energien nicht teilten, keinen wirklichen Platz an Universitäten oder etablierten Forschungseinrichtungen gegeben; ihre Beiträge wurden meist als linksradikal abgewiesen. Das frühere Vorstandsmitglied des Öko-Instituts Rainer Grießhammer sagt, dass am Anfang Informationen in anonymen Umschlägen unter der Tür durchgeschoben worden seien, weil die Leute sich fürchteten, sie offen zu unterstützen.[6]

Anfänglich hatten die Gegner der Atomkraftwerke Erfolge an den Verwaltungsgerichtshöfen zu verzeichnen. Ihre technischen Standpunkte wurden gelegentlich bestätigt. Im Fall von Wyhl widersprach das Verwaltungsgericht Freiburg der Baugenehmigung, im Wesentlichen wegen Sicherheitsgesichtspunkten beim Aufbau einer Gefahrenabwehr für den Explosionsfall. Die Herausforderung der Atomkraftgegner, politisch Einfluss zu nehmen, war jedoch nicht rein technischer Art. Die Bürgerinitiativen versuchten im Allgemeinen zu argumentieren, dass diese Entscheidungen grundlegend politisch und nicht technisch seien, und sie sollten somit von der ganzen Gesellschaft getroffen werden. Zusätzlich zu den sich anhäufenden Gegengutachten wollte das Öko-Institut neue Ideen für die Zukunft der Energie in Westdeutschland in die politische Diskussion einbringen, um eine umfassendere Debatte über die wirtschaftliche und energiepolitische Zukunft des Landes anzustoßen. Die Autoren brachen ebenso mit Konventionen und anstatt von einem ständig wachsenden Energiebedarf auszugehen, schlugen sie einen gleichbleibenden Bedarf als ein bevorzugtes und technisch machbares Szenario vor. Die Bundesregierung lernte diesen Gesichtspunkt kennen, als Öko-Institutssprecher Günter Altner in eine parlamentarische Enquete-Kommission „Zukünftige

02 – „Frendschaft's Hüs" auf dem besetzten Bauplatz in Wyhl (um 1975)

Kernenergiepolitik" berufen wurde. Ihr Bericht aus dem Jahr 1983 gab die Studie des Öko-Instituts als eines der möglichen Szenarien für die Entwicklung der Energieversorgung und des Energieverbrauchs wieder.[7] Die Einbeziehung von technischen Experten, denen man in der breiten Öko-Szene vertraute, trug auch dazu bei, die alternative Presse, deren Vorreiter die „taz" war, zu stärken.[8]

Überbrückung sozialer Spaltungen

Die Demonstranten besetzten den Wyhler Bauplatz fast ein Jahr lang. Der Widerstand stand auf einer breiten Basis. Die vielen Aktivitäten auf dem Platz verschafften Leuten, die normalerweise wenig Kontakt miteinander gehabt hätten, die Möglichkeit, sich untereinander zu vernetzen. Frauen aus den umliegenden Dörfern, von denen einige nie zuvor politisch aktiv gewesen waren, übernahmen Führungsrollen und versorgten jene, die dort lagerten. Die örtlichen Geistlichen, besonders der evangelische Pfarrer Günter Richter, ermutigten ihre Gemeindemitglieder, das Grundstück zu besuchen, und halfen bei Verhandlungen mit der Polizei und den Staatsbeamten, damit der Widerstand friedlich blieb. Die frühen Anführer auf dem Platz waren hauptsächlich Chemiestudenten der Freiburger Universität. Sie schlossen sich mehreren aktiven und emeritierten naturwissenschaftlichen Professoren an, die in Frage stellten, dass der Einsatz von Kernenergie zur Erzeugung von Strom angemessen sei.[9] Es gab eine verbreitete Haltung unter den Demonstranten, dass es nicht ausreiche, gegen Kernenergie zu sein; sie wollten sowohl ihre Einwände begründen als auch überzeugende Alternativen anbieten. Das erforderte auch eine Methode, um die Leute auf dem Platz zu halten, damit sie die Behörden davon abbringen konnten, ihn wieder einzunehmen. Beide Ziele wurden durch die Gründung der „Volkshochschule Wyhler Wald" im März 1975 in einem improvisierten „Freundschaftshaus" auf dem Bauplatz erreicht. Die Idee einer Volkshochschule wurde von der früheren Platzbesetzung in Marckolsheim in Frankreich übernommen.

Zusätzlich zu der eher technischen Diskussion organisierte die Volkshochschule auch

Darbietungen über lokale Bräuche, das Handwerk, die Pflanzen- und Tierwelt und sogar über Reisen. Während die baden-württembergische Landesregierung die Demonstranten als Linksradikale denunzierte, wurde die Bewegung in Wirklichkeit von technischen Fachleuten unterstützt und war eingebunden in die traditionelle Kultur der Region. Linksorientierte Studenten standen Seite an Seite mit konservativen ortsansässigen Winzern und Bauern. Die Volkshochschule war ein Weg, um der Bewegung ihre breite Basis zu erhalten. Ihr Programm, das zunächst fast jeden Tag stattfand, wurde von einer lebendigen Menge auf dem Platz während der Abendstunden verfolgt. Die Volkshochschule war auch eine Möglichkeit, um zu informieren und die Kernkraftgegner in einer Zeit, in der nahezu kein kritischer Dialog weder mit der Regierung noch mit der Industrie stattfand, mit Wissen und Widerstandskraft auszustatten. Nach dem Ende der Platzbesetzung setzte die Volkshochschule ihre Arbeit acht Jahre lang mit informativen Veranstaltungen fort, bei denen sie Wissenschaftler mit ansässigen Bauern zusammenbrachte und diese Veranstaltungen auch in den umliegenden Gemeinden anbot.[10]

Netzwerkarbeit für eine basisorientierte Energiewende

Der ehemalige Wyhl-Aktivist Georg Löser sagt: „Jede wegweisende Aktivität hier geht auf Wyhl zurück."[11] Einige der Teilnehmer an der Besetzung in Wyhl experimentierten auf dem Platz mit selbstgebauten Sonnenkollektoren und anderen alternativen Technologien. Zusammen mit Mitgliedern der kurz zuvor gegründeten Umweltorganisation BUND (Bund für Umwelt- und Naturschutz Deutschland) gelang es einigen Aktivisten der badisch-elsässischen Gruppe, in Sasbach bei Wyhl im Sommer 1976 etwas auf die Beine zu stellen, das vielleicht eine der ersten Ausstellungen der Welt für Solarenergietechnik war. Für heutige Verhältnisse waren die Sasbacher Sonnentage sehr klein, mit nur zwölf Ausstellern. Aber die Verbindung von technischer Ausstellung und Volksfest zog mehr als 12.000 Besucher an.[12] Viele, die ihre Abneigung gegen die geplante Anlage in Wyhl äußern wollten, tauchten in Sasbach auf. Am wichtigsten war jedoch, dass die Sonnentage ein Schaufenster für die örtlichen Innovationen waren.

Es war kein Zufall, dass die erneuerbaren Energien klein anfingen und unter ökologiebewussten Bürgern überall in Deutschland Anklang fanden. Rüdiger Mautz erklärt, dass Ökologie- und alternative Bewegungen auf einer dezentralen, umweltfreundlichen Industrie und auf einer teilhabenden Entscheidungsfindung bestanden, was für sie zusammengehörte.[13] Nachhaltige Herstellung, die erneuerbare Ressourcen benutzt, war schon immer ein Schwerpunkt der Bewegungen; kleine Solaranlagen passten gut zu der neuen Umwelt-Denkweise, und Experimente mit erneuerbaren Energien wurden ein Teil der allgemeinen Versuche der Bewegung, das umzusetzen, was sie vor Ort verkündeten. Auf diese Weise wurden basisorientierte Gruppen zum Dreh- und Angelpunkt zur Einführung alternativer Technologien in die Gesellschaft, bevor es dafür eine Basis in der Bundespolitik gab.

Der Widerstand gegen Kernenergie regte ebenfalls neue Formen politischen Engagements an. Zusätzlich zu den Bürgerinitiativen war der BUND eine neue Organisationsform, die politische Mobilisierung mit Naturschutz verband. Der basisorientierte Aktivismus rund um Energieprojekte trug auch zur Gründung von grünen und alternativen Wahllisten überall in Deutschland bei und führte allmählich zum Aufstieg der Grünen auf Bundesebene im Jahr 1980. Die ursprünglichen Mitglieder verstanden die Grünen nicht als eine klassische politische Partei, sondern als den parlamentarischen Arm der Bürgerinitiativbewegung.[14] Nach ihrem Einzug in den Bundestag zögerten die Grünen nicht, die Sorgen und Befindlichkeiten der Bürgerinitiativen in Bezug auf die Energieversorgung und die Bürgerbeteiligung auf Bundesebene zur Diskussion zu bringen. Auf diese Weise erzwangen sie eine nationale Debatte über die Ziele der Energieerzeugung und die Entwicklungsrichtung der deutschen Gesellschaft.

SONNENTAGE
am Kaiserstuhl
in Sasbach

27 Do Himmelfahrt
28 Fr
29 Sa Mai
30 So

Ort: bei der Obsthalle   Zeit: ganztägig

DIE SONNE ALS ENERGIEQUELLE
Vorführung erprobter Systeme von internationalen Firmen

Ausstellung von Sonnenkollektoren für Hausdächer, Fassaden und Schwimmbäder; Zubehörmaterialien und Isolierstoffe für Wärme- und Kältedämmung; Informationsmaterial
täglich Führungen 10 - 18 Uhr

RAHMENPROGRAMM FÜR DIE GANZE FAMILIE:

Flohmarkt Do. 27. Mai, So. 30. Mai 1976 jeweils ab 14 Uhr

Alemannisches Sänger- u. Dichtertreffen Do. 27. Mai ab 17 Uhr (mit A. Weckmann, R. Siffer, der Gruppe "Geranium" u.a.)

Podiumsgespräch über die wirtschaftliche Nutzung der Sonnenenergie Sa. 29. Mai 20 Uhr Gasthaus z. Limburg/Sasbach

Aufführung des Babbedeckel Theaters aus Straßburg So. 30. Mai, 16 Uhr volkstümliches Stück in alemannischer Mundart

Spiele für Kinder Do. 27. und So. 30. Mai Ponyreiten, Tauziehen, Wurfspiele

Führungen in die Umgebung So. 30. Mai ab 10 Uhr (historisch, naturkundlich und geologisch)

GEMEINSCHAFTSVERANSTALTUNG

Bewirtung mit einheimischen Erzeugnissen Do., Sa. und So.

Gesellschaft für Umweltpädagogik und Umweltforschung Baden-Württemberg e.V.

Aktion Umweltschutz Freiburg e.V.

Regionalverband Bürgerinitiativen Umweltschutz Südl. Oberrhein e.V.

Die Signalwirkung von Wyhl und ihre Grenzen

Das Szenario von Wyhl ähnelte dem anderer Atomindustriestandorte. Regierung und Versorgungsbetriebe neigten dazu, ländliche, konservative Gegenden auszuwählen, wo sie vermuteten, dass die einheimische Bevölkerung wahrscheinlich wenige Einwände haben werde. Die Konflikte waren in anderen Orten nicht so friedlich wie in Wyhl, insbesondere nicht in Wackersdorf. In einer Hinsicht sind Wyhl und Wackersdorf zwei Seiten einer Medaille – die Ära des Widerstands gegen Kernenergie begann in Wyhl und sie erreichte ihren Höhepunkt in Wackersdorf. Wyhl bestimmte den Anfang des beabsichtigten Kernkraftausbaus in Westdeutschland. Die Niederlage der Wiederaufarbeitungsanlage in Wackersdorf kennzeichnete das Ende des Versuchs der westdeutschen Regierung, eine dauerhafte heimische Atomindustrie aufzubauen.

Der Widerstand in Wyhl zog hauptsächlich regionale Teilnehmer an und dauerte relativ kurz. Wackersdorf zog Demonstranten aus allen Teilen der Bundesrepublik an und dauerte fast ein Jahrzehnt. Die Taktiken der Platzbesetzung und des gewaltfreien Widerstands, die Wyhl geholfen hatten, eine „Schule der Demokratie" zu werden, waren an den nachfolgenden Standorten schwieriger zu erreichen. Die Gewalt bei Zwischenfällen zwischen der Polizei und Demonstranten in Brokdorf, Grohnde, Gorleben, Kalkar und Wackersdorf beeinträchtigte die Rechtfertigung der Anti-Atomkraft-Bewegung in den Augen einiger. Pfingsten 1986, kurz nach dem Reaktorunglück in Tschernobyl, überfiel die Polizei eine Gruppe von Demonstranten außerhalb des eingezäunten Wackersdorfer Bauplatzes. Die Aktion wurde schnell gewalttätig; Bürger blockierten die Straßen, um zu verhindern, dass die Polizei die Demonstranten abtransportierte; die Polizei warf Tränengasgranaten aus Hubschraubern und schickte Tausende von Uniformierten in Kampfausrüstung auf die Zivilisten los. Von bis zu 50.000 Demonstrierenden wurden 400 verletzt und schreckliche, bürgerkriegsähnliche Gewaltszenen verbreiteten sich über das Fernsehen im In- und Ausland.[15]

Einige der Lektionen für die Demokratie waren in Wackersdorf dieselben wie in Wyhl.

Der Widerstand in Wackersdorf wurde auch als Kampf der einheimischen Bürger um demokratische Selbstbestimmung gegen einen verfilzten staatlich-industriellen Komplex geführt. Hier planten die bayerische Landesregierung und die Deutsche Gesellschaft für Wiederaufarbeitung von Kernbrennstoffen (DWK) eine Wiederaufarbeitungsanlage (WAA) in einer wirtschaftlich schwachen Braunkohlegegend nahe der tschechischen Grenze. Landrat Hans Schuierer war anfänglich ein Unterstützer der WAA, von der er hoffte, dass sie neue qualifizierte Arbeitsplätze in den Bezirk bringen würde. Seine Unterstützung verwandelte sich jedoch in Opposition durch Sicherheitsrisiken, von denen er behauptete, der Staat habe versucht, sie vor den örtlichen Behörden zu verheimlichen. Seine Weigerung, der Baugenehmigung zuzustimmen, machte ihn zur persönlichen Zielscheibe des legendären Ministerpräsidenten Franz Josef Strauß, der eine Kampagne der Schikane gegen Schuierer veranstaltete, indem er verschiedene Disziplinarmaßnahmen gegen ihn veranlasste und sogar so weit ging, die bayerische Verfassung zu ändern, um dem Land zu erlauben, einen Landrat in seiner Macht einzuschränken („Lex Schuierer"). Schuierer sagt, die Erfahrung hätte ihm gezeigt, über welche unglaubliche Position eines Machtmonopols die Energieindustrie verfügte, dass sie sich „mit den politisch Verantwortlichen in der Bundesregierung und in der Landesregierung zusammen geschlossen haben, um hier eigentlich einen ganzen Landstrich zu verändern."[16]

Der Fall Wackersdorf zeigt auch, wie fortgeschritten die Entwicklung der Gegenexpertise der Bürger geworden war. In Wackersdorf brachten die Gegner der Anlage im Verlauf des Konflikts 881.000 Einsprüche bei Gericht ein und gewannen zweimal in Verfahren, die Teile der Baugenehmigungen für nichtig erklärten. Trotzdem war es schließlich die Aussicht auf ununterbrochene Mobilisierung der Bürger, die dazu führte, dass das Projekt scheiterte. Am Ende gaben die Betreiber zu, dass es „unmöglich sei, eine solche Sache durchzuziehen bei so großem und unendlichem Protest aus der Bevölkerung."[17] Die Geschichte fand schließlich im Mai 1989 ihr Ende, als die westdeutsche und die französische Regierung ein Abkommen über eine gemeinsame Wiederaufarbeitungs-

04 – Plakat: „20 Jahre Widerstand gegen technologischen Wahnsinn" (um 1994)

anlage im französischen La Hague unterzeichneten. Das Wackersdorfer Projekt wurde aufgegeben, nachdem viele Baumaßnahmen bereits ausgeführt worden waren.

Bei allen Ähnlichkeiten fehlte es diesem Fall und einigen anderen an dem Brückenschlag über soziale Spaltungen hinweg, was die Platzbesetzung in Wyhl zu einer solidaritätsbildenden Aufgabe gemacht hatte. Die WAA-Kontroverse spaltete Städte und Dörfer und sogar Familien jahrelang und hinterließ bleibende Risse im örtlichen sozialen Geflecht. Trotz aller Bitterkeit stimmen einige Beteiligte darin überein, dass deutsche Bürger durch den Anti-Atom-Protest wachsamer und aktiver in basisorientierter Politik geworden sind. Ein bleibendes Misstrauen gegen Behörden und der Wille, persönliche Verantwortung für Ergebnisse zu übernehmen, mögen sich als schlecht für traditionelle politische Organisationen wie politische Parteien erweisen, sie können aber gut für die Demokratie von unten sein. Der Widerstand gegen die Kernenergie als Speerspitze der Bürgerinitiativbewegung öffnete die Türen für neue Stimmen auf lokaler wie auch auf höherer Ebene der politisch handelnden Institutionen. Sie führten eine gewichtige, öffentliche Debatte über wirtschaftliches Wachstum und Energiepolitik in den Bundestag ein; und im gewissen Grad überwanden sie technokratisches Denken und förderten dezentrale, bürgerfreundliche Energielösungen.

Anmerkungen

1
Die Autorin dankt Regina Pruner-Fischer für die Mithilfe bei der Übersetzung sowie Frank Baum, Kurt Schmidt, und Erhard Schulz für die Fotos aus dem Wyhl-Protest.

2
Da geht es blind durcheinander, in: Der Spiegel (1975), Nr. 40, S. 102.

3
Hager, Carol: From NIMBY to Networks: Protest and Innovation in German Energy Politics, in: Hager, Carol u.a. (Hg.): NIMBY is Beautiful: Cases of Local Activism and Environmental Innovation Around the World, New York: Berghahn 2015, S. 33–59, hier: S. 37.

4
Rucht, Dieter: Von Wyhl nach Gorleben: Bürger gegen Atomprogramm und nukleare Entsorgung. München: C. H. Beck 1980, S. 86.

5
Öko-Institut: Erklärung zur Gründung des Instituts, Wiedenfelsen: Öko-Institut e.V. 05.11.1977.

6
Öko-Institut Freiburg, Interview mit Rainer Grießhammer, 03.06.2013.

7
Roose, Jochen: Made by Öko-Institut: Wissenschaft in einer bewegten Umwelt. Freiburg: Öko-Institut e.V. 2002, S. 19.

8
Was uns Prominente wünschen, in: Öko-Institut e.V. (Hg.): eco@work, Bd. 2 (2007), S. 6–19, hier: S. 6.

9
Innovation Academy Freiburg Interview mit Erhard Schulz, 09.11.2012.

10
Freiburger Institut für Umweltchemie e.V.: Interview mit Hans-Dieter Stürmer, 15.11.2012.

11
ECOtrinova e.V. Interview mit Georg Löser, 06.06.2013.

12
Mayer, Axel: Sasbach Sonnentage: Sonnenenergie, Windkraft und Energiesparen – bundesweit erste Ausstellung am Kaiserstuhl, 2009: http://vorort.bund.net/suedlicher-oberrhein/print.php?id=240, Zugriff: 28.11.2022.

13
Mautz, Rüdiger: The Expansion of Renewable Energies in Germany between Niche Dynamics and System Integration – Opportunities and Restraints, in: Science, Technology And Innovation Studies, Bd. 3 (2007), Heft 2, S. 113–131, hier: S. 115.

14
Kleinert, Hubert: Aufstieg und Fall der Grünen: Analyse einer alternativen Partei, Bonn: Dietz 1992.

15
Stocker-Gietl, Isolde: Die Pfingstschlacht von Wackersdorf, in: Mittelbayerische Zeitung 17.05.2016, https://www.mittelbayerische.de/region/schwandorf/gemeinden/wackersdorf/die-pfingstschlacht-von-wackersdorf-21492-art1065615.html, Zugriff: 28.11.2022.

16
Schwandorfer Landrat, Interview mit Hans Schuierer, 25.03.1996.

17
Schwandorfer Stadtrat und Landtag, Interview mit Irene-Maria Sturm, 25.03.1996.

Abbildungen

01:
Bürger gegen Großprojekte, Januar 1975
Foto: Meinrad Schwörer,
Rechte: Badisch-Elsässische Bürgerinitiativen

02:
Frendschaft's Hüs auf dem besetzten
Bauplatz in Wyhl
Foto: Meinrad Schwörer,
Rechte: Badisch-Elsässische Bürgerinitiativen

03:
Sasbach Sonnentage 1976 Programm.
Badisch-Elsässische Bürgerinitiativen.

04:
Plakat: 20 Jahre Widerstand gegen technologischen Wahnsinn. Eile ist oft der Anfang vom Ende: Wyhl grüßt Wackersdorf, um 1994/95
WLB Stuttgart / BfZ: PSLD8/18015

Christoph Becker-Schaum

Bürgerinitiativen und die Geburt der Grünen

„Von den Bürgerinitiativen zu den Grünen", lauten die Titel einschlägiger Aufsätze, die das Narrativ von der Entstehung der Umweltpartei „Die Grünen" aus der Umweltbewegung verbreiten.[1] Der Artikel „Bürgerinitiativen" im „Handwörterbuch des politischen Systems"[2] benennt die Entwicklungsschritte der Institutionalisierung der Umweltbewegung, ausgehend von der Gründung einzelner Bürgerinitiativen über die Bildung von Verbandsstrukturen bis zur Parteigründung der Grünen. Bei dem Narrativ „Von-den-Bürgerinitiativen-zu-den-Grünen" handelt es sich nicht um ein singuläres Ereignis, sondern um die Interpretation einer Serie von Ereignissen, um eine Erzählung, die eine Vielzahl von Ereignissen in den 1970er Jahren deutet. Diese enge Finalität ist von führenden Bewegungsforschern durchaus kritisch gesehen worden.[3] Aus der Sicht der Parteien handelt es sich bei dem, was da so harmlos als Institutionalisierung von Bürgerinitiativen daherkommt, um einen Bruch mit den eingebürgerten Konventionen der Politik. Die Parteigründung der Grünen geschieht quer zu den im Parteiensystem vorgezeichneten Bahnen. Die politischen Grundsätze der Parteien der früheren Bundesrepublik sind ausnahmslos Ausformungen der Großideologien des 19. Jahrhunderts gewesen: Konservativismus, Nationalismus, Liberalismus und Sozialismus, wobei sich die anfänglichen Differenzen nach und nach abgeschliffen haben. Aus „Massenintegrationsparteien" wurden „Volksparteien", schließlich „Catch-all-Parteien",[4] alles Begriffe aus der Wissenschaftssprache und insofern wertneutrale Begriffe. Dagegen betont die Bezeichnung „Bürgerinitiative" einen gänzlich anderen Ursprungscharakter. Vor allem ist der Begriff rundum positiv: Bürger engagieren sich für ihr Gemeinwesen. Er steht im Bann der Worte Willy Brandts: „Wir wollen mehr Demokratie wagen."[5]

„Bürgerinitiative" meint, dass sich Bürgerinnen und Bürger zusammenschließen, um ihre Forderungen in eigener Person, direkt an den Staat und die Verwaltung richten, ohne auf die Vermittlung durch Parteien und Interessenverbände zu setzen und abzuwarten, ob diese aktiv werden und etwas erreichen können.

01 – Heinz Grossmann (Hg.):
„Bürgerinitiativen. Schritte zur Veränderung?" (1971)

Das Neue der Bürgerinitiativen kommt in dem Begriffspaar „Repräsentative Demokratie" und „Basisdemokratie" zum Ausdruck. Der Schlüsselbegriff der Bürgerinitiativen ist „Basisdemokratie". Bei diesem Wort hört das positive Verständnis allerdings für viele bereits auf. Wenn Demokratie in der Bundesrepublik vor allem repräsentative Demokratie ist, ist Basisdemokratie dann vielleicht doch Willkür? Bürgerinitiativen verstehen sich als Selbstorganisationen der Bürgerinnen und Bürger in der Manier einer Demokratiebewegung, die die Initiative nicht an die Parteien aushändigen wollen.

Die Hochphase der Gründung von Bürgerinitiativen waren die Jahre der ersten sozialliberalen Koalition, 1969 bis 1972, wobei die drei Jahrzehnte vor der Wiedervereinigung insgesamt die hohe Zeit der Bürgerinitiativen waren. Auslöser für die Gründung von Bürgerinitiativen wurden alle Themen, die mit dem Leben in der Gesellschaft zusammenhingen und für Diskussionsstoff sorgten. Es ging immer um „heiße Eisen". Dafür ist das von Heinz Grossmann herausgegebene Fischer-Taschenbuch „Bürgerinitiativen. Schritte zur Veränderung?" ein Beispiel.[6]

WÄHLERGEMEINSCHAFT UNABHÄNGIGER BÜRGER

Ohne WUB im Rathaus säh' es dort gar fad aus

Wir sind eine Zehlendorfer Spezialität. Uns wählen unabhängige Bürger. Wir haben die Ideen, die die anderen übernehmen (später). Wir sind keine Partei. Wir erhalten keine Parteifinanzierungsgelder.

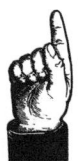

Für Stadtbilderhaltung, gegen Spekulanten: Die WUB stoppte den 42-Mio.-Tunnel im Ortskern Zehlendorf, die Abrißwelle, gab Anstoß für die Kommission gegen Verunstaltung.

Für gesunde Umwelt: Die WUB beantragte z. B. salzhaltige statt formaldehydhaltige Holzschutzmittel und Asbest-Verbot beim Bau öffentlicher Gebäude; CDU und SPD lehnten ab.

Für den Schutz der Natur: Die WUB kämpfte mit der BI Wannsee u. a. erfolgreich gegen einen Campingplatz im Jagen 65 in Wannsee und gegen Stahlwände am Pohleseeufer, für das Feuchtgebiet Bäkewiese.

Zehn Jahre aktive WUB-Arbeit im Rathaus Zehlendorf: Wir haben seit 1975 237 Anträge in der BVV gestellt. 54 lehnten die Parteien ab, 85 wurden nicht abschließend behandelt, 98 mal stimmten sie zu.

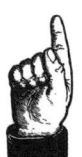

Gegen Korruption und Filz: Die WUB beantragte zwei Jahre vor der Flick-Affaire, daß alle Bezirksverordneten ihre beruflichen Bindungen und Grundbesitz in Zehlendorf offenlegen. CDU und SPD weigern sich.

Mehr Informationen in der Bilanz-Broschüre „Erfolge und Niederlagen der unabhängigen Bürger im Rathaus Zehlendorf 1975-1985". Erhältlich bei Dr. Annedore Müller-Hofstede, Bogenstraße 10, 1000 Berlin 37.

In den hier versammelten neun Beiträgen kommen ca. 30 lokale Bürgerinitiativen zu Wort bzw. werden vorgestellt. Die Beiträge betreffen Initiativen „für repressionsfreie Erziehung" und für die „Veränderung der Schule". Sie untersuchen die Wohnsituation von Kindern und Eltern im Märkischen Viertel in Berlin und die Möglichkeiten von Mieterinitiativen sowie die Frage, ob Hausbesetzungen Bürgerinitiativen sind. Präsentiert werden daneben die „Kölner Bürgerinitiative Obdachlosigkeit", das „Aktionskomitee Kind im Krankenhaus" und die Kampagne der Frankfurter „Frauenaktion 70" gegen den § 218.[7] Damit fokussiert das Buch auf empfindliche Schnittstellen zwischen sozialen Bedürfnissen auf der einen Seite und dem Gemeinwesen auf der anderen. Die hier behandelten Fragen können nicht leicht als abstrakte Politik beiseitegeschoben werden. Es sind Fragen, die jeden angehen, von denen jede und jeder betroffen ist. Sie weisen keine Perspektive in Richtung auf eine parteipolitische Organisierung oder auf Wahlen, auch nicht der einordnende Beitrag von Claus Offe. Das Nachwort des Herausgebers lautet denn auch: „Bürgerinitiativen sind Initiativen der Basis". Hierin manifestiert sich die verbreitete Überzeugung, dass sich Bürgerinitiativen nicht vor einen parteipolitischen Karren spannen lassen dürfen, da sie sonst ihre Glaubwürdigkeit verlieren und das umso eher, als sie sich mit ihren Forderungen auch an Parteien wenden. Das Rollenschema ist eindeutig und darf nicht verletzt werden. Aus diesen Bürgerinitiativen werden keine Parteien. Während der gesamten 1970er Jahre, kann man konstatieren, gibt es innerhalb der Bürgerinitiativbewegung einen prinzipiellen Vorbehalt gegen die Gründung einer Partei. Das zeigen auch die wenigen Beispiele, in denen sich westdeutsche Bürgerinitiativen auf Gemeindeebene zur Wahl stellten.

„Für eine ‚Grüne Stadt am Meer'" lautet die Titelzeile des Berichts der Wochenzeitung „Die Zeit" über die Nachwahl zur Stadtverordnetenversammlung am 22. Oktober 1972 in Wilhelmshaven. In Wilhelmshaven hatten Umweltschützer zusammen mit abtrünnigen Stadtverordneten von SPD und CDU eine überparteiliche Liste, „Die Bürgerschaft", gegründet, die gegen die städtische Politik des Hafenausbaus und der Industrieansiedlung am Rand des Wattenmeers stritt.[8] Konkret ging es vor allem um den Bau einer Aluminiumfabrik im Wattenmeer. Am Wahlabend hatte „Die Bürgerschaft" 9 % der Stimmen und vier Sitze in der Stadtverordnetenversammlung gewonnen. Sie konnte ihr Ergebnis bei den folgenden Wahlen noch ausbauen. 1976 gewann sie wieder vier Mandate und 1981 sechs.[9] Für die weitere Entwicklung war ausschlaggebend, dass sich „Die Bürgerschaft" 1977 an der Gründung der Umweltschutzpartei (USP) beteiligte und schließlich Teil des niedersächsischen Landesverbands der Grünen wurde. Diesen Schritt von einer überparteilichen Wählerinitiative zu den Grünen haben aber nicht alle Mitglieder der „Bürgerschaft" mitgemacht.

Mitte der 1970er Jahre gab es in Berlin eine lange Auseinandersetzung zwischen einer Zehlendorfer Bürgerinitiative und dem Senat, aus der 1974 die Gründung der „Wählergemeinschaft Unabhängiger Bürger" (WUB) hervorging.

Ausgangspunkt war die Bürgerinitiative „Erhaltung Ortskern Zehlendorf", deren primäres Ziel es war, eine Untertunnelung des historischen Ortskerns mit Dorfkirche, Dorfanger und Rathaus für den Ausbau der Bundesstraße 1 zu verhindern. Gegen diese Planung gab es einen Alternativentwurf, der im Stadtteil lebhaft diskutiert wurde, gleichzeitig wurde die mangelhafte Bürgerbeteiligung kritisiert, es wurden Unterschriften gesammelt, schließlich hatten sich 10 % der Zehlendorfer für die Alternativplanung ausgesprochen. Als die mit absoluter

02 – Plakat der „Wählergemeinschaft Unabhängiger Bürger" (um 1985)

Mehrheit regierende SPD das alles ignorierte, beschloss die Bürgerinitiative, parteiunabhängige Bewerber für die 1975 anstehenden Wahlen aufzustellen. Letzteres wurde ihr allerdings unter Berufung auf das Parteienprivileg bei der Wahl zum Abgeordnetenhaus verwehrt. Erst nachdem das Wahlprüfungsgericht die Wahl in zwei Zehlendorfer Wahlkreisen für ungültig erklärt hatte, kam es im Januar 1976 zu Neuwahlen, bei denen die Kandidaten der WUB 13,8 und 14,4 % der Stimmen, sechs Mandate in der Bezirksversammlung und einen Stadtratsposten im Bezirksamt erhielten, ein Ergebnis, das die WUB bei den folgenden Bezirkswahlen am 18. März 1979 auch in dieser Höhe wiederholen konnte.

Das dritte Beispiel ist den hessischen Kommunalwahlen vom 20. März 1977 entnommen, bei denen die Darmstädter freie Wählergemeinschaft „Bürger gegen die Osttangente" kandidierte. Die Osttangente sollte als vierspurige Straße quer durch das Martinsviertel führen und damit unmittelbar am historischen Stadtkern von Darmstadt vorbeiführen. Bei der Wählergemeinschaft handelte es sich nicht um eine einzelne Verkehrs-Bürgerinitiative, sondern um einen „ganzen Strauß von Bürgerinitiativen", die nach Ansicht der Frankfurter Rundschau „kaum unter einen Hut zu bringen"[10] waren. Sie steht, mit anderen Worten, für die Vielfalt der urbanen Alternativkultur. Die Wählergemeinschaft „Bürger gegen die Osttangente" konnte fünf Sitze in der Darmstädter Stadtverordnetenversammlung gewinnen und war damit eine der erfolgreichsten Bürgerinitiativen der 1970er Jahre. Aus ihr gingen die Darmstädter Grünen hervor, und wie im Wilhelmshavener Beispiel mochte ein Teil der Darmstädter diesen Schritt nicht mitgehen.

Insgesamt bleibt als Fazit dieser drei erfolgreichen freien Umwelt-Wählerinitiativen, dass sie zwar in den Strom einmündeten, der zur Gründung der Grünen führte, auch dass sie durch ihr Beispiel die breitere Verankerung grüner Politik vorangebracht haben, aber es lässt sich schlecht behaupten, dass sie als Motor der Parteibildung gewirkt hätten. Diese Rolle ist der verbandsmäßigen Organisation der Umweltschutz-Bürgerinitiativen zugefallen. Der Bundesverband Bürgerinitiativen Umweltschutz (BBU) ist am 24. Juni 1972 als bundesweiter Verband gegründet worden. Zuvor waren in den 1960er Jahren tausende Bürgerinitiativen quer durch die gesamte Bundesrepublik entstanden. Ihre Vernetzung begann nach der Bundestagswahl 1969, als das jetzt liberalgeführte Innenministerium für die Umsetzung seiner eigenen Umweltschutz-Agenda an entsprechenden Strukturen auf Seiten der Bürgerinitiativen interessiert war. Beamte des Innenministeriums nahmen an der Gründung teil und unterstützten den BBU in der Folge auch finanziell.[11] Vor der Verbandsgründung hatten sich einflussreiche Bürgerinitiativen bereits in zumeist regionalen Strukturen zusammengeschlossen und zum Beispiel die „Rhein-Main-Aktion" und die „Rhein-Ruhr-Aktion gegen Umweltzerstörung" ins Leben gerufen. Bei den fünfzehn Gründungsorganisationen des BBU handelte es sich mehrheitlich um solche Zusammenschlüsse. Zum ersten Vorsitzenden wurde der Sprecher der „Rhein-Ruhr-Aktion", Horst Zilleßen, gewählt. Seine beiden Stellvertreter waren der Chemiker Hans-Helmuth Wüstenhagen von der „Bürgeraktion Umweltschutz Zentrales Rheingebiet" in Karlsruhe und Gerd Werner von der Bürgerinitiative Sylt. Die Bürgerinitiative Sylt hatte gerade durch die Verhinderung eines 100-Meter-Hotelturms in Westerland auf sich aufmerksam gemacht.[12] Die bekannteste Bürgerinitiative im BBU aber war der „Verein zum Schutz der Eltviller-Wallufer-Rheinuferlandschaft e.V." mit Sitz in Eltville, der den Bau einer Autobahn längs des Rheinufers verhindern konnte.[13] Dem BBU-Vorstand gehörten noch Vertreter von weiteren acht Bürgerinitiativen an, von denen sich einer, Kurt Oeser (1928–2007), dauerhaft einen Namen als „Umweltpfarrer" gemacht hat. Kurt Oeser war Pfarrer in Mörfelden, einer Gemeinde direkt am Frankfurter Flughafen gelegen, und hatte 1967 die „Bundesvereinigung gegen Fluglärm" mitgegründet. Der BBU kannte keine individuellen Mitglieder, von Fördermitgliedern ohne Stimmrecht abgesehen.

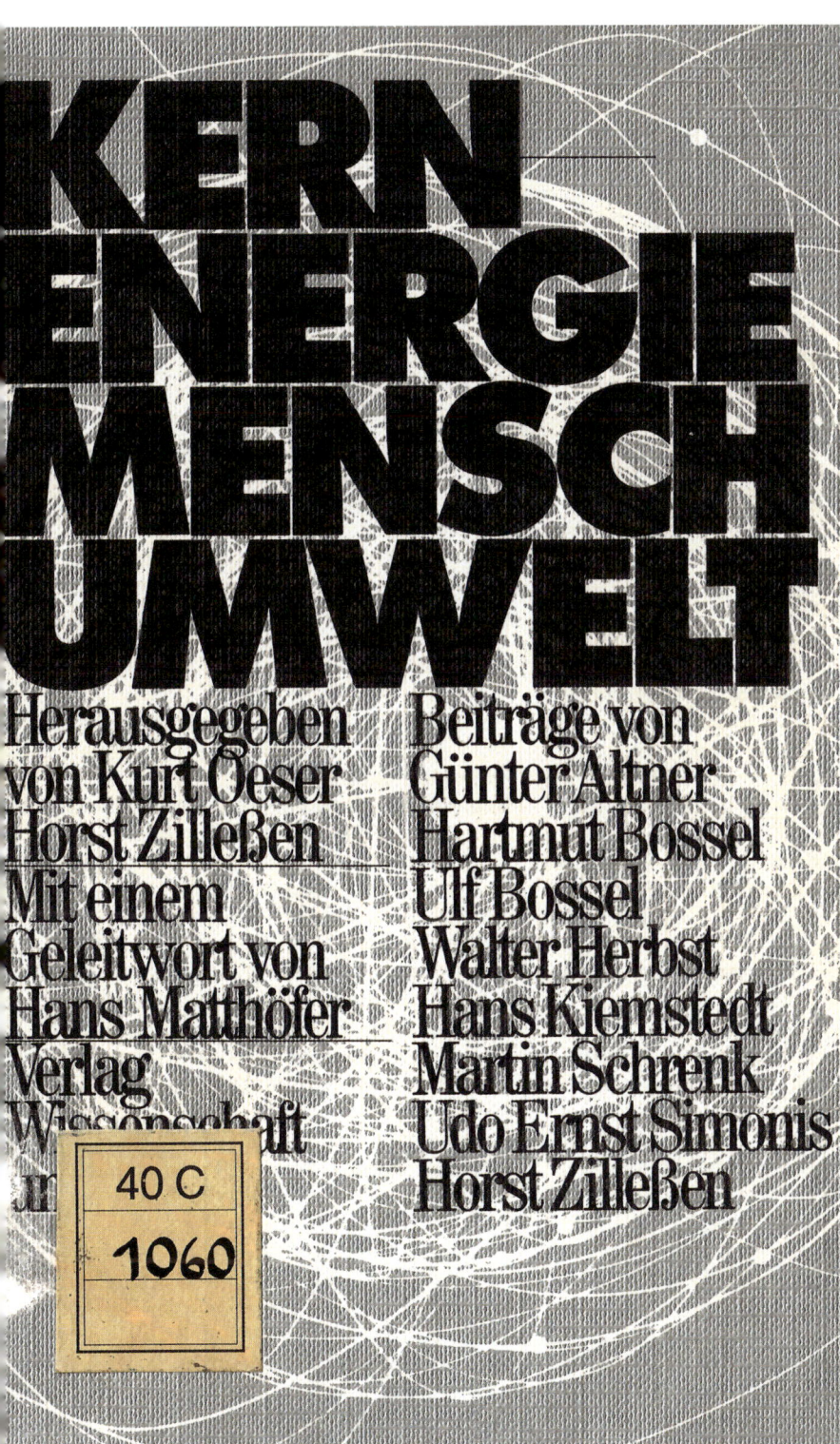

Nachfolger von Zilleßen wurde Hans-Helmut Wüstenhagen (1923–1996)[14], der den Verband von 1973 bis 1977 leitete. In seine Amtszeit fielen die Ereignisse, die die Umweltbewegung erst zur Anti-Atom-Bewegung werden ließen, die Bauplatzbesetzung in Wyhl am 23. Februar 1975 und die Ankündigung der niedersächsischen Landesregierung vom 22. Februar 1977, dass in Gorleben ein Nukleares Entsorgungszentrum (NEZ) gebaut werden sollte. Der Gorleben-Beschluss löste eine Welle von Aktionen innerhalb der Anti-Atom-Bewegung aus, die die Möglichkeiten des BBU, steuernd einzugreifen, überforderten, nicht zuletzt auch wegen Wüstenhagens Führungsstil und der außer Kontrolle geratenen Anti-Atom-Demonstrationen in Brokdorf (19. Februar 1977)[15], Grohnde (17. März 1977) und anderen mehr. Darüber kam es im Juli 1977 zum Rücktritt von Wüstenhagen, den „Die Zeit" mit der Frage kommentierte, welche Strategie der BBU künftig verfolgen solle: „Bürgerlicher Ungehorsam, notfalls auch mit Gewalt gegen Sachen? Oder Bildung einer Umweltpartei?"[16] Der Gorleben-Beschluss lag auf der Linie der Rechtsprechung zu Wyhl: keine Baugenehmigung für ein weiteres Atomkraftwerk ohne ein Entsorgungskonzept für den Atommüll. Damit wurden die im Wendland vorgesehenen Atomfabriken zur Achillesferse für den Ausbau der Atomkraft, bis nach Jahren der Demonstrationen die Pläne für eine Wiederaufarbeitungsanlage im Wendland und schlussendlich in Wackersdorf aufgegeben wurden.

Mit dem Rückzug von Wüstenhagen ergaben sich eine Zäsur und die Chance, über das Verhältnis von Anti-Atom-Bewegung und gewaltfreien Aktionsformen unter Einschluss von Wahlen neu nachzudenken. Das Grundkonzept von Bürgerinitiativen, sich eine Meinung zu bilden und diese öffentlich zu vertreten, fand in der neuinstallierten „Bundeskonferenz der Anti-Atom-Bewegung" sichtbaren Ausdruck als in der Verbandsarbeit des BBU. Die erste Bundeskonferenz fand mit 1.000 Teilnehmern aus 256 Gruppen am 14. und 15. Mai 1977 in Hannover statt, die folgenden während der nächsten drei Jahre in Braunschweig, Göttingen und Bremen hatten sogar 1.300 bis 1.500 Teilnehmer und sind in ihrer Grundstruktur Vorläufer der Aktionskonferenzen der Friedensbewegung in den 1980er Jahren.[17]

Auf der anderen Seite wurde der BBU-Vorstand, nicht zuletzt wegen des plötzlichen Abgangs von Wüstenhagen, um zwei Vorsitzende erweitert und die drei Positionen mit Hans-Günter Schumacher, Peter Willers[18] und Roland Vogt besetzt. Der so erweiterte Vorstand nutzte seine Möglichkeiten im Kontakt mit anderen Vereinigungen, um die Bedingungen für eine Kandidatur bei der nächsten Europawahl auszuloten, zumal er mit Josef M. Leinen, Petra Kelly und Roland Vogt drei aktive Mitglieder der „Jungen Europäischen Föderalisten" (JEF) in seinen Reihen zählte, die hier besonders sensibilisiert waren. Roland Vogt nahm vom 15. bis 17. September 1977 an einer Arbeitskonferenz des im Vorjahr gegründeten Netzwerks „ECOROPA" in Metz teil, bei der die Aufgaben im Lichte einer angestrebten ökologischen Kandidatur bei der nächsten Europawahl verteilt wurden. Die vierzig Teilnehmer:innen aus zwölf europäischen Ländern beauftragten den Vizepräsidenten Manfred Siebker mit der Ausformulierung eines Wahlmanifests und verkündeten in der Abschlusserklärung, dass „ECOROPA" bei der Wahl diejenigen Kandidaten unterstützen wolle, die auch ihr Wahlmanifest unterstützten.

Schon vor der Tagung in Metz hatte der BBU über den „ECOROPA"-Newsletter zu einer internationalen Konferenz „Le Mouvement écologique face aux élections européennes" vom 26. bis 28. August 1977 in die Europäische Akademie in Bergisch Gladbach eingeladen.[19] Eine offene Frage war, wer denn die deutschen Kandidaten wären, die „ECOROPA" unterstützen würde. Herbert Gruhl wurde in den Protokollen erwähnt, aber der war noch Bundestagsabgeordneter der CDU. In Großbritannien, den Niederlanden und in Italien gab es Parteien, die als ECOROPA-Organisationen beteiligt waren. Für Deutschland wurde der BBU als Organisation aufgeführt, der sich schließlich jedoch für wahlpolitisch neutral erklärte. In dieser Situation organisierte die bei der Tagung in Metz ebenfalls präsente „Aktionsgemeinschaft Unabhängiger Deutscher" (AUD) über ihre Nebenorganisation „Demokratische Lebensschutzbewegung"[20] einen Kongress in Darmstadt, der dann zu einem Deutschen Umwelttreffen aufrief. Das Deutsche Umwelttreffen wurde von der AUD und vom BBU organisiert[21] und fand am 24. und 25. Juni 1978 in Troisdorf statt. Hier wurde per Akklamation ein

Koordinierungsausschuss aus 19 Personen gewählt wurde, der die Gründung der Grünen für die Europawahl 1979 vorbereiten sollte.

Noch unmittelbar vor der Gründung bekundeten die BBU-Vorsitzenden Josef M. Leinen und Hans-Günter Schumacher ihre Sympathie für das Projekt: „Die Gründung einer Grünen Partei wird insoweit für die Bürgerinitiativen neue Darstellungsmöglichkeiten, aber auch zusätzliche Probleme für das eigene Selbstverständnis mit sich bringen. Es ist deshalb immer wieder erforderlich, auf die satzungsmäßige parteipolitische Unabhängigkeit des BBU hinzuweisen. Trotzdem soll nicht verschwiegen werden, daß der Versuch, bundesweit eine in sich gefestigte Grüne Partei ins Leben zu rufen, auf die Sympathie des BBU trifft."[22] Die politische Kraft hinter der Gründung der Grünen und ihrer Kandidatur zum Europäischen Parlament war die wachsende Kraft der Anti-Atom-Bürgerinitiativen, der sich auch der BBU nicht verschließen mochte.

Anmerkungen

1
Guggenberger, Bernd: Von der Bürgerinitiativbewegung zur Umweltpartei, in: Guggenberger, Bernd u.a. (Hg.): Bürgerinitiativen und repräsentatives System, Opladen: Westdeutscher Verlag 1984, S. 376–403; Mez, Lutz: Von den Bürgerinitiativen zu den GRÜNEN. Zur Entstehungsgeschichte der „Wahlalternativen" in der Bundesrepublik Deutschland, in: Roth, Roland u.a. (Hg.): Neue soziale Bewegungen in der Bundesrepublik Deutschland, Frankfurt am Main: Campus Verlag 1987, S. 263–276.

2
Guggenberger, Bernd, Bürgerinitiativen, https://www.bpb.de/kurz-knapp/lexika/handwoerterbuch-politisches-system/201988/buergerinitiativen/, Zugriff: 09.12.2022.

3
Rucht, Dieter: Von der Bewegung zur Institution? Organisationsstrukturen der Ökologiebewegung, in: Roth, Roland (Hg.): Neue soziale Bewegungen in der Bundesrepublik Deutschland, Frankfurt am Main: Campus Verlag 1987, S. 238–260.

4
Kirchheimer, Otto: Der Wandel des westdeutschen Parteisystems, in: Politische Vierteljahresschrift, Bd. 6 (1965), Heft 1, S. 20–41.

5
Deutscher Bundestag: Regierungserklärung Willy Brandt vom 28.10.1969, Stenografische Berichte, 6. Wahlperiode, 5. Sitzung, Bd. 71, S. 20ff.

6
Grossmann, Heinz: Bürgerinitiativen – Schritte zur Veränderung?, Frankfurt a. M.: Fischer 1971.

7
Archiv Grünes Gedächtnis, Bestand E.08 „Frauenaktion 70", die „Frauenaktion 70" hat die Kampagne „Wir haben abgetrieben" initiiert; Der Stern, Titelblatt, Heft 24, 6. Juni 1971.

8
Die Zeit, Nr. 45, 10.11.1972, S. 14. Die SPD konnte bei dieser Wahl eine absolute Mehrheit erzielen.

9
Ergebnisse der Kommunalwahlen in Niedersachsen, https://de.m.wikipedia.org/wiki/Ergebnisse_der_Kommunalwahlen_in_Niedersachsen, Zugriff: 27.10.2022.

10
Frankfurter Rundschau, Nr. 59, 11.03.1977, S. 17.

11
Kempf, Udo: Der Bundesverband Bürgerinitiativen Umweltschutz (BBU), in: Guggenberger, Bernd u.a. (Hg.): Bürgerinitiativen und repräsentatives System, Opladen: Westdeutscher Verlag 1984, S. 404–423.

12
Norddeutscher Rundfunk (NDR), Zeitreise: Atlantis, das umstrittene Hotelprojekt auf Sylt, 27.07.2014.

13
Die Bürgerinitiative zum Schutz der Eltville-Wallufer Uferlandschaft ließ am 17.05.1976 in der FAZ eine ganzseitige Anzeige abdrucken, Eltville ist gerettet, wir danken!, https://www.faz.net/aktuell/rhein-main/nordumfahrung-von-eltville-wie-die-kleine-riviera-am-rhein-gerettet-wurde-13100848.html, Zugriff: 18.01.2023, wobei der Dank an Hunderte von Initiativen geht, die die Bürgerinitiative unterstützt haben, wodurch zugleich das wichtigste Kapital der Initiativen genannt ist, die gegenseitige Unterstützung. Die Autobahn wurde dann im Norden um Eltville herumgeführt, durch die kostbaren Rheingauer Weinberge.

14
taz, Das Porträt – Ein Bürger im Kampf gegen AKW, 04.12.1996, 1996, https://taz.de/Ein-Buerger-im-Kampf-gegen-AKW/!1425325, Zugriff: 18.01.2023 .

15
AKW Brokdorf: Chronik der Bau- und Protestgeschichte, 05.10.2020, 2020, https://www.ndr.de/geschichte/AKW-Brokdorf-Chronik-der-Bau-und-Protestgeschichte,brokdorfchronik2.html, Zugriff: 21.12.2022.

16
Die Zeit, Nr. 32, 1977, https://www.zeit.de/1977/32/fort-mit-schaden, Zugriff: 18.01.2023.

17
Mende, Silke / Metzger, Birgit: Die Umweltbewegung als Erfahrungsraum der Friedensbewegung, in: Becker-Schaum, Christoph u.a. (Hg.): „Entrüstet Euch!" – Nuklearkrise, NATO-Doppelbeschluss und Friedensbewegung, Paderborn: Brill, Schöningh 2012, S. 118–134.

18
Peter Willers (1935–2021), Aktiver im Widerstand gegen das Atomkraftwerk Unterweser (Esenshamm), wurde im März 1979 Mitbegründer der Bremer Grünen Liste, für die er im Oktober desselben Jahres als einer der ersten vier Abgeordneten der Grünen in die Bürgerschaft gewählt wurde. Im BBU-Vorstand wurde Josef M. Leinen 1978 auf seine Position nachgewählt.

19
Archiv Grünes Gedächtnis, Message Nr. 7, Juliet 1977, Bestand Petra Kelly 952.

20
Stöss, Richard: Die Aktionsgemeinschaft Unabhängiger Deutscher, in: Stöss, Richard (Hg.): Parteien-Handbuch. Die Parteien der Bundesrepublik Deutschland 1945–1980, Bd. 1: AUD–CDU, Opladen: Westdeutscher Verlag 1983, S. 315.

21
Archiv Grünes Gedächtnis, Die Gründungsgeneration der Grünen. Acht Interviews, S. 21.

22
Leinen, Josef M. / Schumacher, Hans-Günter: Das Verhältnis der Bürgerinitiativen zu den politischen Parteien. Ziele und Strategien des BBU, in: Öko-Institut e.V. (Hg.): Alternativen. Anders Denken – Anders Handeln, zum Selbstverständnis der Bürgerinitiativbewegung, Freiburg im Breisgau: Dreisam-Verlag, 1978, S. 257.

Abbildungen

01:
Grossmann, Heinz (Hg.): Bürgerinitiativen.
Schritte zur Veränderung? Frankfurt a.M.:
Fischer 1971
WLB Stuttgart: 21/5902

02:
Unabhängige Bürger im Rathaus Zehlendorf.
Erfolge und Niederlagen. 1975–1985, Berlin:
Wählergemeinschaft Unabhängiger Bürger –
WUB 1985, Umschlag Rückseite:
WLB Stuttgart / BfZ: Sammlung Neue Soziale
Bewegungen

03:
Kurt Oeser / Horst Zilleßen (Hg.): Kernenergie.
Mensch. Umwelt, Köln: Verlag Wissenschaft
und Politik 1976
WLB Stuttgart: 40C/1060

Richard Rohrmoser

Performative Formen

„Ohne das Kernkraftwerk Wyhl werden zum Ende des Jahrzehnts in Baden-Württemberg die ersten Lichter ausgehen"[1], erklärte Ministerpräsident Hans Filbinger am 27. Februar 1975 im Landtag von Baden-Württemberg und verdeutlichte damit die Ambitionen und den Fortschrittsoptimismus der Landesregierung bezüglich der Nuklearenergie. Einige Tage zuvor hatte jedoch die einheimische Landbevölkerung im Schulterschluss mit akademischen Kreisen aus Freiburg den Bauplatz des Großprojektes besetzt und durch neuartige Partizipations- und Protestformen, wie zum Beispiel die Gründung von Bürgerinitiativen, kontinuierliche Öffentlichkeitsarbeit und die Praktizierung von zivilem Ungehorsam, ihren fundamentalen Dissens zum Kernkraftwerk artikuliert. Letztlich führte die Entschlossenheit dieser breiten Protestbewegung am Oberrhein nicht nur zum Abbruch des kompletten Bauvorhabens, sondern die kleine Gemeinde am Kaiserstuhl entwickelte sich ferner zu einem Symbolort für Gewaltfreiheit und für die Wirksamkeit außerparlamentarischer politischer Einflussnahme. Viele weitere Strömungen der sogenannten Neuen Sozialen Bewegungen orientierten sich in der Folgezeit an den dort praktizierten Beteiligungs- und Protestformen und sorgten damit für einen Bewusstseinswandel in der Gesellschaft und einen demokratischen Vitalisierungsschub der Bundesrepublik Deutschland, weil Protest eine „Normalisierung" als eine legitime Form der politischen Partizipation erfuhr.[2]

Blaupause für den Protest

Erfahrungswerte und Inspiration für die erfolgreiche Platzbesetzung in Wyhl sammelte ein Großteil der Aktivist:innen bereits im Jahr 1974 im französischen Marckolsheim. In der Gemeinde am Fuße des Kaiserstuhls plante die deutsche Firma CWM (Chemische Werke München) eine luftverschmutzende und umweltbelastende Bleifabrik zu bauen, in der jährlich ca. 800 Tonnen toxisches Bleioxid produziert werden sollten. Die lokale Bevölkerung fürchtete irreversible und nachhaltige Umweltschädigungen in der Region durch das Chemiewerk sowie durch eine Reihe von Kernkraftwerken, denn nur einen Kilometer westlich der Grenze zu Deutschland hatte 1971 bereits der Bau des AKW Fessenheim begonnen, und auch in der Gemeinde Kaiseraugst in der benachbarten schweizerischen Grenzregion sollte ein solches Großprojekt realisiert werden. Außerdem sorgten sich die Bürger:innen darum, dass die zunehmende Industrialisierung das Klima derart verändern könnte, dass Landwirt:innen und Winzer:innen ihrer Existenz beraubt würden und notgedrungen als billige Arbeitskräfte selbst in die Industrie wechseln müssten.[3]

des Protests

01 – „Bedrohung der Landwirtschaft durch das KKW Wyhl" (1976).

Vor diesem Hintergrund entstanden auf beiden Rheinseiten insgesamt 21 Bürgerinitiativen, die sich am 25. August 1974 zum Internationalen Komitee der Badisch-Elsässischen Bürgerinitiativen zusammenschlossen und unter dem alemannischen Motto „Nai hämmer gsait!" grenzüberschreitend agitierten. In Anbetracht der sogenannten „Erbfeindschaft" zwischen Deutschland und Frankreich sowie der schweren Traumata und Wunden infolge des Ersten und Zweiten Weltkriegs war dieser transnationale Schulterschluss ein bemerkenswerter und beispielloser Akt, der sich in der ländlichen Region beiderseits des Rheins abspielte.[4] Etwa eine Woche nach der Gründung veröffentlichte die Föderation der badisch-elsässischen Bürgerinitiativen die „Grüne Erklärung" – ein zweisprachiges kleines Plakat (DIN A3), auf dem die Botschaft der Protestbewegung grün auf weiß abgedruckt wurde und von dem ca. 30.000 Exemplare Verbreitung fanden.[5] Diese Erklärung, die später an einigen Protest-Brennpunkten, wie bei der Bauplatzbesetzung des Kernkraftwerkes in Brokdorf (Schleswig-Holstein), in angepasster Form übernommen wurde, kündigte bereits die zukünftigen Schritte der 21 Bürgerinitiativen an, sollte es nicht zum Stopp der geplanten Großprojekte kommen:

„[W]eil wir nicht dulden, daß unser Recht derart mißachtet wird. Deshalb haben wir beschlossen, die vorgesehenen Bauplätze für das Atomkraftwerk Wyhl und das Bleiwerk in Marckolsheim gemeinsam zu besetzen, sobald dort mit dem Bau begonnen wird. Wir sind entschlossen, der Gewalt, die uns mit diesen Unternehmen angetan wird, solange passiven Widerstand entgegenzusetzen, bis die Regierungen zur Vernunft kommen."[6]

Als wenige Wochen später tatsächlich bauvorbereitende Schritte in Marckolsheim unternommen wurden, besetzten Umweltschützer:innen am 20. September 1974 den Bauplatz und errichteten dort – um dem Ernst ihrer Sache Nachdruck zu verleihen – ein kleines Rundhaus, das sogenannte „Freundschaftshaus". Durch diese unkonventionelle Protestform gingen die Besetzer:innen ein großes persönliches Risiko ein, hätten doch die Schadensersatzforderungen der Betriebsgesellschaft aufgrund der Behinderung des Kernkraftwerkbaus die eigenen Existenzgrundlagen vor allem der Landwirt:innen und Winzer:innen bedrohen können.[7] Jedoch hatte „der Widerstand von unten" gegen „die staatliche Bevormundung von oben" Erfolg: Die französische Regierung untersagte der deutschen Firma CWM am 25. Februar 1975 offiziell den Bau der Bleifabrik. In der Retrospektive blieb die illegale Bauplatzbesetzung in der elsässischen Gemeinde zwar im Schatten des Konflikts um die Errichtung eines Kernkraftwerks im benachbarten Wyhl, allerdings hatten sowohl die Öffentlichkeitsarbeit und die Mobilisierung der lokalen Bevölkerung als auch die konkreten Protestformen einen unverkennbaren Vorbildcharakter dafür.

■ Bürgerinitiativen, Öffentlichkeitsarbeit und ziviler Ungehorsam

Am 19. Juli 1973 erfuhr die Öffentlichkeit, dass am Standort Wyhl ein neues Kernkraftwerk errichtet werden sollte. Ursprünglich sollte dieses in der Stadt Breisach entstehen, jedoch konnte dort der erbitterte Protest von lokalen Winzer:innen das Bauvorhaben bereits im Jahr 1972 verhindern. Während sich anschließend auch am alternativen Bauplatz knapp 20 Kilometer weiter nördlich schrittweise Widerstand formierte, konnten die Aktivist:innen zudem am Beispiel Marckolsheim selbstwirksam erfahren, dass außerparlamentarische politische Einflussnahme nicht nur realisierbar, sondern sogar erfolgreich sein kann. Die in Wyhl praktizierten Partizipations- und Protestformen waren somit stilbildend für viele weitere Strömungen der Neuen Sozialen Bewegungen in den 1970er und 1980er Jahren.[8]

Die Herzkammer des Protests bildeten die vielen Bürgerinitiativen, die in der Bundesrepublik Deutschland als zivilgesellschaftliche Beteiligungsform damals noch ein relatives Novum darstellten. Für das sich im Sommer 1974 etablierende Internationale Komitee der Badisch-Elsässischen Bürgerinitiativen waren vor allem zwei Eigenschaften charakteristisch: Erstens bekannte es sich im Stile der Ikonen des zivilen Ungehorsams, Mahatma Gandhi und Martin Luther King Jr., zum Gewaltverzicht und forderte für alle beteiligten Gruppen eine Grundsatzerklärung zur Friedfertigkeit. Laut dem Komitee hätten die Bereitschaft und der Einsatz von Gewalt bedeutet, dass sich die Gegenseite zu noch drastischeren Reaktionen legitimiert fühlen könnte. Zweitens proklamierte die Föderation der Bürgerinitiativen den Grundsatz der Überparteilichkeit, wonach sich die einzelnen Aktivist:innen zwar in einer Partei oder in einer freien Liste politisch engagieren konnten, die Bürgerinitiativen zur stärkeren Bindekraft der Protestbewegung jedoch politisch neutral bleiben sollten.[9]

Ein weiteres Charakteristikum der neu entstandenen Bürgerinitiativen war es, die Öffentlichkeit durch Informationsveranstaltungen über defizitär kommunizierte Gesichtspunkte der staatlichen Politik – in diesem Fall die Schwachstellen und Folgen der Nukleartechnik – aufzuklären. Dazu konfrontierten die Neuen Sozialen Bewegungen die etablierten Expert:innen mit fach- und sachkundigen Gegenexpert:innen, welche das traditionelle Interpretationsmonopol des Staates und die daraus resultierenden Narrative oftmals radikal infrage stellten. Insbesondere in der Thematik „Kernenergie" entstanden in einigen Bürgerinitiativen professionelle „epistemische Gemeinschaften zur Risiko- und Technikfolgenabschätzung"[10], die Informationsveranstaltungen für die interessierte Bevölkerung ausrichteten und somit auch eine einflussreiche „Gegenöffentlichkeit" schufen. Von zentraler Bedeutung waren ebenso die öffentlichen Druckerzeugnisse, welche die Bürgerinitiativen verbreiteten: Broschüren informierten über die Gefahren der Nuklearenergie, Flugschriften riefen zu Spenden für die Bewegung auf und Rundbriefe kündigten die nächsten Demonstrationen an. Die Druckerzeugnisse dienten nicht nur der Sichtbarmachung, sondern ebenso der Stabilisierung des Protestmilieus und seiner Sympathisant:innen und Unterstützer:innen.

Besonders stilbildend für die Neuen Sozialen Bewegungen der 1970er und 1980er Jahre waren jedoch die konkreten Protestformen, welche die Aktivist:innen am Kaiserstuhl praktizierten. Dabei sollte die illegale Bauplatzbesetzung lediglich eine Ultima Ratio darstellen, wenn sämtliche legalen Einspruchsmittel wie zum Beispiel Diskussionen mit Politiker:innen, Gutachten von Expert:innen oder das Sammeln von ca. 100.000 Unterschriften keinen Erfolg erzielen würden. Als jedoch die Bauarbeiten am Standort am 18. Februar 1975 tatsächlich begannen, rief dies die Bürgerinitiativen auf den Plan und die Okkupation sollte nicht länger theoretischer Natur bleiben. Zur Einschüchterung der Anti-AKW-Bewegung verteilte die Betriebsgesellschaft, die Kraftwerk Süd GmbH, zwar noch ein Flugblatt, in dem sie auf die Konsequenzen einer Bauplatzbesetzung – z.B. Strafen wegen Nötigung, Sachbeschädigung und Landfriedensbruch – verwiesen, jedoch brachte dies die Anti-AKW-Bewegung nicht von ihrem Vorhaben ab.[11] Etwa 100 Aktivist:innen hatten bereits die Nacht zuvor auf dem Bauplatz verbracht und erhielten frühmorgens Unterstützung von rund 100 weiteren Kaiserstühler Bürger:innen, nachdem das Glockenläuten der Kirchen aus den benachbarten Gemeinden auf die bevorstehende Räumung des Bauplatzes aufmerksam gemacht hatte. Samt ihrer Kinder blockierten die Demonstrierenden anschließend Baumaschinen und erklommen weitere Fahrzeuge, sodass sie die Bauarbeiten komplett zum Stillstand brachten. Somit versinnbildlichte diese Protestaktion einen neuen Politikstil der aktiven Einmischung und Partizipation von Bürger:innen, „der konträr zur obrigkeitsstaatlichen und strikt repräsentativen Politikausrichtung der 1950er und 1960er Jahre stand".[12] Für die Neuen Sozialen Bewegungen der 1970er und 1980er Jahre sollte es ein zentrales Charakteristikum werden, Protestaktionen im Stile des zivilen Ungehorsams zu praktizieren, die sich laut Philosophen wie Jürgen Habermas „in der Schwebe zwischen Legitimität und Legalität befinde[n]".[13]

An der Bauplatzbesetzung von Wyhl war allerdings nicht nur bemerkenswert, dass Personen aus allen erdenklichen Alters- und Bildungsschichten teilnahmen, sondern ebenso, dass ein Großteil der Demonstrierenden in eleganter Kleidung erschien. Einige Bürgerinitiativen hatten vorab kommuniziert, dass sich alle Protestierenden anständig kleiden sollten, damit nicht allzu viele „Gammler" kämen, welche die Gegenseite provozieren könnten.[14] Des Weiteren beschrieb Balthasar Ehret, ein Fischer und Gastwirt aus dem Dorf Weiswil, der zu einer treibenden Kraft im Kampf gegen den Bau von Kernkraftwerken am Oberrhein avancierte, die Strategie der Anti-AKW-Bewegung folgendermaßen:

> „Der Gandhi hat ohne einen Schuss die Engländer vertrieben, machen wir doch so etwas Ähnliches. Für uns muss gelten: Überparteilichkeit, Gewaltfreiheit, passiver Widerstand, keine Gewalt gegen Personen, das muss der Grundsatz sein, und wenn sie dich verdreschen oder dir etwas abnehmen – keiner wehrt sich. Wir stellen uns hin, und wenn sie mit den Panzern kommen oder mit den Wasserwerfern oder Maschinen, stehen wir vorne dran. Die werden sich hüten, einem etwas anzutun."[15]

Obwohl die Protestierenden strikt die erklärte Losung „keine Gewalt" befolgten, verlief die Besetzung doch nicht so friedlich wie erhofft: Am 20. Februar 1975 ließ die Landesregierung den Platz durch die Polizei räumen, wobei es unter Einsatz von Wasserwerfern zu einigen brutalen Szenen und zur Festnahme von 54 Besetzer:innen kam. Zudem wurde das Bauareal anschließend abgeriegelt.

Diese drastischen staatlichen Reaktionen – beispielsweise schreibt der Aktivist Balthasar Ehret, dass ihn die Polizisten zunächst in den Schwitzkasten nahmen und ihn anschließend

02 – Flugblatt: „Lehrstück Wyhl. Es spricht Balthasar Ehret" (nach 1975)

Lehr-Stück Wyhl

Solidaritäts- und Informationsveranstaltung

es spricht:
Balthasar Ehret

mit Dias

Freitag 18.4. <u>**19 h**</u> **Audimax!** dkp-hochschulgruppe

über einhundert Meter durch den Dreck bis zu einem Gefangenentransporter schleiften[16] – schreckte die Anti-AKW-Bewegung jedoch nicht ab: Am folgenden Sonntag, dem 23. Februar 1975, rief sie zu einer Kundgebung auf, an der sich ca. 30.000 Bürger:innen beteiligten. Während dieser Großveranstaltung verschafften sich Aktivist:innen Zutritt zum abgesperrten Bauplatz und rollten Baumstämme vor und hinter die Baumaschinen, sodass diese zum Teil komplett blockiert waren. An einigen Fahrzeugen zerstachen sie sogar die Reifen. Daraufhin eskalierte die Situation und es kam zur brutalen Konfrontation zwischen Steine werfenden Demonstrierenden und Polizisten, die sich nicht davor scheuten, vom Schlagstock Gebrauch zu machen. Kurze Zeit später flog ein Hubschrauber an, der die Lage aus der Luft beobachten sollte, weshalb einige Bauern aus Furcht Schüsse aus Schreckschusspistolen abfeuerten. Folglich war die Sorge groß, dass die Polizei die Schreckschüsse mit scharfer Munition erwidern könnte. Stattdessen ließ der Einsatzleiter aber die Hundertschaften abziehen, sodass rund 2.000 Anti-AKW-Aktivist:innen den Bauplatz erneut besetzen konnten.[17] Die baden-württembergische Landesregierung bewertete die Okkupation des Bauareals als „ein Werk linksextremistischer Gruppierungen, welche die Bevölkerung vor Ort für ihre Zwecke instrumentalisiert hatte."[18] Ministerpräsident Filbinger brachte die Protestaktionen sogar in Verbindung mit der Entführung des CDU-Politikers Peter Lorenz durch die Terrororganisation „Bewegung 2. Juni" am 27. Februar 1975, woraufhin die Bürgerinitiativen in aller Deutlichkeit klarstellten, dass sie keine Revolution anstrebten, sondern ihr Anliegen ausschließlich der Umweltschutz und die Gegnerschaft zum Kernkraftwerk sei.

In den Nächten nach der erneuten Besetzung fanden sich stets ca. 150 Personen ein, die auf dem Bauplatz Wachdienst leisteten. Da sie sich nun auf eine längerfristige Okkupation einstellten, installierten die Aktivist:innen einen Brunnen, stellten eine Blechtoilette auf und zimmerten eine Küche. Zudem errichteten sie nach dem Marckolsheimer Vorbild selbst ein „Freundschaftshaus" – einen hölzernen Rundbau von ca. 25 m Durchmesser, der im Zentrum eine große Feuerstelle aufwies und Platz für rund 600 Personen bot. In der Folgezeit fanden darin nicht nur Diskussionsveranstaltungen und Vorträge von Expert:innen der „Volkshochschule Wyhler Wald" statt, sondern ebenso kulturelle Events wie etwa Pop- und Rockkonzerte. Das „Freundschaftshaus" entwickelte sich somit zur zentralen Anlauf- und Kontaktstelle für die Anti-AKW-Aktivist:innen und ferner zu einem Ort, der trotz – eventuell sogar aufgrund – seiner Unkonventionalität „ein integrierendes Forum des Widerstands"[19] für die Bewegung darstellte.

Von dort aus bereiteten die Bürgerinitiativen ihre Großveranstaltungen vor, wie zum Beispiel eine von 4.000 Personen besuchte Feier zur einmonatigen Platzbesetzung oder ein Ostertreffen, zu dem sich über 5.000 Demonstrierende einfanden. Nach einigen Wochen reduzierte sich das Engagement zwar substanziell, jedoch bestand die Okkupation – nachdem eine Klage etlicher badischer Gemeinden gegen das Kernkraftwerk im Oktober 1975 vor dem Verwaltungsgerichtshof Baden-Württemberg in Mannheim abgewiesen wurde – bis zum November 1975 und dem Beginn von Verhandlungen zwischen Besetzer:innen und der Landesregierung fort. Erst 25 Jahre später kam ans Licht, dass eine zweite Bauplatzräumung lediglich an der Befehlsverweigerung eines leitenden Polizeibeamten scheiterte, der anschließend strafversetzt wurde und dessen Karriere bei der Polizei damit vorbei war.[20] Die Gespräche mit der Landesregierung resultierten schließlich in einen einstweiligen Baustopp, der Einstellung sämtlicher juristischer Verfahren und der Erstellung neuer Gutachten. Daraufhin erklärte das Verwaltungsgericht in Freiburg im März 1977, dass der Kernkraftwerksbau aufgrund eines fehlenden Berstschutzes unzulässig sei. Zwar befand der Mannheimer Verwaltungsgerichtshof in nächster Instanz fünf Jahre später den Baubeginn für rechtens, jedoch versammelten sich daraufhin erneut rund 30.000 Demonstrierende, die zudem die breite Öffentlichkeit in ihrem Protest gegen das AKW auf ihrer Seite wussten, da inzwischen der allgemeine Fortschrittsoptimismus und die Technikeuphorie an ihre Grenzen gestoßen waren. Als Ministerpräsident Lothar Späth (CDU) aufgrund von niedrigen Zuwachsraten beim Stromverbrauch sowie von Stromimporten aus Frankreich Ende 1983 die Notwendigkeit des Kernkraftwerkes mit den Worten „Der Zeitdruck für Wyhl ist weg" stark relativierte, war das Ende des Großprojektes besiegelt.[21]

Symbolort für Gewaltfreiheit und Neue Soziale Bewegungen

„Wyhl" steht bis heute nicht nur für den erfolgreichen Widerstand gegen den Bau eines Kernkraftwerks am Kaiserstuhl. Die kleine badische Gemeinde entwickelte sich ferner zu einem Symbol für die Praktizierung von zivilem Ungehorsam als neuartige Partizipations- und Protestform.

Die Anti-AKW-Aktivist:innen widersetzten sich dabei den als antidemokratisch empfundenen „Top-Down-Politikprozessen" und forderten stattdessen basisdemokratische „Bottom-Up-Einwirkungsoptionen". Neuartige Protestformen wie Besetzungen und Blockaden sowie das Credo der Gewaltlosigkeit hatten Vorbildcharakter für weitere Protestbrennpunkte der Neuen Sozialen Bewegungen wie etwa im schwäbischen Mutlangen, wo die Friedensbewegung jahrelang Sitzblockaden vor einem US-Raketendepot veranstaltete. Dadurch fand Protest als legitime Beteiligungsform sukzessiv Einzug in das Wertesystem der Bundesrepublik und sorgte für eine Re-Interpretation des Leitbildes der bundesdeutschen Demokratie.

03 – Ebert, Theodor u.a.: „Ökologiebewegung und ziviler Widerstand". Wyhler Erfahrungen (1978)

Anmerkungen

1
Laufs, Paul: Reaktorsicherheit für Leistungskernkraftwerke, Bd. 1: Die Entwicklung im politischen und technischen Umfeld der Bundesrepublik Deutschland, Berlin: Springer 2018, S. 102.

2
Gassert, Philipp: Bewegte Gesellschaft. Deutsche Protestgeschichte seit 1945, Stuttgart: Kohlhammer 2018, S. 25.

3
Pohl, Natalie: Atomprotest am Oberrhein – Die Auseinandersetzung um den Bau von Atomkraftwerken in Baden und im Elsass (1970–1985), Stuttgart: Franz Steiner Verlag 2019, S. 94f.

4
Mayer Axel: 2022/1974 Bauplatzbesetzung Marckolsheim – Von den frühen Kämpfen und dem Beginn der Klimaschutzbewegung, https://www.mitwelt.org/europawahl-bauplatzbesetzung-marckolsheim.html, Zugriff: 01.09.2022.

5
Die deutsche und die französische Version dieses Plakats sind auf der vorderen und der hinteren Innenseite des Umschlags abgebildet.

6
Mossmann, Walter: Realistisch sein – Das Unmögliche verlangen. Wahrheitsgetreu verfälschte Erinnerungen, Berlin: edition der Freitag 2009, S. 197.

7
Eith, Ulrich: „Nai hämmer gsait!" – stilbildender ziviler Widerstand in Wyhl am Kaiserstuhl, in: Weber, Reinhold (Hg.): Aufbruch, Protest und Provokation. Die bewegten 70er- und 80er-Jahre in Baden-Württemberg, Stuttgart: Theiss 2013, S. 40.

8
Mayer: Bauplatzbesetzung Marckolsheim

9
Pohl: Atomprotest am Oberrhein, S. 220f.

10
Greiner, Bernd: Angst als Emotion und Instrument – Beobachtungen zu einem nervösen Zeitalter, in: Doering-Manteuffel, Anselm u.a. (Hg.): Der Brokdorf-Beschluss des Bundesverfassungsgerichts 1985, Tübingen: Mohr Siebeck 2015, S. 78.

11
Pohl: Atomprotest am Oberrhein, S. 102f.

12
Eith, Ulrich: Von Wyhl bis Karlsruhe – Bürgerproteste, Neue Soziale Bewegungen und die Gründung der Grünen, in: Gassert, Philipp u.a. (Hg.): Filbinger, Wyhl und die RAF. Die siebziger Jahre in Baden-Württemberg, Stuttgart: Landeszentrale für Politische Bildung Baden-Württemberg 2015 (Schriften zur politischen Landeskunde Baden-Württemberg; 42), S. 113.

13
Habermas, Jürgen: Ziviler Ungehorsam – Testfall für den demokratischen Rechtsstaat. Wider den autoritären Legalismus in der Bundesrepublik, in: Braune, Andreas (Hg.): Ziviler Ungehorsam. Texte von Thoreau bis Occupy, Ditzingen: Reclam 2017, S. 222.

14
Ehret, Balthasar / Schneider, Marion (Hg.): Kein Kernkraftwerk in Wyhl und auch nicht anderswo. Wie wir den politischen Widerstand organisierten, Berlin: Metropol 2018, S. 104.

15
Ebd., S. 47.

16
Ebd., S. 114.

17
Ebd., S. 125f.

18
Pohl: Atomprotest am Oberrhein, S. 106.

19
Eith: „Nai hämmer gsait!", S. 41.

20
Pohl: Atomprotest am Oberrhein, S. 113.

21
Atomwirtschaft, Atomtechnik, atw; offizielles Fachblatt der Kerntechnischen Gesellschaft e.V. (KTG), Bd. 28 (1983), S. 493.

Abbildungen

01:
Arbeitskreise Umweltschutz an der Universität Freiburg (Hrsg.): Bedrohung der Landwirtschaft durch das KKW Wyhl, Freiburg i.Br. 1976.
WLB Stuttgart / BfZ: D 1959

02:
Plakat: Lehrstück Wyhl. Es spricht Balthasar Ehret, um 1975
WLB Stuttgart / BfZ: Sammlung Milarch

03:
Ebert, Theodor / Sternstein, Wolfgang / Vogt, Roland: Ökologiebewegung und ziviler Widerstand. Wyhler Erfahrungen, Stuttgart: Umweltwissenschaftliches Institut 1978
WLB Stuttgart / BfZ: D 1420

Stephen Milder

Das „Beispiel – Lokaler Protest im Oberrheintal und seine Breitenwirkung[1]

"Wyhl"

Früh am Morgen des 20. Februar 1975 näherten sich hunderte Polizisten einer kleinen Rodung im Rheinauewald außerhalb des südbadischen Dorfes Wyhl. Eine inhomogene Gruppe von circa 150 Personen, inklusive „Winzer, Studenten, Hausfrauen, Priester und Mediziner" drängte sich um ein schwelendes Lagerfeuer und stärkte sich für den zu erwartenden Angriff.[2] Die Polizisten befahlen der Menschenmenge, ihre Zelte abzubauen, ihre Sachen zu packen und den Wald zu verlassen. Anstatt zu gehorchen, begann die Gruppe zu singen. Innerhalb weniger Augenblicke fingen die Polizisten an, einzelne Menschen aus der Gruppe zu reißen und wegzutragen. Immer noch unfähig, die Menschenmenge komplett aufzulösen, setzte die Polizei Wasserwerfer ein.

Diese grausame Konfrontation beendete den ersten Versuch einheimischer Reaktorgegner, den Bauplatz des Kernkraftwerks Wyhl zu besetzen. Im Gegensatz zu früheren lokalen Anti-Atomprotesten war dieser Besetzungsversuch – und wichtiger noch der aggressive Polizeieinsatz, der ihn beendete – gefilmt worden. Eine Woche später wurde der Film zur Hauptsendezeit in der ARD ausgestrahlt. Gemütlich in ihren Wohnzimmern sitzend, schaute die entsetzte bundesdeutsche Bevölkerung zu, wie Demonstranten mittleren Alters zuerst von der Polizei verprügelt und danach mit Wasserwerfern beschossen wurden. Auch wenn die Konfrontation nur die letzten fünf Minuten eines einstündigen Films darstellte, der den inzwischen über fünf Jahre hinaus andauernden Kampf der Kernkraftgegner:innen am Oberrhein zeigte, hatte das Ereignis einen enormen Auswirkung auf die Bevölkerung. Angesichts der beunruhigenden Übertragung fing die benebelte Presse endlich an, die Besetzung zu untersuchen und darüber zu berichten. Der Christdemokrat Hans Filbinger, Ministerpräsident von Baden-Württemberg, versuchte, die Situation zu erklären, indem er verkündete, dass nicht die „örtliche Bürgerschaft", sondern auswärtige „‚Drahtzieher', die bundesweit organisiert seien", für den Vorfall in Wyhl verantwortlich waren.

Filbingers Behauptung, sich einmischende Außenseiter seien für die Besetzung in Wyhl verantwortlich, verkehrte die eigentliche Situation in ihr Gegenteil: Die Protagonist:innen des Kampfes gegen das geplante Kernkraftwerk in Wyhl waren ortsansässige Bauern und Bäuerinnen sowie Winzer:innen. Sie wurden von bürgerlichen Bewohner:innen der nahe liegenden Stadt Freiburg und einer Handvoll Studierenden unterstützt. Trotz Filbingers Behauptung war die lokale Herkunft der Demonstrierenden für die Fernsehzuschauer:innen eindeutig. Ein Artikel in „Der stille Weg", dem Organ des standhaft konservativen „Weltbunds zum Schutz des Lebens" (WSL), notierte, dass:

> „wer die Gesichter der ‚Akteure' sah, die um ihre Heimat kämpfen, wer von ihrer Enttäuschung über die von ihnen selbst gewählten Vertreter im fernen Stuttgart las, der weiß die Behauptung des baden-württembergischen Ministerpräsidenten, es handle sich hier um die Aufführung von ‚Extremisten' richtig einzuschätzen: als schlichte Lüge!"[3]

Ein weiterer Berichterstatter gab an, die lokalen Wurzeln des Protests seien so stark, dass „gegen Atomindustrie und Regierung [...] an vielen Orten eine Art Einheitsfront zustande [kam] wie gegen einen ausländischen Eroberer."[4]

Als das brutale Ende der ersten Besetzung der Baustelle in Wyhl von der ARD eine Woche später ausgestrahlt wurde, hatten die Aktivist:innen die Baustelle schon wieder besetzt. Diese zweite Besetzung dauerte insgesamt neun Monate an. Als gewagte Aktion und eindeutige Untergrabung der Autorität der Landesregierung lockte diese zweite Besetzung die unterschiedlichsten Individuen und Organisationen nach Wyhl. Sie kamen, um selber zu erfahren, was im fernen Südwesten der Republik eigentlich los war. Alternative Zeitschriften berichteten über die Besetzung für diejenigen, die selber nicht in der Lage waren, nach Wyhl zu reisen. Viele, die Wyhl besuchten, oder die die Berichterstattung lasen, wurden daraufhin selbst gegen Atomkraft aktiv.

Energie für Baden-Württemberg

Es gibt keine realistische Alternative zur Kernenergie

Regierungserklärung von Ministerpräsident Dr. Hans Filbinger zur Auseinandersetzung um den Bau von Kernkraftwerken

vor dem Landtag von Baden-Württemberg am Donnerstag, 27. Februar 1975

Mit dieser Regierungserklärung nimmt die Landesregierung Stellung zu der Auseinandersetzung um den Bau von Kernkraftwerken. Diese Auseinandersetzung hat sich in den letzten Tagen in einem bestimmten Teil unseres Landes bedrohlich zugespitzt. Was in Wyhl geschehen ist, geht die Bürger im ganzen Lande an. Interessen von uns allen stehen auf dem Spiel. Deshalb ist dieses Hohe Haus der rechte Ort, um sich mit diesem Vorgang auseinanderzusetzen.

Es ist nämlich notwendig, die Grenzen wieder ins Bewußtsein zu rücken, die in einem demokratischen Rechtsstaat für Art und Ausmaß politischer Demonstration und politischen Widerstand gesetzt sind.

Denn die freiheitliche und rechtsstaatliche Demokratie gründet sich auf Werte, die geachtet, und auf Regeln, die eingehalten werden müssen, soll nicht das Ganze Schaden nehmen. Dies gilt auch dort, wo tatsächliche oder vermeintliche Sonderinteressen im Konflikt mit dem Gesamtwohl stehen. Die Normen für das friedliche Austragen von Konflikten sind in Wyhl aufs gröbste verletzt worden. Die zweimalige widerrechtliche Besetzung, die Anmaßung der Besetzer, über das Eigentum anderer willkürlich zu verfügen, sind schwerwiegende Rechtsverstöße. Hier ist dieses Hohe Haus aufgerufen. Stellung zu beziehen. Der Verantwortung für den Rechtsstaat kann und darf sich niemand versagen.

Baden-Württemberg

LANDESREGIERUNG

Kernkraftwerke liefern die sauberste und am wenigsten umweltfeindliche Energie

Ohne Kernenergie keine Sicherung der Arbeitsplätze

Jede Landschaft muß ihren Beitrag zur Zukunftsvorsorge leisten

Wissenschaftler:innen haben der Auseinandersetzung in Wyhl längst eine bedeutende Rolle als Katalysator der bundesdeutschen Anti-Atomkraftbewegung zugesprochen. Um die Breitenwirkung der Wyhler Besetzung zu erklären, untersucht dieser Artikel sowohl die lokalen Wurzeln des Protests als auch die Motivationen der auswärtigen Gruppen, die sich nach der Wyhler Besetzung im antinuklearen Projekt vereinnahmen ließen.

■ Die Opposition auf Graswurzel-Ebene organisieren

Der im Fernsehen übertragene Zusammenstoß im Wyhler Wald beflügelte Fantasien in der ganzen Bundesrepublik. Dabei vernebelte er aber auch die sich über Jahre hinziehende, langsame und bedachte Vorarbeit, die die lokalen Atomkraftgegner:innen auf diese gewagte und illegale Aktion vorbereitete. Wenige Wochen nach der Ausstrahlung, im März 1975, machte sich Freia Hoffmann Sorgen über die Vorstellungen jener Außenseiter. „In Südbaden", schrieb sie, „haben wir gehört, daß andernorts das Beispiel Wyhl eher Resignation ausgelöst hat: Ja, die Kaiserstühler, das sind halt besonders mutige Leute, so etwas wäre bei uns nicht möglich." Um dieser Resignation entgegenzukommen, fand Hoffmann es notwendig, die „lange Geschichte" des Kampfs zu erläutern. „Auch hier haben einzelne angefangen, in mühsamer Überzeugungsarbeit auf die Gefahren der Atomkraftwerke hinzuweisen, es wurden in geduldiger Kleinarbeit unzählige Flugblätter verteilt, Unterschriften gesammelt, usw." Nur diese lange Geschichte, so Hoffmann, konnte die Besetzung im Jahr 1975 erklären.[5]

An Bewusstsein für diese langmütige und akribische Arbeit mangelte es. Nicht nur unter denjenigen, die die Wyhler Besetzung damals nachahmen wollten, sondern auch unter denjenigen, die später versucht haben, die Verbreitung der Anti-Atomkraftbewegung in den 1970er Jahren zu verstehen. Eine Untersuchung der Geschehnisse, die in den Jahren vor der Wyhler Besetzung stattfanden, verrät den lokalen Charakter der Anti-Atomkraftbewegung am Oberrhein, aber auch ihre interne Diversität. Sie erhellt auch die Art und Weise, in der ortsansässige Menschen den Bau von KKWs in ihrer Nähe als konkrete Bedrohung ihrer Lebensweise erkannten. Da genau diese Eigenschaften zur empfundenen Legitimität der Bewegung so viel beitrugen – und sie so viele auswärtige Beobachter beeindruckten – ist das Verständnis darüber, wie die Protestierenden am Oberrhein sich über Jahre hinweg organisierten, notwendig, um ihren Kampf und seine Wirkungen zu verstehen.

Die lokale Bewegung, die in die Wyhler Besetzung einmündete, begann schon im Juli 1970, als der elsässische Lehrer Jean-Jacques Rettig in der Zeitung las, dass die Électricité de France (EDF) beabsichtigte, ein Kernkraftwerk bei dem Dorf Fessenheim zu bauen. Zusammen mit seiner Frau Inge hatte Rettig schon seit einigen Jahren Korrespondenzen zwischen deutschen und französischen Umweltgruppen übersetzt. Seit den späten 1950er Jahren stellten Gruppen wie der WSL den öffentlichen Konsens um die „friedliche" Nutzung der Kernenergie in Frage. Mit diesen Argumenten vertraut und über die Pläne der EDF besorgt, fingen die Rettigs an, über das geplante KKW mit Freunden zu sprechen. Zusammen mit vier weiteren Familien, gründeten sie die „Comité pour la sauvegarde de Fessenheim et de la plaine du Rhin" (CSFR). Im April des darauffolgenden Jahres organisierte die CSFR einen streng-regulierten stillen Protestmarsch von mehr als tausend Protestierenden durch Fessenheim. Diese schweigende Aktion konnte Diskussionen um die Atomkraft unter den Bewohnern Fessenheims kaum fördern. Trotzdem war der Marsch Auslöser für Diskussionen, die über den Rhein hinausgingen.

02 – Plakat: „Pfingsten 1979. Internationale Demonstration gegen die Atomenergie"

Pfingsten 1979

3. + 4. Juni

INTERNATIONALE DEMONSTRATIONEN GEGEN DIE ATOMENERGIE

MARSCH NACH FESSENHEIM

Pfingstsonntag: Treck von Bad - Krozingen nach Neuenburg; Übernachtung in Neuenburg: Zelt und Proviant mitbringen

Pfingstmontag: Grenzübergang nach Chalampee, Wanderung nach Fessenheim; dort: Alternativausstellung

Abmarsch am Pfingstsonntag:
von Freiburg: Zug **10.32** nach Bad Krozingen
per Fahrrad **8.30** St.Georgen, Baselerlandstr. Kirche
Abmarsch **11.00** Bahnhof Bad Krozingen
von Müllheim: Zug **9.41** nach Bad Krozingen
mit Fahrrad Treffpunkt **11.00** Bahnhof Bad Krozingen
Für Rückfahrt nach Freiburg wird gesorgt

Als Gerüchte über Pläne „ein Kernkraftwerk von bis dahin unvorstellbaren Dimensionen" in Südbaden zu bauen, die Runde machten, waren diejenigen, die schon in Fessenheim dabei waren, unter den ersten die sich Sorgen machten.[6] Das Modell der Gründung der CSFR, indem sich Freundeskreise als „Bürgerinitiativen" (BI) gegen die Atomkraft zusammenschlossen, wurde mehrmals in Südbaden nachgeahmt.

Margot Harloff, eine Bekannte der Rettigs, die an dem Marsch in Fessenheim teilgenommen hatte, bildete in Freiburg eine BI aus Mitgliedern des Bildungsbürgertums. Harloffs Gruppe, die sich „Aktionsgemeinschaft gegen Umweltgefährdung durch Kernkraftwerke" nannte, äußerte Bedenken zu den fehlenden Erfahrungen mit Kernkraftwerken von dem Ausmaß, wie es für Fessenheim und für Südbaden vorgesehen war, und auch zur fehlenden Kommunikation zwischen französischen und deutschen Behörden. Das wirksamste Werkzeug der Aktionsgemeinschaft bei ihrem Bemühen, Freiburger Bürger für den Kampf gegen Atomkraft zu gewinnen, war ein Plakat, das die Kühltürme des geplanten Reaktors mit dem Turm des beliebten Freiburger Münsters verglich. Wie die Legende des Bilds erklärte, würden die Kühltürme anderthalbmal so groß wie der Münsterturm sein. Ihr Basisumfang sollte der Größe eines Fußballfeldes entsprechen.

Auch in den Weinbaudörfern am Rhein bildeten sich BIs. Hier waren persönliche Bekanntschaften und spezifische Sorgen von besonderer Bedeutung. Indem sie das KKW als Bedrohung für den Weinbau auffassten, der immerhin einen der Pfeiler der örtlichen Volkswirtschaft bildete, konnten zwei Freunde viele Einheimische in die Bewegung bringen. Dieses Duo, das aus dem Elektriker Dieter Berstecher und dem Winzer Günter Sacherer bestand, besuchte Dörfer am ganzen Kaiserstuhl. Sie teilten den Winzern meteorologische Berichte mit und erklärten, wie Dampf aus den Kühltürmen des geplanten KKWs Nebel bilden würde und dadurch das Sonnenlicht blockieren könnte. Als Konsequenz würden die einheimischen Trauben ihren charakteristischen Zuckergehalt einbüßen – aus Prädikatsweinen würden Tafelweine. Die Winzer wären ruiniert.

Wie diese Beispiele zeigen, wurde die „Perlenkette" von KKWs, die für das Oberrheintal vorgesehen waren, von einem Querschnitt der Bevölkerung, die von Lehrer:innen über Mitglieder des Freiburger Bildungsbürgertums bis zu den Winzer:innen reichte, abgelehnt. Eine Auswahl spezifischer und oft technisch begründeter Überlegungen versetzten diese Personen in Sorge. Indem sie ihre Befürchtungen mit Nachbar:innen und Kolleg:innen teilten, warben sie weitere Atomkraftgegner:innen an. Ihre Sorgen wurden aber von den Behörden nicht wahrgenommen, und genau diese Nicht-Beachtung führte dazu, dass sie im gleichen Atemzug die Atomenergie insgesamt angriffen und für mehr Demokratie plädierten.

Vom lokalen Protest zu einer regionalen Bewegung

Nach mehreren Monate geduldiger Bemühungen um Außenkontakte und nach unzähligen Diskussionen über die Atomenergie äußerte sich die überwiegende Mehrheit der ländlichen Bevölkerung gegen das KKW-Projekt, das nahe der Stadt Breisach gebaut worden sollte. In Oberrotweil, dem Heimatort von Günter Sacherer, unterschrieben 1.021 von 1.090 wahlberechtigten Bürger:innen einen Antrag gegen den geplanten Breisacher Reaktor. Im benachbarten Burkheim, aus dem Dieter Berstecher stammte, unterschrieben 889 von 891 Wähler:innen den Antrag. In der gesamten Region sammelten Aktivist:innen während einer vierwöchigen Einspruchsfrist mehr als 60.000 Unterschriften gegen das Projekt. Im September 1972, auf dem Höhepunkt dieser Aktion, veranstalteten ansässige Bauern und Bäuerinnen ihren ersten öffentlichen Protest gegen die empfundene Bedrohung ihres Lebensunterhalts. Etwa fünfhundert Winzer:innen, Bauern und Bäuerinnen fuhren ihre Traktoren im langsamen Umzug durch die Dörfer des Kaiserstuhls und in die Stadt Breisach hinein.

In Freiburg ließ sich der „Bund Kommunistischer Arbeiter" (BKA) von dieser Aufführung ländlicher Stärke nicht beeindrucken. Die Bäuerinnen und Bauern hätten es verfehlt, schrieb die dogmatische marxistische Gruppe in ihrer Zeitschrift „Klassenkampf", die Landesregierung und die Atomindustrie deutlich anzugreifen. Sie hatten lediglich sanftmütige Hilferufe gemacht und „moralisierende Briefe" geschrieben.[7] Auch wenn dieser kritischen Artikel die falschen Annahmen und den Irrglauben des BKAs verrät, steckte ein Körnchen Wahrheit in einigen Vorwürfen. Die sehr spezifischen Forderungen ließen wohl denken, dass ein „besseres KKW" oder zumindest ein KKW, das weiter weg von den betroffenen Weinbergen stand, die Opposition zur Atomenergie insgesamt abmildern ließe.

Was der BKA doch nicht begreifen konnte, war, wie bedeutend diese limitierten und spezifischen Forderungen für das Anwerben der lokalen Bevölkerung und dadurch für die Bedeutung des Protests insgesamt waren. Bereits im Herbst 1972 erweiterten sich die unmittelbaren und spezifischen Sorgen der Atomkraftgegner:innen am Oberrhein zu breitgefächerter Kritik an der Atomenergie und an der Landesregierung. Am 23. September, veröffentliche der Staatsanzeiger für Baden-Württemberg einen Kommentar mit der frechen Behauptung, dass es so weit wie „die EWG noch näher zusammen [rückt]" bald keinen Platz mehr im Oberrheintal für „die Funktionen ‚Wohnen', ‚Erholung' usw." gebe. Solche Aktivitäten mussten dann wohl „in der ‚Vorbergzone' und in den Seitentälern des Rheins angesiedelt werden."[8] Für Bewohner:innen der südbadischen Rheindörfer kam dieser Artikel einer abschreckenden Erinnerung an den Zweiten Weltkrieg gleich. Denn im Frühjahr 1945 war ihnen befohlen worden, ihre Häuser zu verlassen, um von der „Vorbergzone" aus zuzuschauen, wie die Artillerie der Alliierten ihre Dörfer in Schutt und Asche legte.[9]

Die Umstände der Entscheidung, das geplante Kernkraftwerk von der Stadt Breisach in das Dorf Wyhl zu verlegen, wurde als weiterer Beweis der Missachtung der Landesregierung empfunden. Nach einem kontroversen Erörterungstermin im Oktober 1972 gab der baden-württembergische Landeswirtschaftsminister Eberle zu, man müsse das Breisach-Projekt zeitlich verschieben. Seine Äußerung wurde als Signal wahrgenommen, dass die Landesregierung endlich die Sorgen der lokalen Bevölkerung ernst nahm. Doch diese kurze Periode der Entspannung wurde im Juli 1973 schroff beendet mit einer unerwarteten Ankündigung, das Kernkraftwerk werde 20 Kilometer stromabwärts von Breisach, bei dem Dorf Wyhl, gebaut. Je deutlicher es wurde, dass trotz der Zusicherungen der Landesregierung dieser Umzug des Projekts von Breisach nach Wyhl die Sorgen der Bevölkerung keineswegs lösen würde, desto mehr schmolz das Vertrauen der Reaktorgegner in die Landesregierung zusammen.

In dieser aufgeheizten Atmosphäre diskutierten Atomkraftgegner:innen ihre Sorgen weiter. Anti-KKW-Gruppen organisierten Info-Abende in Dorfkneipen und in den Veranstaltungshallen Freiburgs. Nacht für Nacht diskutierten Winzer:innen und Naturwissenschaftler:innen, Dorfbewohner:innen und Freiburger:innen in technischer und wissenschaftlicher Sprache die Probleme, die die geplanten Reaktoren der Region aufwerfen

BLEIWERK-ALARM
MARCKOLSHEIM GILT WEITER!

Seit Freitagmittag ist der Bauplatz für das Bleichemie-Werk der CWM (Chemische Werke München) bei Marckolsheim (Elsaß) besetzt. Die Besetzung richtet sich gegen den Bau einer Fabrik, die durch ihre Kamine in 14 Tagen 2 Tonnen Bleiverbindungen in die Luft pumpen und damit Pflanzen, Tiere und Menschen enorm vergiften würde. Die verheerenden Folgen beim Betrieb solcher Bleiwerke sind an den Beispielen Nordenham, Stolberg usw. deutlich geworden: Hunderte von Kühen starben, Tausende von Hühnern gingen ein, an vielen Kindern wurden schwerwiegende Mißbildungen und Vergiftungen festgestellt.

Auf Grund dieser Erfahrungen ist der Bau des Bleiwerkes der CWM in der BRD nicht genehmigt worden. Die franz. Umweltschutz-Bestimmungen haben es dem Unternehmen erlaubt, nach Frankreich auszuweichen. In Lothringen ist es damit bereits am Widerstand der Bevölkerung und der Bauarbeiter gescheitert. Nun versucht es die CWM in Elsaß. Abgesehen davon, daß der Bleiabfall durch den Wind auch in den Kaiserstuhl und den Breisgau getragen würde, sind wir auch deshalb von dem Plan betroffen, weil er Teil der geplanten Überindustrialisierung, d.h. Zerstörung des Oberrheintales ist (Kernkraftwerk Wyhl, Brennelementenfabrik Heitersheim, Flugplatzausbau Freiburg, Schwarzwaldautobahn usw.).

Durch die Platzbesetzung (Montag früh 300 Leute) sind die Arbeiten bei dem Versuch, einen Bauzaun zu errichten, gestoppt worden. Jetzt kommt es darauf an, den Widerstand langfristig fortzusetzen! Es müssen immer möglichst viele Leute auf dem Platz sein! Gleich rechts nach dem Grenzübergang Sasbach/Kaiserstuhl! Evtl. Schlafsäcke mitnehmen! Autotreffen und Mitfahrgelegenheit täglich FREIAU: 7.30 und 13.30 Uhr. Kontakttel. FR 40 44 61, 27 79 35

konnten. Bei jedem Termin arbeiteten kritische Expert:innen zusammen mit der Bevölkerung, um Fragen zu klären und allen Anwesenden die Argumente kritischer Physiker, Biologen und Meteorologen vertraut zu machen.

Mit diesen Argumenten – und wichtiger noch, ihrer eigenen Kenntnis der Region und ihrer landwirtschaftlichen Arbeit – gerüstet, waren die Ortsansässigen bereit, die Ansichten der Experten, die von der Landesregierung zu ihnen geschickt worden waren, in Zweifel zu ziehen. Mit gerechtem Zorn reagierten Winzer:innen auf einen Mainzer Professor für Landwirtschaft, der behauptete, Kartoffeln benötigten mehr Sonnenschein als ihre kostbaren Weintrauben. Nach solchen Begegnungen ebbte sogar die Vorstellung des offenen Dialogs bald ab.

Für die Atomkraftgegner:innen bildete ein Erörterungstermin im Juli 1974 den bislang deutlichsten Hinweis darauf, dass die Regierungsbeamten keinerlei Interesse hatten, mit ihnen das Projekt ernsthaft zu diskutieren. Nachdem der leitende Stuttgarter Funktionär einzelne Themenbereiche einfach übersprang, und vielen wartenden Bürgern keine Möglichkeit zum Reden gab, verließen die Atomkraftgegner:innen massenweise den Saal. Später am selben Tag kehrte eine Gruppe zurück. Sie trug einen schwarz angemalten Holzsarg, worauf sie lediglich das Wort „Demokratie" geschrieben hatte.

Die ortsansässige Bevölkerung hätte den Verlust ihres Vertrauens in die Landesregierung und in den offiziellen Genehmigungsprozess kaum deutlicher machen können.

Die Nachricht, dass ein Blei-Chemiewerk für das elsässische Dorf Marckolsheim – nur zwei Kilometer von Wyhl entfernt – geplant war, wurde am badischen Rheinufer wenige Tage nach dem umstrittenen Erörterungstermin bekannt gegeben.

Die Bevölkerung hatte sich über die letzten Jahre mit den potentiellen Gefahren der Kernenergie intensiv auseinandergesetzt. Die Gefahren toxischer Chemikalien wie Blei benötigten keine so sorgfältige Einführung. Wie ein Aktivist sich später erinnerte, „Ortsnamen wie Stolberg oder Nordenham", wo Kühe wegen Toxinen „tot auf der Weide" lagen, „wurden zum Synonym für Umweltverseuchung."[10] Aufgrund schwerwiegender Bedenken wegen der atomaren und chemischen Gefahren trafen sich die Vertreter:innen von 21 Bürgerinitiativen aus Baden und dem Elsass am 24. August 1974 in dem südbadischen Dorf Weiswel. Die Gruppen verabschiedeten eine gemeinsame Erklärung, in der sie ihre langjährigen Sorgen um die Landwirtschaft und die Volksgesundheit äußerten und ihren Aktionsplan für die Zukunft bekannt machten.

Denn der kurze Text endete mit einer Warnung. Die ortsansässige Bevölkerung erklärte sich bereit, die beiden Baustellen – in Wyhl und Marckolsheim – zu besetzen, sobald der Bau beginnen würde. In Abschnitten mit den Titeln „Weil wir sehen" und „Weil wir gelernt haben" rechtfertigten die BIs diesen Aufruf zur Platzbesetzung auf Basis ihrer Erfahrungen aus vier Jahren Anti-Atomprotest. Sie hatten gesehen, dass die Atomindustrie ihre Projekte durchführen wollte, egal wie hoch die Risiken waren. Sie hatten gelernt, dass die Landesregierung nicht neutral war und dass der Widerspruch hunderttausender Menschen nicht wahrgenommen wurde.[11]

Inspiration und Kooptation: Der Widerhall von Wyhl

Es waren die Herausforderung der Landesregierung und der Atomindustrie, im „hammerharten Beschluss" der Erklärung der 21 Bürgerinitiativen deutlich beschrieben, und die zwei Bauplatzbesetzungen, die tatsächlich folgten, die die Aufmerksamkeit der Bundesrepublik nach Wyhl brachte.[12] Mit dem Beispiel Wyhl bekannt gemacht, interpretierte eine Bandbreite von Aktivist:innen, die von den „Jungen Europäischen Föderalisten" (JEF) über gewaltfreie Anarchist:innen bis hin zu dogmatischen Kommunist:innen reichte, den Anti-Atomprotest als kraftvolles Mittel, sowohl die Regierung herauszufordern als auch ihre eigene politische Ziele weiter zu verfolgen.

Die JEF interessierten sich früh für den Protest am Oberrhein, weil die dortige „grenzübergreifende Zusammenarbeit" solch eine bedeutende Rolle schon vor der Besetzung spielte. Schon 1975 veröffentlichen die JEF eine Sonderausgabe ihrer Zeitschrift „Forum E" zum Thema Anti-Atomprotest und jubelten, als lokale Atomkraftgegner:innen aus der gesamten Bundesrepublik das Heft als Unterlage für ihre Arbeit bestellten. Der Kommunistische Bund Westdeutschlands (KBW) kam erst später zum Anti-Atom-Thema. Bis zur Platzbesetzung in Marckolsheim, im September 1974, ließ der KBW kritische Artikel zum Protest am Oberrhein in seiner „Kommunistischen Volkszeitung" (KVZ) erscheinen.

Erst danach wurde die Berichterstattung in der KVZ durchaus positiv: Anscheinend durch den empfundenen Lernprozess der Bevölkerung:

> „Diese Aktionen [haben klargemacht, dass] die Arbeiter und Bauern, gleich auf welcher Seite der Grenze, die gleichen Interessen haben, weil sie erkannt haben, daß auf beiden Seiten der Grenze Kapitalisten, nur getrieben vom Streben nach Profit, ihnen feindlich gegenüberstehen, und daß die Regierungen nicht auf der Seite des Volkes stehen, sondern alles tun, um gegen die Interessen und Bedürfnisse des Volkes die Interessen der Kapitalisten durchzusetzen."[13]

Diese neuentdeckte Achtung derselben ländlichen Menschen, deren Aktionen der Bund kurz zuvor kritisiert hatte, war eine Funktion des wachsenden Kampfgeists der Atomkraftgegner:innen und der Fähigkeit des KBW, ihren Aktivismus als Teil des eigenen politischen Projekts zu interpretieren. Kurz nach der Besetzung in Wyhl hallte diese Interpretation in einer Äußerung von Horst Mahler, dem Sprecher der RAF, wider. In einer Presseerklärung, beschrieb er die Besetzung in Wyhl als „revolutionäre Mobilisierung der Arbeiter."[14]

Wie diese Reaktionen deutlich machen, wurde die Debatte über die Atomenergie wegen grenzüberschreitender Aktionen oder aggressiver Taktik für ein breites Spektrum von vorher vorhandenen Gruppierungen und Organisationen interessant. Es war keine schlagartige Aneignung ökologischer Ideale, sondern das neu in Aussicht gestellte Mittel, um ihre eigene Agenda zu verfolgen, die diese Gruppen anzog. Indem sie mehrere Wyhls zu verursachen halfen, wollten solche politischen Gruppierungen eine Vielzahl politischer Ziele, die vom Klassenkampf bis hin zu einem föderalen Europa reichten, realisieren.

Fazit

Die Entwicklung des Kampfs gegen Atomkraft am Oberrhein offenbart die komplexe Beziehung zwischen spezifischen ökologischen Sorgen und anderen Themen. Sorgen um ihren eigenen Lebensunterhalt veranlassten viele südbadische Bäuerinnen, Bauern und Winzer:innen, überzeugte Atomkraftgegner:innen zu werden. Aber Sorgen um die Demokratie konnten auch direkte Sorgen um die Atomkraft in den Schatten stellen, wie zum Beispiel beim Erörterungstermin in Wyhl. Dieses Verflechten von Umweltthemen mit Sorgen um den eigenen Lebensunterhalt und das wachsende Misstrauen von Regierungsbeamten erlaubten es Menschen mit breitgefächerten Interessen und Zielen aus der gesamten Bundesrepublik, zusammen gegen die Verwendung der Atomenergie zu arbeiten.

Anmerkungen

1
Gekürzte Übersetzung von Milder, Stephen: The 'Example of Wyhl': How grassroots protest in the Rhine Valley shaped West Germany's anti-nuclear movement, in: Conze, Eckart u.a. (Hg.): Nuclear Threats, Nuclear Fear, and the Cold War in the 1980s. Cambridge: Cambridge University Press 2016, S. 167–185.

2
Sacherer, Annemarie: Panik erfaßte unsere Herzen, in: de Witt, Margret u.a. (Hg.): Wyhl. Kein Kernkraftwerk in Wyhl und auch sonst nirgends. Betroffene Bürger berichten, Freiburg: Dreisam Verlag 1976, S. 94–98.

3
Signal Wyhl, in: Der stille Weg, Bd. 27 (1975), Heft 5–6, S. 20.

4
Mossmann, Walter: Die Bevölkerung ist hellwach!, in: Kursbuch, Bd. 39 (1975), S. 129–154.

5
Hoffmann, Freia: Was bedeutet das Beispiel Wyhl? Archiv Grünes Gedächtnis (AGG) / Petra Kelly Archiv (PKA) 1975.

6
Erst beim Wein sprang der Funke, in: Badische Zeitung, 26.01.1977.

7
500 Kaiserstühler Bauern demonstrieren gegen Kernkraftwerk, in: Klassenkampf. Extra Blatt, 19.09.1972. Archiv Soziale Bewegungen (ASB) Freiburg, „Wyhl – Die Anfänge", 3581.

8
Meinungen zur Landespolitik, in: Staatsanzeiger für Baden-Württemberg, Nr. 76, 23.09.1972.

9
Auer, Gerd / Reich Jochen: Gebrannte Kinder: Vorgeschichten vom Kampf gegen das Atomkraftwerk Wyhl, in: S'Eige zeige (2001), Heft 15, S. 87–112.

10
Mossmann, Walter: Realistisch sein: das Unmögliche verlangen, Berlin: Der Freitag 2009, S. 194.

11
Die 21 badisch-elsässische Bürgerinitiativen: Erklärung der 21 Bürgerinitiativen an die badisch-elsässische Bevölkerung (1974). ASB Freiburg, „Wyhl – Die Anfänge," 3577, siehe Abbildung im Inneren des Umschlags am Anfang und am Ende dieses Bandes.

12
Mossmann: Realistisch sein, S. 197.

13
Der Widerstand gegen das Bleiwerk wächst, in: Kommunistische Volkszeitung, Nr. 21, 2.10.1974.

14
Besetzer wehren sich gegen Missbrauch ihrer Aktion, in: Badische Zeitung, 03.03.1975.

Abbildungen

01:
Regierungserklärung von Ministerpräsident Hans Filbinger, 27. Februar 1975
WLB Stuttgart: 25C/968

02:
Plakat: Pfingsten 1979. Internationale Demonstration gegen die Atomenergie, Freiburg: Bundschuh-Druck 1979
WLB Stuttgart / BfZ: PSLD7/10002

03:
Flugblatt: Bleiwerk-Alarm Marckolsheim gilt weiter, um 1975
WLB Stuttgart / BfZ: Sammlung Milarch

04:
Kommunistischer Bund Westdeutschlands: Kein Kernkraftwerk in Wyhl, Freiburg i. Br. 1975.
WLB Stuttgart / BfZ: D 2031

Ulrich Eith

Volkshochschule Wyhler Wald

Die kleine Gemeinde Wyhl am Kaiserstuhl steht bundesweit für den ersten erfolgreichen Widerstand gegen den Bau eines Atomkraftwerks – die Gründung der Volkshochschule Wyhler Wald auf dem besetzten Baugelände für eine bis dato außergewöhnliche Strategie der Aufklärung, Mobilisierung und Stabilisierung einer Protestbewegung durch Informations- und Kulturveranstaltungen.[1] Über acht Monate im Jahr 1975 hinweg besetzten Männer und Frauen aus der regionalen Landbevölkerung im Schulterschluss mit akademischen Kreisen vor allem aus Freiburg den von der Landesregierung geplanten Standort des Atomkraftwerks in den Rheinauen nördlich des Kaiserstuhls. Auf dem Bauplatz errichteten sie mehrere Blockhäuser und als Versammlungsort das Freundschaftshaus. Sie gründeten die Volkshochschule Wyhler Wald und organisierten zudem über Monate hinweg die abwechselnde Unterstützung der Bauplatzbesetzung durch die Nachbargemeinden. Der Protest blieb friedlich und führte letztlich zum Abbruch des gesamten Bauvorhabens. Einen bedeutsamen Anteil daran hatten die regelmäßigen Veranstaltungen der kurz nach der Bauplatzbesetzung aktiven Volkshochschule Wyhler Wald.

– Selbstinformation und Zusammenhalt im Protest

VOLKSHOCHSCHULE
WYHLER WALD
der Badisch - elsässischen Bürgerinitiativen

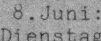

- 59. Programm -

Breisach:	8.6.82
Königschaffhausen:	9.6.82
Emmendingen:	15.6.82
Buggingen:	21.6.82
Vogesenwanderung:	27.6.82
Müllheim:	29.6.82
Kaiserstuhl:	Termin offen
Freiburg:	Termin offen

8.Juni: "Nach-Rüstung" kommt Krieg
Dienstag

Der gleichnamige Videofilm einer Tübinger Friedensgruppe beleuchtet einerseits die Argumente der etablierten Politiker und Militärs, die die offizielle Sicherheitspolitik vertreten. Andererseits werden auch die gängigen Argumente der Friedensbewegung und anderer Gruppen kritisch dargestellt: Aus welchen Gründen wird denn nun wirklich aufgerüstet? Wo liegen die Risiken und Gefahren für Kriege?
Außerdem wird Hansjörg Pfister (Bötzingen) nach dem Film kurz die jüngsten amerikanischen und sowjetischen Abrüstungsvorschläge darlegen und abschließend soll ausführlich diskutiert werden.

20.00 Uhr im Gasthaus Hirschen in Ihringen/ Kaiserstuhl

9.Juni: "S'Weschpenäscht" - Chronik des Widerstands von Wyhl und anderswo
Mittwoch

Angefangen von Breisach über Marckolsheim nach Wyhl - mit Abstechern innerhalb und außerhalb des Dreyecklands - dokumentiert dieser Film 12 Jahre gelebte Geschichte des Widerstands gegen Umweltzerstörung und Wachstumsideologie.
Über vier Monate lang wurden in der Freiburger Medienwerkstatt Unmengen von Bild- und Tonmaterialien in engagierter Kleinarbeit zusammengestellt. Das Ergebnis ist ein Film, der so lebendig und direkt ist, wie es unsere Bewegung in diesen 12 Jahren gewesen ist, der Hintergründe und Zusammenhänge noch einmal aufzeigt.
Ein Film, der stolz zeigt, was wir in dieser Zeit alles erreicht haben und Mut macht, es uns in Zukunft nicht nehmen zu lassen.

20.30 Uhr im Gasthaus Ochsen in Königschaffhausen

15.Juni: "Flo's Hessliche Ohr-Bild-Show" - eine Multi-Media-Show in
Dienstag **Sachen:"Keine Startbahn West"**

Dieser ca. eineinhalb Stunden lange Diavortrag mit Musikbegleitung zeigt die harten Auseinandersetzungen um die "Startbahn West" im Flörsheimer Wald. Vielen bisher nur aus offiziellen Medien bekannt, werden sie hier auf ganz andere Art und Weise dargestellt, nämlich aus der Sicht der Betroffenen.
Was im Flörsheimer Wald geschehen ist und geschieht, kann möglicherweise bald auch im Wyhler Wald grausame Realität werden. Deswegen ist es für uns wichtig, mit den Bürgerinitiativen von dort Erfahrungen auszutauschen und von ihnen zu lernen.

Gemeinschaftsveranstaltung mit dem Kommunalen Kino Emmendingen

20.00 Uhr Kommunales Kino, Landvogtei 6 in Emmendingen

01 – Programm der Volkshochschule
Wyhler Wald (1982)

Die Verhinderung des Atomkraftwerks in Wyhl erlangte in kurzer Zeit gleich mehrfachen Symbolwert[2]: Wyhl gilt weithin erstens als Beginn der organisierten Anti-Atomkraftbewegung in der Bundesrepublik Deutschland und verdeutlicht am Beispiel der Volkshochschule Wyhler Wald, wie sich aus anfänglichem Protest häufig ein zivilgesellschaftliches Expertentum herausbildet. Zweitens war der Widerstand in Wyhl stilbildend für den Aufschwung der sogenannten Neuen Sozialen Bewegungen ab Mitte der 1970er Jahre und signalisierte damit den heraufziehenden gesellschaftlichen Wandel in der Bundesrepublik. Drittens gelten die Ereignisse in Wyhl als eine entscheidende Wegmarke zur Gründung und Etablierung der Grünen im Südwesten und viertens demonstrierte die enge, grenzüberschreitende Kooperation von badischen und elsässischen Aktivisten, Aktivistinnen und Bürgerinitiativen den zwischenzeitlich erreichten Erfolg der deutsch-französischen Aussöhnung links- und rechtsseitig des Rheins gerade auch auf der Ebene zivilgesellschaftlicher, regionaler Akteure. Der Beitrag der Volkshochschule Wyhler Wald für den erfolgreichen Widerstand gegen den geplanten Bau des Atomkraftwerks erschließt sich nach einem kurzen Blick auf die Eckdaten der Chronologie.

„Saubere" Energie für die Industrialisierungspläne der Landesregierung am Oberrhein

Aus heutiger Sicht gelten die 1960er und frühen 1970er Jahre als ausgesprochen technik- und fortschrittsgläubig. Noch ungebrochen war der Optimismus der Funktionseliten in Politik, Wirtschaft und Verwaltung, wirtschaftliche und gesellschaftliche Prozesse zielgerichtet planen und steuern zu können. Mit Bildung der Großen Koalition in Bonn 1966 waren gesellschaftspolitische Reformen und ökonomische Modernisierungsprozesse ins Zentrum des politischen Handels gerückt. Eine Schlüsselrolle kam hierbei dem damals noch als unkritisch angesehenen Wirtschaftswachstum zu, galt dieses doch als unverzichtbare Voraussetzung für den Ausbau des Sozialstaates und für mehr soziale Gerechtigkeit.

Vom Ausbau der als „sauber" angesehenen Atomenergie versprachen sich viele eine effektive und preisgünstige Stromversorgung gerade auch für den industriellen Bedarf. Dieser Ausbau war Teil der wirtschaftspolitischen Ambitionen der baden-württembergischen Landesregierung, den Oberrheingraben, als Folge des Versailler Vertrags noch weitgehend ländlich strukturiert, umfänglich zu industrialisieren und massiv wirtschaftlich zu fördern.[3] Die Landesregierung beabsichtigte, hierfür allein in Baden-Württemberg fünf neue Atomkraftwerke in Rheinnähe zu bauen. Vorbild war das Ruhrgebiet, Ziel war die Schaffung einer europäischen Industrieachse entlang des Rheins von Basel bis letztlich Rotterdam. Die vielfach zitierte Bemerkung des damaligen baden-württembergischen Ministerpräsidenten Hans Filbinger aus einer Regierungserklärung von 1975, dass ohne das Kernkraftwerk Wyhl zum Ende des Jahrzehnts in Baden-Württemberg die ersten Lichter ausgehen würden, verdeutlicht in aller Klarheit den noch vorherrschenden Fortschrittsglauben und die Größenordnung der geplanten großindustriellen Umstrukturierungen.

02 – Werbeblatt der Landesregierung Baden-Württemberg für das Kernkraftwerk Wyhl (1975)

Der Widerstand organisiert sich

Als Standort für das neue Atomkraftwerk war zunächst Breisach vorgesehen, nicht weit vom ebenfalls projektierten – und später auch gebauten – Atomkraftwerk Fessenheim auf der gegenüberliegenden französischen Rheinseite. Ein weiteres Atomkraftwerk sollte im schweizerischen Kaiseraugst entstehen. Bereits 1972 kam es jedoch zu massiven Protesten links- und rechtsrheinischer Atomkraftgegner insbesondere gegen die Bauvorhaben in Breisach und Fessenheim. Im Dezember 1973 erfolgte in Kaiseraugst als „letzte Warnung" eine symbolische Besetzung des Bauplatzes. Immer deutlicher wurde den Atomkraftgegnern, dass der Protest und Widerstand grenzüberschreitend organisiert werden musste. Auf deutscher Seite beteiligten sich hieran etliche Winzerfamilien vom benachbarten Kaiserstuhl, wo die umfangreiche, staatlich geförderte Rebumlegung und Flurbereinigung zur Schaffung von Großterrassen für einen effektiven Weinbau im vollen Gange war. Sie fürchteten einen Anstieg der Luftfeuchtigkeit und eine Beeinträchtigung der Sonneneinstrahlung durch den zu erwartenden Wasserdampf aus den geplanten großen Kühltürmen der deutschen Anlage.

Der gut organisierte Protest gegen den Standort Breisach hatte Erfolg, zumal mit dem Rheinauewald bei Wyhl bereits im Sommer 1973 ein alternativer Bauplatz zur Verfügung stand. Unterstützung hierfür kam vom Wyhler Bürgermeister, der auf wirtschaftliche Vorteile hoffte und im Ort Befürworter für den Bau des Atomkraftwerks hinter sich wusste. Anders hingegen sah es in den meisten Nachbargemeinden aus, wo Bevölkerung und Rathäuser schon bald weitgehend gemeinsam den Protest gegen das geplante Atomkraftwerk organisierten.

Zum organisatorischen Rückgrat des Widerstands wurden die neu entstandenen Bürgerinitiativen, eine für deutsche Verhältnisse damals noch ungewöhnliche zivilgesellschaftliche Organisationsform. Zur Durchsetzung ihrer Interessen verfolgten sie verschiedene Strategien, die Jahre später dann auch andernorts immer wieder zu beobachten waren. 1973/74 setzten sie zunächst auf die Mobilisierung der Öffentlichkeit durch Informationsveranstaltungen über die Schwachstellen und Folgen der Nukleartechnik. Nicht selten verfügten die Widerstandsaktivisten hierbei in kurzer Zeit über detailreichere Sachkenntnisse als die Experten der Landesregierung oder des regionalen Energieversorgers, des „Badenwerks". Es galt, durch Sachaufklärung die passive Mehrheit im näheren und weiteren Umkreis des Bauplatzes zur aktiven politischen Mitarbeit zu mobilisieren. Hinzu kamen schon bald Formen des zivilen Ungehorsams. Als im Herbst 1974 das Genehmigungsverfahren eingeleitet wurde, zwangen die Gegner des Baus die Politiker zur Diskussion, etwa durch einen Besuch von 700 südbadischen Atomkraftgegnern im Stuttgarter Landtag oder auch durch die Blockade einer Fraktionssitzung der CDU-Landtagsfraktion in Kiechlingsbergen im Kaiserstuhl durch Winzer und Bauern mit ihren Traktoren.

Mit Beginn der Bauarbeiten am 18. Februar 1975 besetzte dann eine überwiegend aus Winzern und Bauern – unter ihnen viele Winzer- und Bauersfrauen – bestehende Gruppe spontan den Bauplatz. Erste Erfahrungen mit dieser neuen Protestform hatten die Aktivisten nur wenige Wochen zuvor im französischen Marckolsheim auf der gegenüberliegenden Rheinseite gesammelt, wo Elsässer und Badener auf diese Weise gemeinsam den Bau eines Bleichemiewerks verhindern konnten. Die unter ökologischen Gesichtspunkten bedrohlichen Bauvorhaben beidseits des Rheins hatten zudem 1974 zur Intensivierung der grenzüberschreitenden Kooperationen und zur Gründung des Internationalen Komitees der 21 Badisch-Elsässischen Bürgerinitiativen geführt.[4]

Am 20. Februar 1975 ließ die Landesregierung den Platz in Wyhl durch die Polizei zwischenzeitlich räumen. Nur drei Tage später, am 23. Februar 1975, erfolgte die erneute, dieses Mal über acht Monate andauernde Besetzung des Bauplatzes. Die Klagen der Gemeinden Endingen, Forchheim, Lahr, Sasbach, Schwanau, Weisweil und einiger Privatpersonen gegen den Bau scheiterten am 14. Oktober 1975 vor dem Verwaltungsgerichtshof Baden-Württemberg in Mannheim, nachdem das Freiburger Verwaltungsgericht zuvor einen Baustopp verfügt hatte. Die Landesregierung durfte den ersten Bauabschnitt auf eigenes Risiko weiterführen. Die

grundsätzliche Entscheidung über den Bau des Atomkraftwerks stand allerdings noch aus und oblag weiterhin dem Verwaltungsgericht Freiburg.

Angesichts des anhaltenden Widerstandes und der monatelangen Besetzung des Bauplatzes nahm die Landesregierung schließlich Verhandlungen mit den Besetzern auf. Nach der Zusicherung eines vorläufigen Baustopps und der Einstellung sämtlicher Verfahren gegen die Atomkraftgegner mit teilweise nicht unerheblichen Regressforderungen räumten die Bürgerinitiativen zum 7. November 1975 das Gelände. Im März 1977 untersagte das Verwaltungsgericht Freiburg in nächster Instanz den Bau, 1982 erklärte ihn der Mannheimer Verwaltungsgerichtshof wieder für rechtens. Erneut demonstrierten in Wyhl 30.000 Männer und Frauen gegen die Atomkraftpläne. Auch in der breiteren Öffentlichkeit hatte zwischenzeitlich die kritische Auseinandersetzung mit der Atomenergie einen immer größeren Raum eingenommen. Das gesamte Atomprogramm von Bund und Landesregierung stand in der Kritik, die Technik- und Planungseuphorie der späten 1960er Jahre war verflogen. Im Oktober 1983 verfügte der baden-württembergische Ministerpräsident Späth dann den vorläufigen Stopp des Bauvorhabens in Wyhl mit der Begründung, das geplante Atomkraftwerk sei für die wirtschaftliche Entwicklung der Region auf absehbare Zeit nicht notwendig. Seit 1995 ist der ehemalige Bauplatz als Naturschutzgebiet ausgewiesen.

Information und Kultur in der Volkshochschule Wyhler Wald

Die Aktivitäten der Volkshochschule Wyhler Wald starteten im April 1975, nur kurze Zeit nach Beginn der Bauplatzbesetzung. Veranstaltungsort war das neu errichtete Freundschaftshaus auf dem besetzten Bauplatz. Das Holzhaus bot Platz für etwa 500 Personen. Bereits das erste Vierwochenprogramm umfasste eine breite Palette von Themen, zugeordnet jeweils einem Wochentag.[5] Immer dienstags ging es um die Gefahren der Kernenergie und alternative Möglichkeiten der Stromerzeugung, mittwochs um Reisen, Fahrten und fremde Länder. Die Donnerstage waren dem Themenbereich der modernen Landwirtschaft vorbehalten, freitags standen regionale und grundsätzliche Themen des Natur- und Umweltschutzes auf dem Programm. Viele Themen hatten nur einen losen Bezug zum Widerstand, trafen aber das Interesse der vielfach aus den Nachbargemeinden stammenden Menschen vor Ort. Der erste Vortrag der Volkshochschule fand am 15. April 1975 statt und thematisierte bezeichnenderweise die Frage „Wie funktioniert ein Atomkraftwerk?".

Erklärtes Ziel der Volkshochschule war es erstens, der badisch-elsässischen Öffentlichkeit sowie den Bauplatzbesetzern wissenschaftlich abgesicherte Informationen und Argumente gegen das Atomkraftwerk zu liefern. Zudem beschäftigten sich etliche Vorträge auch mit erfolgversprechenden Alternativen der Energiegewinnung, insbesondere der Erzeugung von Solarenergie. Die Volkshochschule wurde so zum Forum für Gegenexperten, zur Schule des Widerstands.[6] Überregional bekannte Referentinnen und Referenten wie etwa Petra Kelly oder Robert Jungk konnten für Vorträge gewonnen werden. Legendär waren die ersten Informationsabende der Chemie-Studierenden aus Freiburg zur Funktionsweise und den Gefahren der Nukleartechnologie. Über die Informationsvermittlung hinaus boten die Veranstaltungen aber auch vielfältige Anlässe zur praxisorientierten Reflexion und Diskussion, verbunden mit dem daraus resultierenden Engagement gegen das Atomkraftwerk. Die Aktivitäten der Volkshochschule hatten somit aus Sicht einer emanzipatorischen politischen Bildungsarbeit durchaus Modellcharakter. Im Ergebnis waren die in den Bürgerinitiativen Engagierten für die Diskussionen mit den Experten und Sachverständigen von Landesregierung und Betreibern fachlich bestens gerüstet, zudem aber auch intensiv engagiert im Austausch über realisierbare Alternativen zur Kernenergie.

Zum Zweiten bot die Volkshochschule den Menschen auf dem Bauplatz vielfältige, attraktive Gelegenheiten zur sinnvollen Beschäftigung. Neben den erwähnten inhaltlichen Programmpunkten der Wissensvermittlung wurden Lieder- und Heimatabende mit neuem und altem Brauchtum, Theateraufführungen oder auch reine Diskussionsveranstaltungen durchgeführt. Gerade den kulturellen und diskursorientierten Veranstaltungen kam während der Zeit der Bauplatzbesetzung eine wichtige integrative Funktion zu. Sie brachten die unterschiedlichen Gruppen von Besetzern – Akademiker, Wissenschaftler und Studierende aus Freiburg sowie Lehrer, Pfarrer, Apotheker, Winzer, Handwerker, Bauern und Fischer aus den ländlichen Orten rund um den Kaiserstuhl – einander näher, halfen beim Abbau möglicher Vorurteile, förderten ein besseres Verständnis für die unterschiedlichen Sicht- und Lebensweisen und unterstützten so die Herausbildung eines Zusammengehörigkeitsgefühls im Widerstand gegen das geplante Atomkraftwerk.

Darüber hinaus beförderten die kulturellen Veranstaltungen drittens das Entstehen eines regionalen, ländlich geprägten Selbstbewusstseins, gerade auch gegenüber den städtischen, oft noch als fortschrittlicher empfundenen Lebensweisen und Gewohnheiten. Bezugspunkt war hierbei der alemannische Dialekt, der gleichermaßen auf der deutschen Seite, im französischen Elsass sowie in der Nordschweiz gesprochen wird und daher die Eigenständigkeit der grenzüberschreitenden Region symbolisierte. Liedermacher wie der Karlsruher Walter Mossmann oder der Kaiserstühler Roland „Buki" Burkhart präsentierten neue und alte Lieder im Dialekt. „In Mueders Stübele" als Protestsong mit neuem Text von Mossmann oder auch „Mir sin eifach wieder do" von „Buki" Burkhart[7] wurden zu Hymnen des Widerstands, die die damals Beteiligten bei mancherlei Gelegenheiten am Kaiserstuhl auch heute noch textsicher anstimmen.

In Mueders Stübele

- gesungen am Tag nach der Räumung des KKW-Bauplatzes durch 700 Bereitschaftspolizisten.

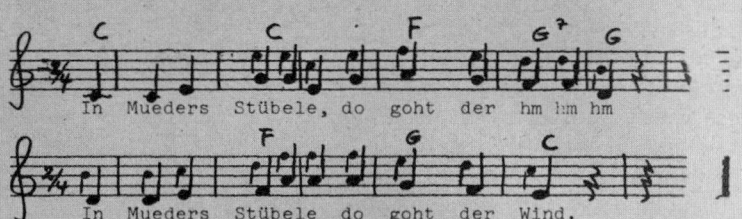

In Mueders Stübele, do goht der hm hm hm
In Mueders Stübele do goht der Wind.

D'r Wind sait d'W hret, nit äso wie Zittig sait
D'r Wind sait d'W hret, ich loos 'em Wind.

D'r Wind sait: "D'Büre, de hän jetz' hm hm hm
D'r Wind sait: "D'Büre, de hän jetz' Kriag!"

De Kriag, de dundret nit, kunnt nit vu üswärts.
De Kriag, de kunnt üs dinem aigne Land.

Sin' nit d'Franzose, s'isch 's große hm hm hm
Sin' nit d'Franzose, s'isch 's große Gald.

D' riiche Herre hän d'Büre üsbrücht
de brüche Arbetslitt fir d'Fabrik.

Wel d'r Atomschtrom, der git viel hm hm hm
Wel d'r Atomschtrom git viel Profit.

Z'erscht kunnt 's Atomkraftwark un dann kun t d'Gr ht m
Un bis dü "Au" gsait hesch, isch 's Ländli hi.

So gosch zur Arbet fir klaine hm hm hm
So gosch zur Arbet fir klaine Lohn.

Di Lohn isch immer klai, isch d'r Profit groß
Un kunnt a Krise no bisch arbetslos.

No bisch di Arbet los un bisch di Acker los
Un dini Herre bliebe riich un groß.

So goht im Elsaß un in Bade hm hm hm
So goht im Elsaß un in Bade Kriag.

In Mueders Stübele goht erscht en andre Wind
Wenn mange Litt emol erscht uffgwacht sin'!

*Inzwischen gibt es auch eine Schweizer Fassung (Born) u
eine Elsäßer Fassung (Brumbt) dieses alten Bettelliedes*

12. Jan. 75: Bürgerentscheid in Wyhl: 55% für, 43% gegen Geländeverkauf — Versprochen wurden viele Arbeitsplätze, Schwimmbad... etc. dazu Enteignungsdrohung!

17. Januar: Verhöre, Hausdurchsuchungen ...

11. Febr.: Geländeverkauf: 2 Mill. DM an Wyhl.

17. Febr.: Baubeginn: Zaun, Abholzung

18. Febr.: Pressekonferenz der inzwischen 30 Bürgerinitiativen auf der Natorampe — Erste Platzbesetzung, Zelte, einige 100 Besetzer ...

19. Febr.: 17 evang. Pfarrer der Umgebung protestieren gegen Filbingers Extremistenlüge.

20. Febr.: Brutale Räumung des Platzes durch Polizei, -hunden und Wasserwerfereinsatz; 54 Festnahmen (gezielt langhaarige u. Leute, die nicht kaiserstühlerisch genug sprachen); Panzerdraht-zieher am Werk.

21. Febr.: Kundgebung auf der Natorampe vor dem von Polizei besetzten Gelände — 5000 Teilnehmer.

22. Febr.: Badische Zeitung: "KKW's sind notwendige Übel"(!)

23. Febr.: Kundgebung — 28 000 Leute —, Stürmung des mit hohen Stacheldrahtzäunen (Natodraht) u. über 1000 Polizisten abgesicherten Geländes
→ Zweite Besetzung !! —

NIT ALLEM SICH NEIGE,
S'EIGE ZEIGE ... !

Der Dialekt wurde zumindest in den bewegten Zeiten des Widerstands zum regionalen Erkennungszeichen und damit salonfähig, das Leben der örtlichen Landbevölkerung bekam Impulse durch das Miteinander ganz unterschiedlicher Milieus und Mentalitäten aus Stadt und Land während der Bauplatzbesetzung.

Auf einen damit verbundenen Aspekt hat der Historiker Jens Ivo Engels aufmerksam gemacht.[8] Als wirkungsvolles Antriebsmoment des Protests der Kaiserstühler Bevölkerung nennt er die Bedeutung von Heimat – ihre Bewahrung, Verteidigung und Selbstvergewisserung. Flugblätter, Kampflieder und zeitgenössische Bilanzen regionaler Aktivistinnen und Aktivisten haben den Widerstand gegen das geplante Atomkraftwerk immer wieder in eine Reihe mit den Bauernkriegen und der Badischen Revolution von 1848 gestellt. Allerdings haben die demonstrative Herausstellung des Alemannischen rechts und links des Rheins, die darauf aufbauende Konstruktion einer regionalen Identität und die Herausarbeitung gemeinsamer Widerstandstraditionen durchaus auch ambivalente Seiten. Zum einen kann die Aktivierung eines regionalen Wir-Gefühls die Verpflichtung zur konkreten Unterstützung und Solidarität stärken. Zum anderen verfestigen und überhöhen sich dadurch aber auch die Fronten in der Auseinandersetzung um den Bau des Atomkraftwerks. So steht das apodiktische „Nai hämmer gsait!", die zentrale, bundesweit vielfach übernommene Losung des Widerstands in Wyhl, für Selbstbehauptung, Heimatsicherung und wenig kompromissbereite Konfrontation – im konkreten Fall zumindest eingebettet in ein grenzüberschreitendes alemannisches Zusammengehörigkeitsgefühl – und gegen die historisch häufig erfahrene Fremdbestimmung, diesmal aus der schwäbischen Landeshauptstadt Stuttgart.

In der Regionalpresse wurde über die Aktivitäten der Volkshochschule Wyhler Wald ausführlich berichtet. Schnell entwickelte die Besetzung des Bauplatzes eine Anziehungskraft weit über die Region hinaus. Entsprechend groß war dann auch das Interesse der überregionalen Medien. Aus ganz Deutschland kamen Sympathisanten zur Unterstützung, nicht immer zur Freude der regionalen Aktivisten aus Südbaden und dem Elsass. Dennoch gelang es den Atomkraftgegnern, ihre Protestaktionen weiterhin gewaltfrei und friedlich durchzuführen.

Aufschlussreich ist eine nähere Betrachtung des Programms der Volkshochschule Wyhler Wald. In den gut acht Monaten der Bauplatzbesetzung nimmt die Atomenergie etwa 25 % des Programms in Anspruch, kulturelle Themen etwa 45 % und Landwirtschaft ca. 13 %.[9] 60–70 % der Besucherinnen und Besucher der Volkshochschule kamen aus den umliegenden Ortschaften, etwa 20 % aus Freiburg oder weiter entfernten Orten, bis zu 20 % der Besucher waren ständige Bauplatzbesetzer.[10] Mit dem Ende der Besetzung des Bauplatzes im November 1975 änderte sich die Arbeit der Volkshochschule, deren Veranstaltungen nun statt im Freundschaftshaus in den einzelnen Dörfern am Kaiserstuhl stattfanden. Zu Lasten der ursprünglichen Widerstandsthemen nahmen Veranstaltungen zu regionalen Themen und zur alemannischen Kultur zu. Ein weiterer Einschnitt erfolgte dann im Herbst 1976, als erstmals ein Programm in Freiburg durchgeführt wurde und sich die einzelnen Termine auf den Kaiserstuhl, Freiburg und angrenzende Regionen verteilten. Die kulturellen Veranstaltungen konzentrierten sich eher am Kaiserstuhl, die Informationsveranstaltungen spielten in Freiburg und dem angrenzenden Markgräflerland eine größere Rolle.[11] 1988 wurden die Aktivitäten der Volkshochschule Wyhler Wald eingestellt. Sie war nahezu überflüssig geworden. Nicht zuletzt präsentierten die herkömmlichen Volkshochschulen inzwischen ähnliche Bildungsangebote.

04 – Plakat: „Nai hämmer gsait!" (1982)

Wyhl als ermutigendes Vorbild

Der mehrfache Symbolwert von Wyhl, die Bedeutung gerade auch für die Entwicklung der Neuen Sozialen Bewegungen und die weitere Entwicklung der Anti-Atomkraftbewegung beruht zunächst schlicht auf dem durchschlagenden Erfolg der Bauplatzbesetzung und des praktizierten Widerstands. Die lokale Bevölkerung hatte sich gegen die Landesregierung durchgesetzt. Widerstand war nicht nur organisierbar, er war auch erfolgreich. Die gemeinsamen Aktivitäten im Freundschaftshaus, die kulturellen Veranstaltungen und Informationsabende der Volkshochschule Wyhler Wald hatten zu einem Gemeinschaftsgefühl im Widerstand von ganz unterschiedlichen sozialen Gruppen geführt und letztlich die notwendige Energie freigesetzt, die Bauplatzbesetzung trotz anderweitiger Verpflichtungen in Landwirtschaft und Beruf über viele Monate hinweg aufrecht zu erhalten. Neue Beteiligungs- und Protestformen konnten sich in der Folgezeit als Mittel legitimer demokratischer Einflussnahme etablieren – von der Aufklärung und Mobilisierung der Öffentlichkeit durch Druckerzeugnisse und Diskussionsveranstaltungen über Protestdemonstrationen und Mahnwachen, den Einsatz juristischer Mittel wie Verfahrenseinsprüche oder Verfassungsbeschwerden bis hin zu Maßnahmen des zivilen Ungehorsams wie Blockaden, Boykotte und Besetzungen. Wyhl wirke in dieser Hinsicht ermutigend und stilbildend.

In inhaltlicher Hinsicht waren die Argumente und Argumentationsmuster von Befürwortern und Gegnern der Atomenergie durch die Konflikte in Breisach und Wyhl weitgehend bekannt und vielfach durchgespielt. Spätere Auseinandersetzungen um weitere Standorte für Atomkraftwerke folgten fast immer demselben Muster von Argumenten und Gegenargumenten unter Berücksichtigung von regionalen Besonderheiten. Die der Anti-Atomkraftbewegung hatten schon bald die kleinsten technischen Details wissenschaftlich durchgearbeitet und sich zu ausgewiesenen Fachleuten weiterentwickelt. Die Bildungsangebote der Volkshochschule Wyhler Wald hatten hieran einen nicht zu unterschätzenden Anteil. In der Folge wurde dieses zivilgesellschaftliche Expertentum geradezu zum Kennzeichen Neuer Sozialer Bewegungen, von Nicht-regierungsorganisationen und Protestgruppierungen. Zu beobachten war dies in neuerer Zeit etwa bei den Diskussionen um Stuttgart 21, bei der Frage nach den Ursachen des Bienen- und Insektensterbens oder auch – um ein ganz anderes thematisches Beispiel anzuführen – bei Fragen der Datensicherheit und den Aktivitäten des Chaos Computer Clubs. Selbst Regierungen und öffentliche Verwaltungen greifen heute für Gutachten und zu Beratungszwecken immer wieder auf die Fachexpertise von zivilen Bewegungen und Organisationen zurück.

Nicht zuletzt hat die Zeit des Widerstands in Wyhl auch in institutioneller Hinsicht bis heute nachwirkende Spuren hinterlassen. Vor dem Hintergrund der gemeinsamen Erfahrungen haben sich regionale und überregionale Netzwerke herausgebildet. Manch einer hat sich auch beruflich mit der Entwicklung alternativer Energieformen oder auch der Solartechnologie befasst, andere haben sich hauptberuflich oder ehrenamtlich in Umweltschutzverbänden wie etwa dem BUND engagiert. Prominentestes Beispiel für die Herausbildung von Organisationen aus dem Wyhler Widerstand ist die 1977 erfolgte Gründung des Freiburger Ökoinstituts e.V.

Mit derzeit über 170 Mitarbeitenden an den Standorten Freiburg, Darmstadt und Berlin gilt es als eines der führenden Umweltforschungsinstitute in Deutschland mit einer bis heute wahrnehmbaren advokatorischen Haltung für die Belange des Umwelt- und Naturschutzes.[12] Positiv wirkte sich der Aufschwung der Umwelttechnologien auch auf die regionale Wirtschaftsstruktur rund um Freiburg aus. In Kooperation mit der Universität und weiteren renommierten Forschungseinrichtungen konnte sich die Region in den Jahren nach der Jahrtausendwende zu einem weltweit Beachtung findenden Zentrum für erneuerbare Energien und insbesondere für Solartechnologien entwickeln. Und auch am Kaiserstuhl wird die Energiewende aktiv angegangen. Der seit 2013 bestehende Solarpark der Stadt Vogtsburg im Kaiserstuhl liefert aktuell etwa 70 % des gesamten Strombedarfs der Kommune mit seinen sieben Teilorten.

Die Ereignisse in Wyhl und die Aktivitäten der Volkshochschule Wyhler Wald haben bei

05 – Plakat: „Energiewende statt Strahlung ohne Ende" (zwischen 1978 und 1990)

vielen der damals doch vorwiegend jüngeren Aktivisten einen nachhaltigen, wenn nicht sogar prägenden Eindruck hinterlassen und in der ganzen Region schon frühzeitig den Gedanken des notwendigen Natur-, Umwelt- und Klimaschutzes in den Vordergrund gerückt. Die weitere wirtschaftliche Entwicklung im Südwesten hat gezeigt, dass hierbei eine generelle Gleichsetzung von Umweltbewusstsein und Technikfeindlichkeit nicht aufgeht. Vielmehr kann ökologisches Denken sehr wohl die Suche nach neuen Technologien befördern und damit auch Arbeitsplätze und die langfristige Konkurrenzfähigkeit der Betriebe im Markt sichern.

Anmerkungen

1
Der Text beruht auf verschiedenen Interviews, die der Autor mit ehemaligen Aktivisten geführt hat. Eith, Ulrich: „Nai hämmer gsait!" – stilbildender ziviler Widerstand in Wyhl am Kaiserstuhl, in: Weber, Reinhold (Hg.): Aufbruch, Protest und Provokation. Die bewegten 70er- und 80er-Jahre in Baden-Württemberg, Stuttgart: Theiss 2013, S. 35–40.

2
Von Wyhl bis Karlsruhe – Bürgerproteste, Neue Soziale Bewegungen und die Gründung der Grünen, in: Gassert, Philipp / Weber, Reinhold (Hg.): Filbinger, Wyhl und die RAF. Die Siebzigerjahre in Baden-Württemberg, Stuttgart: Landeszentrale für politische Bildung 2015 (Schriften zur politischen Landeskunde Baden-Württembergs; 42), S. 110–132.

3
Ebd.; Mutz, Mathias: Die Volkshochschul' fuer unser Volksgewuhl – Zur Bedeutung der Volkshochschule Wyhler Wald für den Widerstand gegen das Kernkraftwerk Wyhl, in: Zeitschrift des Breisgau-Geschichtsvereins Schau-ins-Land, Heft 124 (2005), S. 203–220.

4
Löser, Georg: Grenzüberschreitende Kooperation am Oberrhein. Die Badisch-Elsässischen Bürgerinitiativen, in: Hochstuhl, Kurt (Hg.): Deutsche und Franzosen im zusammenwachsenden Europa 1945–2000, Stuttgart 2003, S. 105–156.

5
Mayer, Axel: Volkshochschule Wyhler Wald & Atomkraftwerk Wyhl: Lernen im AKW-Widerstand, 02.01.2021, https://www.mitwelt.org/volkshochschule-wyhler-wald.html, Zugriff: 25.01.2023; Beer, Wolfgang: Die Volkshochschule Wyhler Wald, in: Hessische Blätter für Volksbildung (1975), Heft 25, S. 259–263; Mutz: Die Volkshochschul'.

6
Mutz: Die Volkshochschul'.

7
Burkhart, Roland: Buki. Lieder, Aufsätze, Kurzgeschichten, Waldkirch 2022.

8
Engels, Jens-Ivo: Geschichte und Heimat: Der Widerstand gegen das Kernkraftwerk Wyhl, in: Kretschmer, Kerstin (Hg.): Wahrnehmung, Bewusstsein, Identifikation: Umweltprobleme und Umweltschutz als Triebfedern regionaler Entwicklung, Freiberg: Technische Universität Bergakademie 2003 (Freiberger Forschungshefte, Reihe D, Wirtschaftswissenschaften, Geschichte; 211), S. 103–130.

9
Mutz: Die Volkshochschul'.

10
Beer: Volkshochschule Wyhler Wald.

11
Mutz: Die Volkshochschul'.

12
Tils, Ralf: Politikberatung in der Umweltpolitik, in: Falk, Svenja u.a. (Hg.): Handbuch Politikberatung, Wiesbaden: Springer VS 2006, S. 449–459.

Abbildungen

01:
Flugblatt: Volkshochschule Wyhler Wald der Badisch-elsässischen Bürgerinitiativen, 59. Programm, 1982
WLB Stuttgart / BfZ: Sammlung Doku / Ordner Weisweil

02:
Landesregierung Baden-Württemberg: Energie. Kernkraftwerk Wyhl; Entwicklung und Leben für Land und Landschaft, Stuttgart 1975
WLB Stuttgart: 25Ca/1059

03:
„In Mueders Stübele" – Noten und Text, in: Die Lieder aus Wyhl, Marckolsheim / Elsaß, Fessenheim, Kaiseraugst/Schweiz, Freiburg i.Br.: Bundschuh-Verlag 1975
WLB Stuttgart / BfZ: D 414

04:
Plakat: Nai hämmer gsait!, Entwurf: Hubert Hoffmann, Weisweil 1982.
WLB Stuttgart / BfZ: PSLD8/18006

05:
Plakat: Energiewende statt Strahlung ohne Ende, hrsg. vom Ökoinstitut Freiburg, Freiburg: Bundschuh Druckerei [zwischen 1978 und 1990]
WLB Stuttgart / BfZ: PSLD9/4027

Klaus Schramm

Aus der Not – Wyhl,

Das Leben eines Menschen beginnt nicht mit der Geburt. Falsch wäre es auch, die Geschichte von Radio Dreyeckland mit der ersten Ausstrahlung am 4. Juni 1977 zu beginnen. Wie jedes historische Ereignis hat auch dieses seine Vorgeschichte.

Am 15. Oktober 1974 hatten sich rund 200 Frauen in Sasbach, einem Nachbarort von Wyhl, getroffen, um sich über ihre Haltung zu zwei Industrie-Projekten zu beraten. Es ging zum einen um das geplante Bleichemiewerk in Marckolsheim, dem Nachbarort auf der elsässischen Seite des Rheins. Ein deutscher Konzern, CWM (Chemische Werke München), wollte sich die Grenzlage zunutze machen und auf französischem Boden unmittelbar am Rhein eine Bleichemiefabrik errichten. Zum anderen ging es um das vom Badenwerk, dem baden-württembergischen Strom-Konzern und Vorläufer von EnBW, in Wyhl geplante Atomkraftwerk.

Bei dem darauffolgenden Treffen – ebenfalls im Jahr 1974 – kamen in Königschaffhausen am Kaiserstuhl schon über 400 Frauen zusammen. Noch heute ist vom damaligen „Frauenaufstand" die Rede. Eines der wichtigsten Themen der Treffen war die einseitige Berichterstattung des in Freiburg ansässigen Monopol-Blatts ‚Badische Zeitung' und des SWR, der als „Regierungs-Sender" wahrgenommen wurde. In diesen Medien wurden zu jener Zeit unreflektiert die Position der baden-württembergischen Landesregierung wiedergegeben und Kritik an der Atomenergie nahezu vollständig ausgeblendet.

„Die Presse war recht atomfreundlich, sie war nur ein Sprachrohr der Regierung und der großen Betreiber wie Badenwerk und EdF sowie der Industrie", erinnert sich Élisabeth Schultheiss[1]. „Die Nachrichten entstanden im Schoße des ORTF, der wiederum unter der Fuchtel der Regierung stand. Es gelang uns nicht, das bewußte Ausblenden von Informationen zu verhindern. Nach den Demonstrationen, Konferenzen und öffentlichen Debatten kam man zu dem Schluß, daß dies nicht ausreicht. Wir haben uns gefragt, wie wir zivilen Ungehorsam einsetzen können. Wir suchten nach einem Weg, Informationen auf andere Weise zu verbreiten, kämpferisch und gegen Atomkraft. Es gab zwar ‚Uss'm Follik' und ‚Klapperstei 68', die damals extrem links waren. Wir waren der Meinung, daß sie nicht zum sehr konservativen elsässischen Publikum paßten. Als wir hörten, wie Brice Lalonde die Gründung von Radio Verte [auf deutsch: „Radio Grün"] ankündigte, griffen wir die Idee auf und gründeten Radio Verte Fessenheim [so der Name von Radio Dreyeckland in der Anfangszeit, d. V.]. Aber wir haben ein echtes Radio gemacht, keinen Mediencoup!"[2]

geboren
Gegenöffentlichkeit und Radio Dreyeckland

01 – Aufkleber: Radio verte Fessenheim

Gegen Bleichemie und Atomindustrie hatten sich bereits im August 1974 deutsche und französische UmweltschützerInnen zusammengeschlossen und das „Internationale Komitee der 21 badisch-elsässischen Bürgerinitiativen" gegründet. Die erste Bauplatzbesetzung fand am 20. September 1974 auf der elsässischen Seite statt. UmweltschützerInnen von beiderseits des Rheins besetzten den für das Bleichemiewerk vorgesehene Bauplatz in Marckolsheim. Nach indianischem Vorbild errichteten sie ein hölzernes Rundhaus, das erste französisch-deutsche Freundschaftshaus am Rhein.

02 – Besetzter Bauplatz in Marckolsheim (um 1974)

Als erstes Medium der Gegenöffentlichkeit entstand dort ‚Was wir wollen'. Die „Besetzerzeitung" wurde zu einem wichtigen Organ des Wyhler Widerstands.

Das Badenwerk begann am 18. Februar 1975 in Wyhl mit Bauarbeiten für das AKW-Projekt. Als die Baumaschinen anrückten, besetzten Hunderte das Baugelände und stellten sich vor die Bagger. Zwei Tage später kamen die Hundertschaften der Polizei. Mit Hunden und Wasserwerfern wurde der Platz geräumt und mit Stacheldraht gesichert.

Schon im Juli 1974 waren über 3.000 Menschen aus Deutschland und Frankreich bei einem Sternmarsch zum geplanten Standort nach Wyhl gekommen. Der damalige baden-württembergische Ministerpräsident Hans Filbinger bezeichnete die überwiegend konservativen und bodenständigen Wortführerinnen der Proteste als „Extremisten und Kommunisten". Doch davon unbeeindruckt beteiligten sich am 23. Februar 1975 nach polizeilichen Angaben 28.000 Menschen an einer Kundgebung am Bauplatz Wyhl. Sie überwanden den Stacheldraht-Zaun mit bloßen Händen und der Bauplatz wurde erneut besetzt. Die Polizei zog sich „unter Wahrung der Verhältnismäßigkeit der Mittel" zurück.

Ende 1974 überlegten die Frauen aus dem Elsass, aus Südbaden und der Nordwest-Schweiz gemeinsam, wie sie die ‚Badische Zeitung' unter Druck setzen könnten, um eine sachliche Berichterstattung zu erzwingen. Mehrere hundert Frauen – überwiegend aus dem Kaiserstuhl – unterschrieben einen Offenen Brief, in dem sie einen Abo-Streik ankündigten. Darin heißt es: „Sicher ist es von einem Informationsorgan nicht zuviel verlangt, wenn Sie über die Bauplatzbesetzung mindestens ebenso ausführlich berichten wie über die Schwalben, Kleintierzüchtervereine und den Freiburger Presseball. Von einer Zeitung erwarten wir eine objektive Berichterstattung. Wenn Sie diese Aufgabe nicht ab sofort erfüllen, werden wir in 14 Gemeinden des Kaiserstuhls dafür sorgen, daß die Badische Zeitung massenhaft abbestellt wird."[3]

Die ‚Badische Zeitung' hatte sich beispielsweise am 15. Oktober 1974 zum Sprachrohr von Bundesinnenminister Werner Maihofer gemacht, dessen Aussagen sie abdruckte: „Ich bedauere, daß Proteste, Demonstrationen, Störungen und sogar Übergriffe eine sachliche Erläuterung der Bedenken nicht nur beeinträchtigte, sondern verhinderte." In „Was wir wollen" ist nachzulesen, dass sich die lokale Bevölkerung darüber ärgerte, dass so die Falschdarstellung weitertransportiert wurde, das Verhalten des Publikums sei „bedenklich" gewesen und nicht das der Anhörungs-Kommission. Die Anhörungs-Kommission „war es, die die Erläuterung der Bedenken nicht nur beeinträchtigte, sondern verhinderte." Es wurde die Frage aufgeworfen. „Wie weit zieht Herr Maihofer den Kreis der unmittelbar Betroffenen eigentlich?" Weiter: Das Zitat von Maihofer müsse „als Drohung verstanden werden." Aus demselben Ministerium stamme ein Bericht über die Störanfälligkeit von Atomkraftwerken, in dem „behauptet wird, daß seit fast 30 Jahren in keinem Fall Radioaktivität an die Umgebung unkontrollierbar oder in unzulässiger Menge abgegeben worden sei. Der Fall Obrigheim ist den Herren wohl entgangen."[4] Ausgabe 1974/2 von „Was wir wollen" ergänzte die Information, dass es allein in den Jahren von 1971 bis 1974 bereits zu mindestens 40 Störfällen in deutschen AKW gekommen war.[5]

03 – Broschüre: „Frauen erklären Atom und Blei den Krieg" (um 1975)

04 – Plakat: „Radio Verte Fessenheim" (nach 1977)

Ausgabe 1974/4 von „Was wir wollen" beklagte, dass weiterhin jeden Tag in den Zeitungen und im Fernsehen Meldungen kämen, in denen die Ungefährlichkeit der Atomkraftwerke bewiesen werden solle.[6] Georg Löser, einer der Wyhler Platzbesetzer und promovierter Physiker, erinnert sich: „Der SWR galt damals als Regierungssender. Die Berichterstattung zu Atomkraftwerken war krass einseitig und es gab eine Art Hofberichterstattung im Sinne der Landesregierung unter Ministerpräsident Hans Filbinger. Zugleich wurden die Bürgerinitiativen tendenziell als Linksextremisten und Gewalttäter dargestellt."

Am 22. Januar 1975 richteten 600 Frauen der „Badischen Faueninitiative gegen Atomkraftwerk Wyhl" einen Offenen Brief an die „Süddeutsche Zeitung", in dem sie empört schrieben: „Wie kann es sich eine überregionale Tageszeitung Ihres Formats leisten, vor Uninformiertheit und Einseitigkeit geradezu zu strotzen?" Auf zwei DIN-A-4-Seiten legen sie ihre Kritik an der Berichterstattung detailliert dar.[7]

Die erste Ausstrahlung von „Radio Verte Fessenheim" am 4. Juni 1977 um 19:45 Uhr – „Sendung Null" – hatte nur eine Länge von 13 Minuten. Sie wurde von den Höhen von Gueberschwihr am Fuß der Vogesen ausgestrahlt. „Von dort oben konnten wir die elsässische Ebene mit Radiowellen überfluten und bestrahlen", berichtet Élisabeth Schultheiss. „Diese erste Ausstrahlung war zu dem Zeitpunkt, als die Kernspaltung im zweiten Reaktor des AKW Fessenheim gerade einsetze, und es war so zugleich ein ‚Nein' zu den in Planung befindlichen Reaktoren III und IV. Auf dem Gelände des Kraftwerks waren die Standorte für diese Reaktoren bereits vorgesehen."[8] Die erste Sendung begann mit den Worten: „Hier Radio Verte Fessenheim. Guten Abend allen Einwohnerinnen und Einwohnern der Rheinebene und der Vogesentäler, die von chemischer und radioaktiver Umweltverschmutzung betroffen sind!"

Zuvor war im März 1977 in Heiteren, einem Nachbarort von Fessenheim, der Standort für einen Strommast der Überlandleitung Fessenheim-Paris besetzt worden. Auch dort wurde ein Freundschaftshaus nach den Vorbildern von Marckolsheim und von Wyhl errichtet. Und im Kreis der BesetzerInnen hatte sich eine Gruppe gebildet, um die redaktionellen und technischen Voraussetzungen für ein freies Radio zu schaffen. Nach einer gerne erzählten Anekdote durfte derjenige, der den Sender im doppelten Boden seines Autos transportierte, sich des Luxus' erfreuen, dreimal von der Polizei zur Fahrzeugkontrolle angehalten zu werden. Auch in Frankreich war 1977 der Betrieb eines Piratensenders illegal.

Ab dem 11. Juni 1977 sendete „Radio Verte Fessenheim" an Samstagen ab 19:45 Uhr auf UKW der Frequenz 101 MHz („Megahertz"). Die Beiträge wurden auf Französisch, Deutsch und Alemannisch gesprochen. Trotz geringer Reichweite des Senders und der kurzen Dauer der Beiträge erregten die Sendungen viel Aufsehen.

Eine Gruppe von Atomkraftbefürwortern überfiel am späten Abend des 13. Juli 1977 mit Eisenstangen und Molotow-Cocktails den besetzten Platz in Heiteren. Ein Mitglied der Freiburger Bürgerinitiative gegen Kernenergieanlagen wurde dabei schwer verletzt. Am 5. Oktober 1977 räumte die französische Polizei den besetzten Platz in Heiteren.

Doch „Radio Verte Fessenheim" sendete weiter. Ein Trick, um nicht erwischt zu werden, bestand darin, hinter den Rucksäcken, in denen sich die Ausrüstung befand, kleine Pfefferspender aufzuhängen, um so die Spuren im Falle des Einsatzes von Polizeihunden zu verwischen. In dem Rucksack befanden sich der Sender, das Tonbandgerät, eine Antenne, die aus zwei 75 Zentimeter langen Metallarmen bestand, und das schwerste und gefährlichste Gerät: Eine 12-Volt-Batterie mit einer Betriebsdauer von etwa eineinhalb Stunden – nicht zu vergessen die Kassette mit der Sendung und die Kabel, um alles miteinander zu verbinden.

Laut Serge Bischoff gab es keine Verbindung zum „Radio Verte" in Paris, das ihnen „die Premiere ihrer gefälschten Sendung gestohlen habe. Brice Lalonde und Antoine Leféburre hatten weder eine Strategie noch einen Rahmen, sondern arbeiteten in einem Trend, der sich auf nationaler Ebene abzeichnete. Beide Radios liefen nebeneinander her, ohne daß die einen wußten, was die anderen taten".[9]

Die Pressemitteilung, in der die „Null-Nummer" angekündigt wurde, war „aus offensichtlichen Sicherheitsgründen" nicht unterzeichnet. Die Polemik um die Identität der Radio-PiratInnen findet sich in den Zeitungen wieder. Es wurde vermutet, dass die PiratInnen nur dem CSFR oder einer anderen Umweltorganisation angehören könnten.[10]

Die Radio-MacherInnen blieben weiterhin anonym und bei Interviews wählten sie Pseudonyme. So verwendete etwa Élisabeth Schultheiss den Vornamen Sophie und Serge Bischoff nannte sich Jean-Baptiste. Es handelt sich tatsächlich um Einzelpersonen, die zwar den elsässischen Aktivisten nahe standen, aber unabhängig waren von jeglicher Struktur, sei es politisch oder vereinsmäßig – wie das CSFR in einem Artikel erklärte, in dem es das Radio vorstellte und zur Teilnahme an den Sendungen aufrief.[11]

Die damalige Erklärung des CSFR gilt heute nahezu unverändert für Radio Dreyeckland: „Wie könnt Ihr Euch beteiligen? Wählt ein Thema aus, das mit Atomkraft, Ökologie im Allgemeinen, den Problemen Eurer Gemeinde oder Eurer Region oder was auch immer Ihr Euch in diesem Bereich vorstellen könnt, zu tun hat…" Präsent waren auch damals schon Ökologie, Bürgerbeteiligung und Mehrsprachigkeit. Diese Thematiken entwickelten sich zwar in der Folgezeit weiter, bleiben aber das Markenzeichen des Radios.[12]

Schon 1970 hatte Hans Magnus Enzensberger (geb. am 11. November 1929, gest. am 24. November 2022) über Mittel zur Überwindung des Kapitalismus nachgedacht: „Hinweise zur Überwindung dieses Zustandes könnten netzartige Kommunikationsmodelle liefern, die auf dem Prinzip der Wechselwirkung aufgebaut sind: eine Massenzeitung, die von ihren Lesern geschrieben und verteilt wird, ein Videonetz politisch arbeitender Gruppen."[13]

In einem Vortrag für die Volkshochschule Wyhler Wald, der im Audi-Max der Uni Freiburg am 20. Januar 1978 stattfand, sagte Robert Jungk, nur „Radio Verte Fessenheim" biete die Gewähr, dass die Bevölkerung in dieser Region über Unfälle im AKW Fessenheim rechtzeitig informiert wird.[14] Bei diesem Vortrag und anlässlich eines Besuchs im Studio nannte er ‚Radio Verte Fessenheim' einen „Sender der Wahrheit".[15]

Anmerkungen

1
Jocelyn Peyret: L'épopée alsacienne du Dreyeckland, Colmar: Jérôme Do Betzinger Editeur 2017.

2
Ebd.

3
Offener Brief badischer Frauen an die ‚Badische Zeitung', 15.10.1974.

4
Was wir wollen (1974), Heft 1, S. 12.

5
Was wir wollen (1974), Heft 2, S. 4 und S. 12.

6
Was wir wollen (1975), Heft 4, S. 1.

7
Offener Brief von 600 badischen Frauen an die ‚Süddeutsche Zeitung', 22.01.1975.

8
Peyret, Jocelyn: L'épopée alsacienne du Dreyeckland.

9
Ebd.

10
Ebd.

11
Ebd.

12
Ebd.

13
Enzensberger, Hans Magnus: Baukasten zu einer Theorie der Medien. In: Kursbuch (1970), Heft 20, S. 159–186.

14
Was wir wollen (1978), Heft 3, S. 18, linke Spalte.

15
Was wir wollen (1978), Heft 3, S. 18, rechte Spalte.

Abbildungen

01:
Aufkleber: Radio verte Fessenheim
Sammlung Radio Dreyeckland

02:
Foto: Besetzter Bauplatz in Marckolsheim
Sammlung Radio Dreyeckland

03:
Frauen erklären Atom und Blei den Krieg: über die Badische Fraueninitiative gegen Bleiwerk Markolsheim [sic!] und KKW Wyhl, München: Verlag Frauenoffensive, ca. 1975
WLB Stuttgart / BfZ: D 08765

04:
Plakat: Radio Verte Fessenheim
Sammlung Axel Mayer

Natalie Frickel-Pohl

Die Anti-Bewegung am

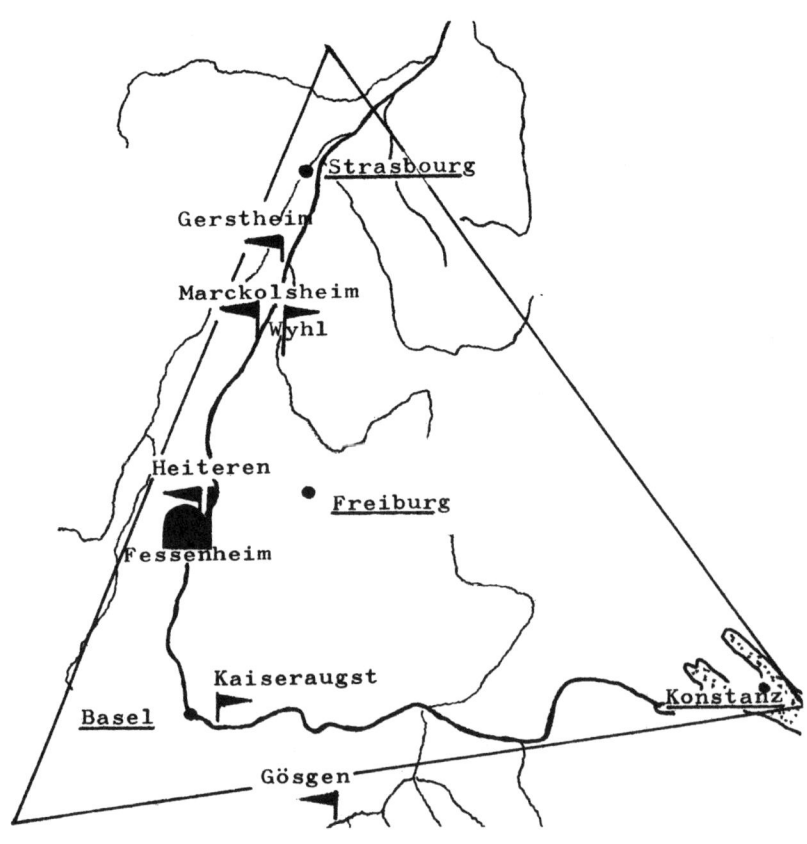

01 – Schematische Karte des „Dreyecklands"
mit den Hauptorten der Anti-AKW-Proteste

Atomkraft-

Oberrhein – Chancen und Grenzen

der grenzüberschreitenden Zusammenarbeit

im „Dreyeckland"

Beinahe gleichzeitig entstanden seit Ende der 1960er Jahre in Deutschland, Frankreich und in der Schweiz Pläne für den Bau von Atomkraftwerken entlang des Rheins. Dadurch sollte einerseits der für das folgende Jahrzehnt prognostizierte steigende Stromverbrauch kompensiert werden, zum anderen war die Ansiedlung von Atomkraftwerken Teil eines Plans zur Industrialisierung des Rheintales, das im Zuge der voranschreitenden Europäischen Einigung zu einem zentralen Industriestandort des Kontinents werden sollte.[1]

Als Reaktion darauf formierten sich rasch in allen drei Anrainerstaaten Initiativen gegen diese Pläne. Diese ersten Proteste entlang des Oberrheins waren der Beginn der Anti-Atomkraft-Bewegung in den drei Ländern.[2] Schon in dieser Frühphase hatte diese Anti-Atomkraft-Bewegung Einfluss auf die jeweils nationale Auseinandersetzung über den Bau von Atomkraftwerken. Besondere Merkmale der Proteste am Oberrhein waren die starke regionale Verwurzelung im „Dreyeckland", die Rückbesinnung auf gemeinsame Kultur, Geschichte und Dialekt sowie das Prinzip der Gewaltfreiheit.

Trotz der gemeinsamen Anfänge und der engen Zusammenarbeit der regionalen Gruppen entwickelte sich die Auseinandersetzung um Atomenergie in den drei Ländern jedoch ganz unterschiedlich: Während im badischen Wyhl und im schweizerischen Kaiseraugst auf den Bau der beiden Atomkraftwerke verzichtet wurde, ging das Kernkraftwerk im elsässischen Fessenheim wie geplant ans Netz. Es stellt sich deshalb die Frage, wie es trotz der engen Zusammenarbeit und des gemeinsamen Starts der badischen, elsässischen und nordschweizerischen Atomkraftgegner zur unterschiedlichen Entwicklung der Anti-Atomkraft-Bewegungen in den drei Ländern kommen konnte? Welche Einflussmöglichkeiten ergaben sich durch die Zusammenarbeit der Kernkraftgegner am Oberrhein und wo lagen ihre Grenzen?

02 – Flugblatt: „Heute sind es Wyhl, Kaiseraugst, Marckolsheim, die Schlagzeilen machen" (um 1975)

Heute sind es Wyhl, Kaiseraugst, Marckolsheim, die Schlagzeilen machen.

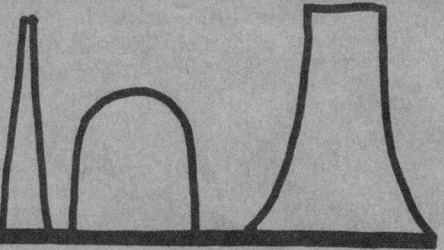

Und morgen!

Wissen Sie
- daß allein am Oberrhein mehr als 25 Atomreaktoren geplant sind?
- ähnliche Pläne für die Nordseeküste und Niederelbe bestehen?
- an der Weser, in Hessen, an der Donau und am Neckar demnächst weitere Reaktoren errichtet werden sollen?

Wissen Sie, daß schon ein einziger Reaktor
- in einem Jahr das Spaltpotential von über 1000 Hiroshimabomben erzeugt?
- in einem Jahr soviel Plutonium produziert, daß man 30—40 Atombomben davon herstellen oder — Plutonium ist der giftigste Stoff, den es gibt — die ganze Menschheit mehrfach mit Leukämie und Krebs verseuchen könnte?
- daß eine einzige Reaktorkatastrophe eine ganze Region unbewohnbar machen und Gesundheit und Leben über Hunderte von Kilometern über Generationen gefährden würde?
- daß man die atomaren „Abfälle" über Jahrtausende sicher (?) einschließen, bewachen und kühlen (!) muß?
Welche Last und Gefahr für unsere Nachkommen!

Wissen Sie, daß Kernreaktoren das Energieproblem nicht lösen,
— Kernenergie ist teuer und unsicher —
keine Arbeitsplätze sichern
automatisierte, umweltverschmutzende Großbetriebe verbrauchen diesen Strom — wer braucht deren Produkte?

Weil die Bürger am Oberrhein dies wissen,
halten sie die Bauplätze in Wyhl und Kaiseraugst besetzt; haben sie durch die Besetzung den Bau des Bleiwerkes Marckolsheim verhindert.

Unser aller Lebensraum ist betroffen.

Wyhl ist überall.

■ Grenzüberschreitende Zusammenarbeit und Protest-Kulturtransfer der Anti-Atomkraft-Bewegung im „Dreyeckland"

Anfang der 1970er Jahre formierte sich im Elsass, in Baden und in der Schweiz fast gleichzeitig der Widerstand gegen die Industrialisierung und den Bau von Atomkraftwerken am Oberrhein: 1970 gründete sich im Elsass das „Comité de Sauvegarde de Fessenheim et de la Vallée du Rhin" (CSFR) gegen das in Fessenheim im Département Haut-Alsace geplante Kernkraftwerk. Auf badischer Seite war zunächst Breisach als Standort für ein Atomkraftwerk ausgewählt worden. Nach massivem Widerstand, insbesondere unter Bauern und Winzern, zog die baden-württembergische Landesregierung die Pläne zurück und wählte Wyhl am Kaiserstuhl als neuen Standort. Doch auch dort bildete sich rasch eine Opposition.[3]

Auch auf der Schweizer Rheinseite formierten sich seit Anfang der 1970er Jahre Gruppen wie das „Nordwestschweizer Aktionskomitee gegen das Atomkraftwerk Kaiseraugst" (NAK)[4] oder die „Gewaltfreie Aktion Kaiseraugst" (GAK) gegen ein in der Gemeinde Kaiseraugst im Kanton Aargau geplantes Atomkraftwerk. Wie in Baden und im Elsass versuchten die Projektgegner auch hier, unterstützt von Naturwissenschaftlern, die Bevölkerung über die Risiken der Atomenergie aufzuklären und auf legalem Wege durch Ausschöpfen der politischen, rechtlichen und parlamentarischen Möglichkeiten das Projekt doch noch zu stoppen.[5]

Schon früh traten die Gruppen diesseits und jenseits des Rheins miteinander in Kontakt, bauten Netzwerke auf, in denen sie Informationen hinsichtlich der Gefahren durch die Atomenergie miteinander teilten und unterstützten sich durch gegenseitige Teilnahme an Veranstaltungen und Demonstrationen. Im August 1974 schlossen sich 21 Gruppen zu den Badisch-Elsässischen Bürgerinitiativen zusammen und verabschiedeten eine Erklärung, in der sie versicherten, die Bauplätze in Wyhl und Marckolsheim, wo ein Bleichemiewerk geplant war, gemeinsam zu besetzen, sollte mit den Bauarbeiten begonnen werden. Sie erklärten, „der Gewalt, die uns mit diesen Unternehmen angetan wird, solange passiven Widerstand entgegenzusetzen, bis die Regierungen zur Vernunft kommen."[6]

Der Ernstfall trat im September 1974 ein, als in Marckolsheim die Arbeiten für das geplante Bleichemiewerk begannen. Bei der Besetzung des Bauplatzes engagierten sich auch zahlreiche Badener, insbesondere Bauern und Winzer, die aufgrund der Lage des Baugeländes direkt am Rhein und somit an der Grenze zu Deutschland durch mögliche Bleiemissionen negative Auswirkungen auf ihre Ernte befürchteten. Um Herbst- und Winterwetter auf dem besetzten Platz trotzen zu können, errichteten die Platzbesetzer unter anderem einen Rundbau aus Holz, das sog. „Freundschaftshaus", in dem die Projektgegner vor Wind und Wetter geschützt zusammenkommen und nicht nur Informationsveranstaltungen, sondern auch Theateraufführungen oder Weihnachtsfeiern durchführen konnten. Als die Präfektur in Straßburg den Bau des Bleichemiewerks im Februar 1975 untersagte, endete auch die Platzbesetzung.[7]

Als wenige Tage später die Bauarbeiten für das in Wyhl geplante Atomkraftwerk begannen, besetzten die Projektgegner auch hier den Bauplatz und griffen dabei auf die Erfahrungen zurück, die sie in Marckolsheim gesammelt hatten: So entstand auch hier ein Freundschaftshaus, das zum Zentrum des Protests vor Ort wurde und um das sich reges Treiben entwickelte, insbesondere durch die Veranstaltungen der „Volkshochschule Wyhler Wald", eines alternativen Bildungsprojekts, das auf dem besetzten Platz ins Leben gerufen wurde. Die Platzbesetzung wurde nicht nur von den Projektgegnern aus den umliegenden Dörfern und von Studenten aus dem nahen Freiburg getragen. Gerade an den Wochenenden und während der Sommermonate war der Platz Anziehungspunkt für Atomkraftgegner aus ganz Deutschland, Europa und sogar Übersee.[8]

Auch in Kaiseraugst griffen die Atomkraftgegner auf die Erfahrungen aus Marckolsheim und Wyhl zurück, als diese am 1. April 1975 eine elfwöchige Besetzung des Baugeländes starteten. Durch den intensiven Austausch der Atomkraftgegner am Oberrhein erhielten die Proteste eine transnationale Komponente, der Protest-Kulturtransfer beschränkte sich dabei nicht nur auf das „Dreyeckland", die Protestformen wurden auch andernorts angewendet und fanden ihren Weg vom Rhein über

Gorleben und Brokdorf bis nach Übersee, wo die sog. Clamshell Alliance im US-Bundesstaat New Hampshire bei ihrem Kampf gegen den Bau des Atomkraftwerkes Seabrook ebenfalls auf die Erfahrungen der Atomkraftgegner am Oberrhein zurückgriff.[9]

03 – Broschüre: „Kein Atomkraftwerk in Kaiseraugst!" (1975)

Das „Dreyeckland" als kultureller Bezugspunkt für die Anti-Atomkraft-Bewegung am Oberrhein

Die Anti-Atomkraft-Proteste am Oberrhein zeichneten sich durch einen starken Rückbezug auf die gemeinsamen sprachlichen, kulturellen und historischen Wurzeln der Region aus. Bezugspunkt war dabei das „Dreyeckland", das Gebiet zwischen drei Bergen der Region: dem Belchen im Schwarzwald, dem Grand Ballon in den Vogesen und der Belchenflue im Jura. Der Rückbezug auf das Dreyeckland bot den Atomkraftgegnern die Möglichkeit, ein regionales Zusammengehörigkeitsgefühl zu erzeugen und insbesondere auch die Gelegenheit, sich gegenüber den politischen Entscheidungszentren und -trägern abzugrenzen.[10]

Maßgeblich geprägt wurde der Begriff „Dreyeckland" durch ein Lied des elsässischen Sängers François Brumbt, das im alemannischen Dialekt zwei Motive der grenzüberschreitenden Anti-Atomkraft-Bewegung am Oberrhein aufgriff: die gemeinsame kulturelle und sprachliche Identität der Region sowie die Fremdbestimmung durch die politisch und wirtschaftlich Verantwortlichen in den politischen Zentren.[11]

Mit dem „Dreyeckland" war ein neues europäisches Bewusstsein verknüpft, das nicht auf der Zusammenarbeit von Institutionen, sondern auf der alltäglichen Überwindung von Grenzen durch die Bevölkerung selbst beruhte. „Europa", konkret die Europäische Gemeinschaft mit ihren Institutionen, so argumentierte Walter Mossmann, badischer Liedermacher und eines der bekannten Gesichter der Anti-Atomkraft-Bewegung am Oberrhein, „das betrifft uns nicht". Er sah darin lediglich die Bündelung „nationaler Zentralen zur Supermacht". Gerade durch die Arbeit der Bürgerinitiativen am Oberrhein werde deutlich, so Mossmann, dass **„nur die autonomen Gruppen [...] in der Lage [seien], sich unter den Grenzen hindurch zu schlängeln und den gemeinsamen Widerstand zu organisieren."**[12]

Im Kampf der Atomkraftgegner am Oberrhein spielten der gemeinsame alemannische Dialekt und die regionale Kultur und Geschichte eine große Rolle. Das „Dreyeckland" jedoch allein auf die gemeinsamen kulturellen und sprachlichen Wurzeln zu reduzieren, greift zu kurz, da sich beispielsweise der alemannische Kulturraum bis nach Vorarlberg erstreckt. Darüber hinaus waren der alltäglichen grenzüberschreitenden Kommunikation zwischen den Atomkraftgegnern über den Dialekt trotz dessen Wiedererstarken Grenzen gesetzt, da auf elsässischer Seite der Dialekt von immer weniger Menschen gesprochen wurde.[13]

Insbesondere im Elsass hatte sich jedoch seit Ende der 1960er Jahre eine Bewegung formiert, die sich für die offizielle Anerkennung der elsässischen Zweisprachigkeit sowie für eine Förderung des zweisprachigen Unterrichts einsetzte, und die teils auch ein besonderes Interesse an kulturellen und ökologischen Themen zeigte. Schriftsteller wie André Weckmann und Sänger wie François Brumbt griffen in ihren Werken auf den alemannischen Dialekt zurück, thematisierten darin Industrialisierung, Umweltzerstörung oder Entfremdung und engagierten sich im Widerstand gegen die Industrialisierung und gegen die Ansiedlung von Atomkraftwerken am Oberrhein. Indem sie der Bevölkerung bewusst machten, dass sie alle den gleichen Dialekt teilten, trugen sie dazu bei, dass der alemannische Dialekt zur Sprache des grenzüberschreitenden Widerstands zumindest nach außen ein wichtiges Mittel zur Identifikation als Gruppe und zur Abgrenzung gegenüber den politisch Verantwortlichen wurde.[14]

04 – Plakat der Volkshochschule Wyhler Wald. Text in alemannischem Dialekt, Motiv von Hans Sebald Beham aus dem Bauernkrieg 1525 (1979)

Volkshochschule Wyhler Wald
vier Jahre 1975-79

mir lehre uns z'wehre

Eng verbunden mit der Renaissance des alemannischen Dialekts war allerdings die Wiederentdeckung der gemeinsamen Geschichte der Grenzregion. Die Atomkraftgegner sahen sich dabei in der Tradition ihrer Vorfahren als Spielball nationaler und internationaler Interessen, die sich jedoch immer wieder gegen die Obrigkeiten auflehnten. Einen wichtigen historischen Bezugspunkt für die Bürgerinitiativen am Oberrhein bildeten die Bundschuh-Bewegung sowie der Bauernkrieg, der sich im Jahr 1975, auf dem Höhepunkt der Proteste am Oberrhein, zum 450. Mal jährte. Die Atomkraftgegner stellten ihren Widerstand bewusst in direkte Tradition der Aufstände des 16. Jahrhunderts und sahen sich als legitime Nachfolger der Bauern – einige betreiben sogar Ahnenforschung, um zu belegen, dass ihre Vorfahren an den Aufständen beteilig gewesen waren. Auf Grundlage des historischen Stoffes wurden Theaterstücke aufgeführt, Liederabende veranstaltet und Vorträge gehalten.[15] Daneben nutzten die Atomkraftgegner vielfach Abbildungen von Holzschnitten mit Szenen aus dem Bauernkrieg zur Illustration von Plakaten oder aber in den Programmen der „Volkshochschule Wyhler Wald".[16]

Weitere historische Bezugspunkte für die Anti-Atomkraft-Bewegung am Oberrhein waren einerseits die 1848er-Revolution und andererseits die Salpetererunruhen im Hotzenwald im Südschwarzwald an der Grenze zur Schweiz. Auch hier versuchten alternative Gruppen, die regionale Geschichte wieder in das öffentliche Bewusstsein zu bringen und sich in die Tradition der Freiheitskämpfer zu stellen, auch wenn im Fall der Salpeterer heute von der Forschung bezweifelt wird, ob es sich hierbei tatsächlich um eine Freiheitsbewegung handelte und angeführt wurde, dass die Atomkraftgegner diese durch eine entsprechende Interpretation der vorliegenden Quellen bewusst in die Tradition der freiheitlichen Protestbewegung gestellt hatten.[17]

Grenzen der Gemeinsamkeit – unterschiedliche Entwicklung der Auseinandersetzung um den Bau von Atomkraftwerken in Baden, Elsass und der Schweiz

Trotz der engen Zusammenarbeit der Atomkraftgegner aus Baden, dem Elsass und der Schweiz waren dem gemeinsamen Kampf gegen den Bau von Atomkraftwerken am Rhein Grenzen gesetzt. Die Auseinandersetzung mit den politisch Verantwortlichen gestaltete sich in den drei Ländern sehr unterschiedlich, da sie maßgeblich von den jeweils nationalen Atomkraftgegnern geprägt wurde.

Die Ausgangssituation in den drei Ländern war ebenfalls unterschiedlich: Im Gegensatz zu Wyhl und Kaiseraugst war der geplante AKW-Standort im elsässischen Fessenheim nicht besetzt worden, insofern fehlte den Atomkraftgegnern dort ein Faustpfand gegenüber Politik und Kraftwerksbetreibern. Sowohl in Wyhl als auch in Kaiseraugst trugen die Verhandlungen über eine Platzräumung und die auf dieser Grundlage geschlossenen Vereinbarungen maßgeblich dazu bei, dass sich der Start der Bauarbeiten für die beiden Atomkraftwerke weiter verzögerte.[18]

Darüber hinaus gab es hinsichtlich der Möglichkeiten des rechtlichen Vorgehens gegen die Kernkraftwerksprojekte verschiedene Voraussetzungen: So waren den französischen Atomkraftgegnern enge Grenzen gesetzt, rechtlich gegen das Projekt vorzugehen. Einzig im Rahmen des Genehmigungsverfahrens zur Erteilung einer „Déclaration d'utilité publique" hatte die Bevölkerung die Gelegenheit, Einsprüche gegen das Projekt vorzubringen. Zwar wurden innerhalb kürzester Zeit hunderte Einsprüche gegen das Projekt eingereicht, diese hatten jedoch keinen Einfluss auf das weitere Genehmigungsverfahren. Zusätzlich versuchten Mitglieder des CSFR, gegen die bereits ergangene Genehmigung gerichtlich vorzugehen. Der Conseil d'Etat, der in Frankreich auch die vergleichbare Funktion des deutschen Bundesgerichtshofs ausübt, wies die Klage jedoch als gegenstandslos zurück, die Bauarbeiten konnten wie geplant weitergehen.[19]

In Wyhl dagegen konnten die Atomkraftgegner sämtliche Möglichkeiten ausschöpfen, das Bauprojekt juristisch zu stoppen. Die gerichtliche Auseinandersetzung zog sich durch mehrere Instanzen, während die Bauarbeiten nicht vorangetrieben wurden. Erst 1985 gab das Bundesverwaltungsgericht grünes Licht für das Kernkraftwerksprojekt in Wyhl.

In der Zwischenzeit hatten sich die Vorzeichen für das Projekt allerdings geändert: Einerseits hatten sich die Prognosen zum Energiebedarf, die in den 1970er Jahren für die Zukunft angestellt worden waren, inzwischen als zu hoch erwiesen, andererseits ließ sich das Projekt spätestens nach der Reaktorkatastrophe in Tschernobyl nicht mehr durchsetzen. Die baden-württembergische Landesregierung verzichtete deshalb 1987 offiziell auf den Bau des Atomkraftwerkes in Wyhl.[20]

Ein Jahr später wurde auch in der Schweiz der Verzicht auf das in Kaiseraugst geplante Atomkraftwerk verkündet. Die Gründe für das Aus ähnelten dabei denen in Wyhl: Neben dem vehementen Widerstand der lokalen Bevölkerung waren auch hier die technischen und ökonomischen Planungen aufgrund des immer wieder verschobenen Baubeginns mittlerweile überholt. Letztendlich hatte auch hier die Reaktorkatastrophe von Tschernobyl dazu beigetragen, dass das Projekt politisch gegenüber der Bevölkerung nicht mehr durchsetzbar war.[21]

Auch die unterschiedlichen politischen Systeme hatten Einfluss darauf, wie sich die Auseinandersetzung um den Bau von Atomkraftwerken in den drei Ländern entwickelte. In Baden konnte aufgrund des Föderalismus die Landesregierung unter Druck gesetzt werden, indem die Atomkraftgegner die Auseinandersetzung mit den Abgeordneten vor Ort suchten. Da es sich bei den Gegnern des Projekts am Kaiserstuhl vielfach auch um die traditionell konservative Wählerschaft der in Stuttgart regierenden CDU handelte, standen die Abgeordneten in ihren Wahlkreisen unter dem Druck, zwischen ihren Wählern und der Landesregierung vermitteln zu müssen, wollten sie wiedergewählt werden. Insofern geriet die Landesregierung schnell in die Defensive und konnte sich nicht zu einem zeitnahen Start der Bauarbeiten durchringen.[22]

Im französischen Zentralismus mussten sich

DER PROZESS GEGEN DAS KKW WYHL WIRD FÜR SIE GEFÜHRT!

RECHTSSCHUTZBON

ZUR ABWEHR
EINES ATOMKRAFTWERKS WYHL

Limburg mit Rheinbrücke bei Sasbach, Symbol der badisch-elsässischen Bürgerinitiativen. Zeichnung von 1873/74

MIT IHRER SPENDE ÜBER DM

in den Treuhandfond leisten Sie einen persönlichen Beitrag zur endgültigen Abwehr einer großen Bedrohung unseres heimatlichen Lebensraumes. Ihre Hilfe wird eingesetzt zur bestmöglichen Vorbereitung und Durchführung des zweiten Wyhlprozesses vor dem Verwaltungsgerichtshof Mannheim.

DIE BADISCH–ELSÄSSISCHEN BÜRGERINITIATIVEN

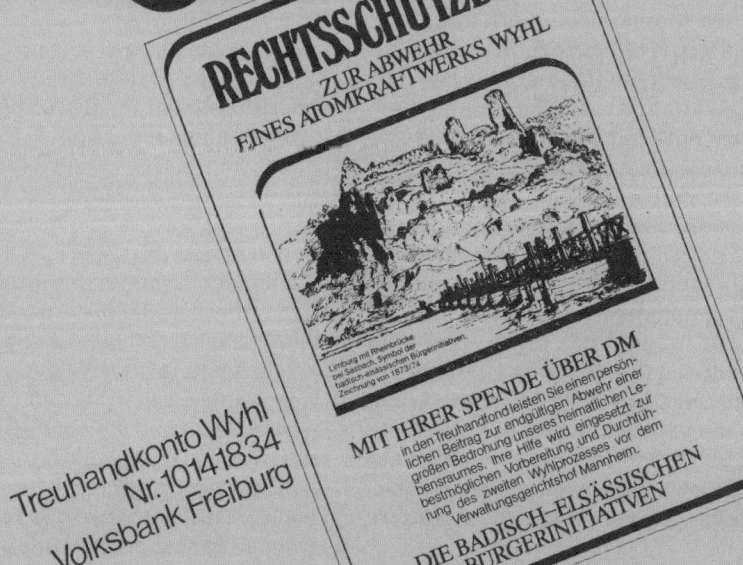

Treuhandkonto Wyhl
Nr. 10141834
Volksbank Freiburg

die elsässischen Atomkraftgegner an ihre politischen Vertreter im fernen Paris wenden. Die räumliche Distanz erschwerte es ihnen, Forderungen gegenüber den verantwortlichen Ansprechpartnern zu platzieren. Darüber hinaus gab es in der französischen Parteienlandschaft einen breiten Konsens für die zivile Nutzung der Atomenergie. Zudem erschwerte das Verhältniswahlrecht es den im Laufe der 1970er entstandenen französischen Grünen trotz erster Achtungserfolge, sich in Stichwahlen gegenüber den Kandidaten der etablierten Parteien durchzusetzen. Auch dass die Bevölkerung mehrheitlich pro Atomkraft eingestellt war, machte es den elsässischen Atomkraftgegnern schwer, ihre Forderungen durchzusetzen. Insofern war die elsässische Anti-Atomkraft-Bewegung gegenüber den Gruppen in Baden und der Schweiz im Hintertreffen.[23]

Fazit

Trotz des gemeinsamen Beginns und der engen Zusammenarbeit der Atomkraftbewegung diesseits und jenseits des Rheins zeigt sich, dass die Auseinandersetzung um den Bau der Atomkraftwerke mit den politisch Verantwortlichen maßgeblich von den politischen Rahmenbedingungen des jeweiligen Landes abhängig war. Darüber hinaus war der Rückhalt in der Bevölkerung vor Ort von großer Bedeutung. Insofern war die elsässische Anti-Atomkraft-Bewegung gegenüber ihren Partnern in Baden und in der Schweiz deutlich im Hintertreffen. Die Auseinandersetzungen mit der Politik und den Kernkraftwerksbetreibern wurden jeweils von den regionalen Akteuren in Baden, dem Elsass und der Schweiz geführt, die Partner aus den beiden anderen Ländern konnten hier nur eine beratende Rolle einnehmen.

Ihre Wirkkraft entfaltete die grenzüberschreitende Zusammenarbeit vor allem im Hinblick auf den Informationsaustausch sowie im Hinblick auf das Bewusstsein, dass man grenzüberschreitend im Kampf gegen die zivile Nutzung der Atomenergie zusammenstand. Von besonderer Bedeutung war dabei die Rückbesinnung auf die gemeinsamen kulturellen, sprachlichen und historischen Wurzeln im Dreyeckland, die als verbindendes Element über die Landesgrenzen hinweg dienten.

Anmerkungen

1
Da geht es blind durcheinander, in: Der SPIEGEL, Heft 40/1975, S. 96–104.

2
Zur Geschichte der Anti-Atomkraft-Bewegung am Oberrhein vgl. Pohl, Natalie: Atomprotest am Oberrhein. Die Auseinandersetzung um den Bau von Atomkraftwerken in Baden und im Elsass (1970–1985), Stuttgart: Franz Steiner Verlag 2019 (Schriftenreihe des Deutsch-Französischen Historikerkomitees 15).

3
Qu'est-ce que le CSFR?, in: IONIX (1971), Heft 2, S. 2; Hauptstaatsarchiv Stuttgart (HStAS), Badischer Weinbauverband/badischer landwirtschaftlicher Hauptverband: Einspruch gegen das geplante Kernkraftwerk in Breisach; Auszug aus der Niederschrift über die Sitzung des Ministerrates am 7. November 1972, 1/924 Bü 1786; Wüstenhagen, Hans-Helmut: Bürger gegen Atomkraftwerke. Wyhl – der Anfang?, Reinbek: Rowohlt 1975, S. 19–21, S. 38.

4
1974 umbenannt in „Nordwestschweizer Aktionskomitee gegen Atomkraftwerke" (NWA), https://nwa-schweiz.ch/verein/, Zugriff: 24.11.2022.

5
Häni, David: Kaiseraugst besetzt! Die Bewegung gegen das Atomkraftwerk, Basel: Schwabe Verlag 2018, S. 62–68.

6
Sternstein, Wolfgang: Atomkraft – nein danke! Der lange Weg zum Ausstieg, Frankfurt a. M.: Brandes & Apsel 2013, S. 34–35; Archiv Grünes Gedächtnis, Erklärung der 21 Bürgerinitiativen an die badisch-elsässische Bevölkerung, Bestand Petra Kelly 2884, abgebildet auf den Innenseiten des vorderen und hinteren Umschlags dieses Katalogs.

7
Wüstenhagen: Bürger gegen Atomkraftwerke, S. 53–55, S. 57–60; Protest unterm Weihnachtsbaum, in: Badische Zeitung, Nr. 297, 24.12.1974.

8
Sternstein, Wolfgang: Überall ist Wyhl. Bürgerinitiativen gegen Atomanlagen. Aus der Arbeit eines Aktionsforschers, Frankfurt a. M.: Haag & Herchen 1978, S. 38–41; Nach heißen Tagen kühler, in: Badische Zeitung, 07.08.1975; Beer, Wolfgang: Volkshochschule Wyhler Wald, in: Nössler, Bernd u.a. (Hg.): Wyhl – Kein Kernkraftwerk in Wyhl und auch sonst nirgends. Betroffene Bürger berichten, Freiburg: Dreisam Verlag 1981, S. 264–275, hier S. 264.

9
Ehmke, Wolfgang: Der Widerstand gegen das Atomkraftwerk im Wendland, in: Baer, Willi u.a. (Hg.): Lieber heute aktiv als morgen radioaktiv, Bd. 4: Gorleben, Gronau, Asse und der Castor-Widerstand, Hamburg: LAIKA-Verlag 2012, hier S. 19; Cohen, Ethan M.: Ideology, interest group formation and the New Left. The case of the Clamshell Alliance, New York u.a.: Garland 1988, S. 99, S. 104–105.

10
Wackermann, Gabriel: Belfort, Colmar, Mulhouse, Bâle, Fribourg-en-Brisgau. Un espace économique transfrontalier, Paris: La Documentation Française 1987, S. 10.

11
Brumbt, François: Dreyeckland, in: Jean (Hg): Elsaß. Kolonie in Europa, Berlin: Wagenbach 1977, S. 10.

12
Mossmann, Walter: Flugblattlieder, Streitschriften, Berlin: Rotbuch-Verlag 1980, S. 190.

13
Z.B.: Ladin, Wolfgang: Der Elsässische Dialekt – museumsreif?, Straßburg: SALDE 1982.

14
Weckmann, André: Das politische Lied im Elsaß, in: Institut für Wissenschaft und Kunst Wien (Hg): Politisches Lied am Beispiel Elsaß, Italien, Österreich, Wien: IWK 1980 (Schriftenreihe des Instituts für Wissenschaft und Kunst; 1), S. 4–24, hier: S. 10f.

15
Mossmann: Flugblattlieder, S. 183.

16
Z.B. Archiv Grünes Gedächtnis, Volkshochschule Wyhler Wald, 50. Programm, Bestand Petra Kelly 2858.

17
Vgl. dazu u.a. Die Freiheitskämpfe des Jahres 1848, in: WWW-Redaktion (Hg.): Was Wir Wollen extra, Freiburg: WWW 1975; Lehner, Thomas (Hg.): Die Salpeterer: Freie, keiner Obrigkeit untertane Leut' auf dem Hotzenwalde, Berlin: Wagenbach 1977; zur Rezeption der Salpetererbewegung: Kies, Tobias: Verweigerte Moderne? Zur Geschichte der Salpeterer im 19. Jahrhundert, Konstanz: UVK-Verlagsgesellschaft 2004 (Konflikte und Kultur – Historische Perspektiven; 9).

18
Häni: Kaiseraugst besetzt!, S. 73; Sternstein: Atomkraft nein Danke!, S. 78–83.

19
Archives Nationales, Enquête complémentaire sur l'utilité publique des travaux de construction d'une centrale nucléaire sur le territoire de la commune de Fessenheim, rapport et avis du Commissaire-Enquêteur (07.05.1971), AN 19900395-1; Archives Départementales Haut-Rhin (AD), Sieur Herr (François) et autres (28.02.1975), No 86464; Direction des renseignements généraux (17.04.1972); Activité politique et économique (CSFR), 1391 W17.

20
Stadtzeitung Freiburg, Nr. 111, 1985; Löser, Georg: Die Badisch-Elsässischen Bürgerinitiativen, in: Baer, Willi u.a. (Hg.): Lieber heute aktiv als morgen radioaktiv, Bd. 1: Die AKW-Protestbewegung von Wyhl bis Brokdorf, Hamburg: Laika-Verlag 2011, S. 19–80, hier S. 41.

21
Häni: Kaiseraugst besetzt!, S. 134–137.

22
Archiv für christlich-demokratische Politik (ACDP), Resolution des Kreisparteitags des CDU-Kreisverbandes Emmendingen zum Kernkraftwerk Wyhl und Bleichemiewerk Marckolsheim/Elsass, Bestand I-290 012-1.

23
Archives Départementales Haut-Rhin (AD), A/S des mouvements et associations écologistes, 2095 W 34; Lettre ouverte 04.09.1975, in: IONIX (1975), Heft 12, S. 11f.; Archives Départementales Haut-Rhin (AD), Le Préfet du Haut-Rhin à Monsieur le Ministre d'État, Ministre de l'Intérieur, manifestation contre la centrale nucléaire de Fessenheim, 1391 W 26.

Abbildungen

01:
Schematische Karte des „Dreyecklands"
mit den Hauptorten der Anti-AKW-Proteste
Jean (Hg.): Erdchroniken, Bd. 1: Der Tod von
Fessenheim und andere Geschichten aus
dem Dreyeckland, Freiburg i. Br.: Dreisam-
Verlag 1977, S. 9.

02:
Flugblatt: Heute sind es Wyhl, Kaiseraugst,
Marckolsheim, die Schlagzeilen machen
WLB Stuttgart / BfZ: Flugblattsammlung,
Neue Soziale Bewegungen

03:
Revolutionäre Gruppe Basel (RGB), Organisa-
tion der Berner Konferenz (Hg.): Kein Atom-
kraftwerk in Kaiseraugst! Basel: Revolutionäre
Gruppe Basel 1975
WLB Stuttgart / BfZ: D 8133

04:
Plakat: „Volkshochschule Wyhler Wald vier
Jahre 1975–79, mir lehre uns z'wehre", 1979
Sammlung Axel Mayer

05:
Plakat: Badisch-Elsässische Bürgerinitiativen
(Hg.): Der Prozess gegen das KKW Wyhl wird
für sie geführt, Freiburg i.Br. 1979
WLB Stuttgart / BfZ: PSLD8/18011

Atomkraft in Deutschland

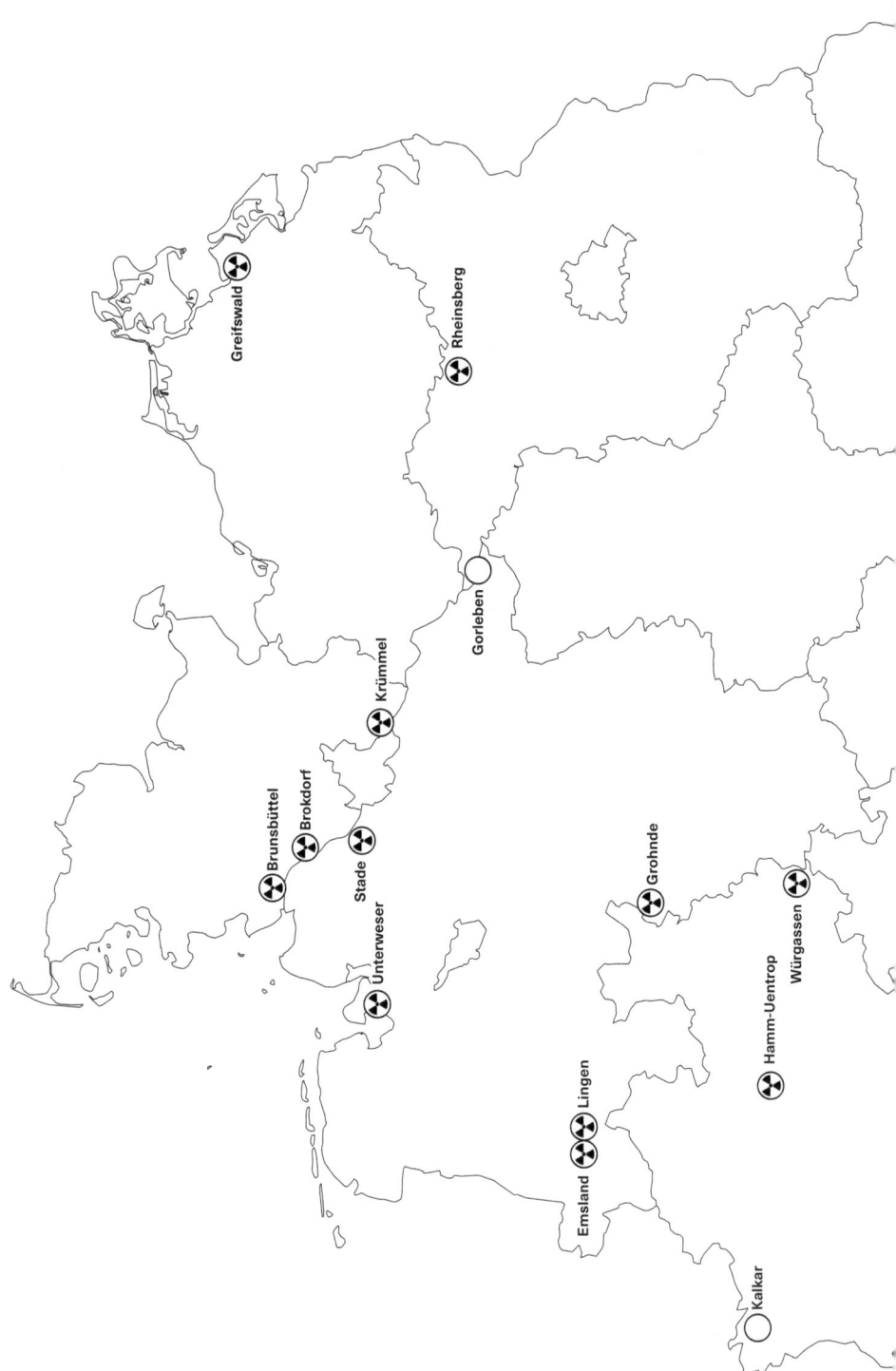

Abkürzungsverzeichnis

AEG
Allgemeine Elektrizitäts-Gesellschaft

AkEnd
Arbeitskreis Auswahlverfahren Endlagerstandorte

AKW
Atomkraftwerk

AUD
Aktionsgemeinschaft Unabhängiger Deutscher

BASE
Bundesamt für die Sicherheit in der nuklearen Entsorgung

BBU
Bundesverband Bürgerinitiativen Umweltschutz

BfB
Bundesanstalt für Bodenforschung

BGE
Bundesgesellschaft für Endlagerung

BGR
Bundesanstalt für Geowissenschaften und Rohstoffe

BMFT
Bundesministerium für Forschung und Technologie

BMU
Bundesministerium für Umwelt, Naturschutz und Reaktorsicherheit

CASTOR
Cask for storage and transport of radioactive material

COGEMA
Compagnie générale des matières nucléaires

CSFR
Comité de Sauvegarde de Fessenheim et de la Vallée du Rhin

CWM
Chemische Werke München

DGB
Deutscher Gewerkschaftsbund

DWK
Deutsche Gesellschaft für Wiederaufarbeitung von Kernbrennstoffen

EdF
Électricité de France

EGKS
Europäische Gemeinschaft für Kohle und Stahl

EMNID
Erforschung der öffentlichen Meinung, Marktforschung, Nachrichten, Informationen und Dienstleistungen (Deutsches Meinungsforschungsinstitut)

EnBW
Energie Baden-Württemberg AG

ENEA
European Nuclear Energy Agency

Euratom
Europäischen Atomgemeinschaft

EVU
Energieversorgungsunternehmen

ewG
einschlusswirksamer Gebirgsbereich

EWG
Europäische Wirtschaftsgemeinschaft

FEMO
Fernbedienungsgerechte Modultechnik

GAU
Größter anzunehmender Unfall

GAK
Gewaltfreie Aktion Kaiseraugst

GE
General Electric

GLU
Grüne Liste Umweltschutz

GSF
Gesellschaft für Strahlenforschung

IAEO
Internationale Atomenergie-Organisation

IHK
Industrie- und Handelskammer

ITER
International Thermonuclear Experimental Reactor

Jato
Jahrestonne

JEF
Junge Europäische Föderalisten

KBB
Kernreaktor Bau- und Betriebsgesellschaft mbH

KEWA
Kernbrennstoffwiederaufarbeitungsgesellschaft

KKW
Kernkraftwerk

KWU
Kraftwerk Union

LWR
Leichtwasser-Reaktor

MdB
Mitglied des Bundestags

MOX
Mischoxid

MPG
Max-Planck-Gesellschaft

MW
Megawatt

NAK
Nordwestschweizer Aktionskomitee gegen das Atomkraftwerk Kaiseraugst

NEZ
Nukleares Entsorgungszentrum

NLfB
Niedersächsisches Landesamt für Bodenforschung

NMU
Niedersächsisches Ministerium für Umwelt und Klimaschutz

NWA
Nordwestschweizer Aktionskomitee gegen Atomkraftwerke

OEEC
Organisation für europäische wirtschaftliche Zusammenarbeit

ORGEL
Organic nuclear reactor project Ispra

ORTF
Office de Radiodiffusion Télévision Française

PTB
Physikalisch-Technische Bundesanstalt

SAAS
Staatliches Amt für Atomsicherheit und Strahlenschutz [der DDR]

SDAG Wismut
Sowjetisch-Deutsche Aktiengesellschaft Wismut

StandAG
Standortauswahlgesetz

SWR
Südwestrundfunk

THTR
Thorium-Hochtemperatur-Reaktor

TMI
(Kernkraftwerk) Three Mile Island

UGC
Umweltgruppe Cottbus

UNEP
United Nations Environment Programme

USP
Umweltschutzpartei

VEBA
Vereinigte Elektrizitäts- und Bergwerks AG

VfVfG
Verwaltungsverfahrensgesetz

WAA
Wiederaufarbeitungsanlage

WUB
Wählergemeinschaft Unabhängiger Bürger

Literatur

Abele, Johannes:
Kernkraft in der DDR. Zwischen nationaler Industriepolitik und sozialistischer Zusammenarbeit 1963–1990, Dresden: Hannah-Arendt-Institut für Totalitarismusforschung e. V. an der Technischen Universität Dresden 2000.

Abelshauser, Werner:
Nach dem Wirtschaftswunder. Der Gewerkschafter, Politiker und Unternehmer Hans Matthöfer, Bonn: J.H.W. Dietz Nachfolger 2009.

Albrecht, Richard / Opper, Karl Heinz:
Die nukleare Kontroverse. Bürgerinitiativen als Objekt sozialwissenschaftlicher Ausforschung, in: Blätter für deutsche und internationale Politik, Bd. 24 (1979), Heft 7, S. 822–832.

Altenburg, Cornelia:
Kernenergie und Politikberatung. Die Vermessung einer Kontroverse, Wiesbaden: VS Verlag für Sozialwissenschaften 2010.

Altner, Günter (Hg.): **Atomenergie – Herausforderung an die Kirchen – Texte, Kommentare, Analysen**, Neukirchen-Vluyn: Neukirchener Verlag 1977.

Altvater, Elmar: **Der nukleare Dreck muss weg oder: Ohne Externalitäten keine kapitalistische Moderne**, in: Brunnengräber, Achim u.a. (Hg.): **Im Hürdenlauf zur Energiewende: Von Transformationen, Reformen und Innovationen**, Wiesbaden: Springer VS 2014, S. 401–412.

Andreini, Ginevra:
EURATOM: An Instrument to Achieve a Nuclear Deterrent? French Nuclear Independence and European Integration during the Mollet Government (1956), in: Journal of European Integration History, Bd. 6 (2000), Heft 1, S. 109–128.

Arapostathis, Efstathios u.a.:
Nuclear Energy in Europe: A Public Technology, in: Kaijser, Arne u.a. (Hg.): **Engaging the Atom. The History of Nuclear Energy and Society in Europe from the 1950s to the Present**, Morgantown: West Virginia University Press 2021, S. 230–253.

Armand, Louis u.a.:
A Target for Euratom, o.O. 1957.

Auer, Gerd / Reich Jochen:
Gebrannte Kinder: Vorgeschichten vom Kampf gegen das Atomkraftwerk Wyhl, in: S'Eige zeige (2001), Heft 15, S. 87–112.

Augustine, Dolores L.:
Taking on Technocracy. Nuclear Power in Germany – 1945 to the Present, New York: Berghahn Books 2018.

Balleisen, Edward J. u.a.:
Policy Shock: Recalibrating Risk and Regulation after Oil Spills, Nuclear Accidents and Financial Crises, Cambridge: Cambridge University Press 2017.

Bastide, Sophie u.a.:
Risk Perception and the Social Acceptability of Technologies: The French Case, in: Risk Analysis, Bd. 9 (1989), Heft 2, S. 215–223.

Beck, Ulrich:
Risikogesellschaft. Auf dem Weg in eine andere Moderne, Frankfurt am Main: Suhrkamp 1986.

Becker-Schaum, Christoph (Hg.):
„Entrüstet Euch!" – Nuklearkrise, NATO-Doppelbeschluss und Friedensbewegung, Paderborn: Brill Schöningh 2012.

Beer, Wolfgang:
Lernen im Widerstand. Politisches Lernen und politische Sozialisation in Bürgerinitiativen, Hamburg: Association 1978.

Beer, Wolfgang:
Die Volkshochschule Wyhler Wald, in: Hessische Blätter für Volksbildung, Heft 25 (1975), S. 259–263.

Beer, Wolfgang:
Volkshochschule Wyhler Wald, in: Noessler, Bernd u.a. (Hg.): **Wyhl – Kein Kernkraftwerk in Wyhl und auch sonst nirgends. Betroffene Bürger berichten**, Freiburg: Dreisam Verlag 1981, S. 264–275.

Blowers, Andrew:
The Legacy of Nuclear Power, New York: Routledge 2017.

Born, Nicolas / Manthey, Jürgen:
Die Sprache des Großen Bruders. Gibt es ein ost-westliches Kartell der Unterdrückung?, Reinbek: rowohlt 1977 (Literaturmagazin; 8) (Das neue Buch; 91).

Braune, Andreas:
Ziviler Ungehorsam. Texte von Thoreau bis Occupy, Ditzingen: Reclam 2017.

Bröskamp, Holger u.a.:
Absehbare Kosten und volkswirtschaftliche Effekte des vom AkEnd vorgeschlagenen Vorgehens, in: Atomwirtschaft – Atomtechnik. Atw; offizielles Fachblatt der Kerntechnischen Gesellschaft e.V. (KTG), Bd. 48 (2003), S. 307–314.

Bruhns, Hardo / Keilhacker, Martin:
„Energiewende". Wohin führt der Weg? in: Aus Politik und Zeitgeschichte, Bd. 61 (2011), Heft 46–47, S. 22–29.

Brunnengräber, Achim u.a.:
Nuclear Waste Governance – An International Comparison, Wiesbaden: Springer VS 2015.

Brunnengräber, Achim / Di Nucci, Maria Rosaria:
Im Hürdenlauf zur Energiewende: Von Transformationen, Reformen und Innovationen, Wiesbaden: Springer VS 2014.

Brunnengräber, Achim:
Problemfalle Endlager: Gesellschaftliche Herausforderungen im Umgang mit Atommüll, Baden-Baden: Nomos 2016.

Büchele, Christoph:
Wyhl – der Widerstand geht weiter, Freiburg im Breisgau: Dreisam-Verlag 1982.

Buchholz, Wolfgang / Pfeiffer, Johannes:
Energiepolitische Implikationen einer Energiewende, in: Ifo Schnelldienst, Bd. 64 (2011), Heft 18, S. 30–39.

Bürgerinitiative Umweltschutz Lüchow-Dannenberg u.a. (Hg.):
Atomkraft nein danke! 50 Jahre Anti-AKW-Bewegung – Eine Geschichte erfolgreichen Widerstands, Rastede: Ökobuch Verlag 2022.

Burkhart, Roland:
Buki. Lieder, Aufsätze, Kurzgeschichten, Waldkirch: Augustiniok Verlag 2022.

Byrne, John / Hoffman, Steven M.:
Governing the Atoms – the Politics of Risk, New Brunswick: Transaction Publishers 1996.

Cenevska, Ilina:
The European Atomic Energy Community in the European Union Context. The 'Outsider' Within, Leiden / Boston: Brill 2016.

Cohen, Etahn M.:
Ideology, interest group formation and the New Left. The case of the Clamshell Alliance, New York: Garland 1988.

Conze, Eckart / Klimke, Martin / Varon, Jeremy:
Nuclear Threats, Nuclear Fear, and the Cold War in the 1980s, Cambridge: Cambridge University Press 2016.

Doering-Manteuffel, Anselm / Greiner, Bernd / Lepsius, Oliver:
Der Brokdorf-Beschluss des Bundesverfassungsgerichts 1985: Eine Veröffentlichung aus dem Arbeitskreis für Rechtswissenschaft und Zeitgeschichte an der Akademie der Wissenschaften und der Literatur Mainz, Tübingen: Mohr Siebeck 2015.

Dülffer, Jost:
Multiple Ängste vor dem Nichtverbreitungsvertrag von Atomwaffen in den 1960er-Jahren, in: Miard-Delacroix, Hélène u.a. (Hg.): **Emotionen und internationale Beziehungen im Kalten Krieg**, Berlin: De Gruyter Oldenbourg 2020, S. 161–182.

Dumoulin, Michel:
L'énergie nucléaire en Europe. Des origines à Euratom, Bern: Peter Lang 1994.

Duphorn, Klaus:
Quartärgeologische Gesamtinterpretation Gorleben, Kiel: Physikalisch-Technische Bundesanstalt (PTB) 1983.

Ehmke, Wolfgang / Baer Willi:
Lieber heute aktiv als morgen radioaktiv. Bd. 1: Die AKW-Protestbewegung von Wyhl bis Brokdorf, Hamburg: LAIKA-Verlag 2011.

Ehmke, Wolfgang / Baer Willi:
Lieber heute aktiv als morgen radioaktiv. Bd. 4: Gorleben, Gronau, Asse und der Castor-Widerstand, Hamburg: LAIKA-Verlag 2012.

Ehret, Balthasar / Schneider, Marion:
Kein Kernkraftwerk in Wyhl und auch nicht anderswo. Wie wir den politischen Widerstand organisierten, Berlin: Metropol 2018.

Eith, Ulrich:
„Nai hämmer gsait!" – stilbildender ziviler Widerstand in Wyhl am Kaiserstuhl, in: Weber, Reinhold (Hg.): **Aufbruch, Protest und Provokation. Die bewegten 70er- und 80er-Jahre in Baden-Württemberg**, Stuttgart: Theiss 2013, S. 35–54.

Eith, Ulrich:
Von Wyhl bis Karlsruhe – Bürgerproteste, Neue Soziale Bewegungen und die Gründung der Grünen, in: Gassert, Philipp u.a. (Hg.): **Filbinger, Wyhl und die RAF. Die siebziger Jahre in Baden-Württemberg**, Stuttgart: Landeszentrale für Politische Bildung Baden-Württemberg 2015 (Schriften zur politischen Landeskunde Baden-Württembergs; 42), S. 113 – 136.

Elli, Mauro:
A Politically-Tinted Rationality: Britain vs. EURATOM, 1955 – 63, in: **Journal of European Integration History**, Bd. 12 (2006), Heft 1, S. 105 – 124.

Engels, Jens-Ivo:
Geschichte und Heimat: Der Widerstand gegen das Kernkraftwerk Wyhl, in: Kretschmer, Kerstin (Hg.): **Wahrnehmung, Bewusstsein, Identifikation: Umweltprobleme und Umweltschutz als Triebfedern regionaler Entwicklung**, Freiberg: Technische Universität Bergakademie 2003, S. 103 – 130.

Engels, Jens-Ivo:
Naturpolitik in der Bundesrepublik. Ideenwelt und politische Verhaltensstile in Naturschutz und Umweltbewegung 1950 – 1980, Paderborn: Ferdinand Schöningh 2006.

Erhardt, Hendrik / Kroll, Thomas:
Energie in der modernen Gesellschaft – Zeithistorische Perspektiven, Göttingen: Vandenhoeck & Ruprecht 2012.

Europa-Union Deutschland:
Euratom. Wirtschaftliche, politische und ethische Probleme der Atomenergie, Bonn: Europa-Union Deutschland 1957.

Evens, Siegfried:
A complicated way of boiling water: nuclear safety in water history, in: **Water History**, Bd. 12 (2020), Heft 3, S. 331 – 344.

Fink, Carole u.a. (Hg.): **1968. The World Transformed**, New York: Cambridge University Press 1998.

Fischedick, Manfred:
Energieversorgungsrisiken, Energiepreiskrise und Klimaschutz erfordern gemeinsame Antworten, in: **Wirtschaftsdienst**, Bd. 102 (2022), Heft 4, S. 262 – 269.

Flam, Helena (Hg.):
States and Anti-nuclear Movements, Edinburgh: Edinburgh University Press 1994.

Forschungsstelle für Zeitgeschichte in Hamburg (Hg.):
„Kampf dem Atomtod". Die Protestbewegung 1957/58 in zeithistorischer und gegenwärtiger Perspektive, München: Dölling und Galitz Verlag 2009.

Forstner, Christian:
Kernphysik, Forschungsreaktoren und Atomenergie: Transnationale Wissensströme und das Scheitern einer Innovation in Österreich, Wiesbaden: Springer Spektrum 2019.

Frenz, Walter:
Atomrecht. Atomgesetz und Ausstiegsgesetze, Baden-Baden: Nomos-Verlag 2019.

Gassert, Philipp / Weber, Reinhold:
Filbinger, Wyhl und die RAF. Die siebziger Jahre in Baden-Württemberg, Stuttgart: Landeszentrale für Politische Bildung Baden-Württemberg 2015 (Schriften zur politischen Landeskunde Baden-Württembergs; 42).

Gassert, Philipp:
Bewegte Gesellschaft. Deutsche Protestgeschichte seit 1945, Stuttgart: Kohlhammer 2018.

Gassert, Philipp:
Popularität der Apokalypse: Zur Nuklearangst seit 1945, in: **Aus Politik und Zeitgeschichte**, Bd. 61 (2011), Heft 46 – 47, S. 48 – 54.

Gaumer, Janine:
18. Februar 1975 – Bauplatzbesetzung in Wyhl, in: Langebach, Martin (Hg.): **Protest – Deutschland 1949 – 2020**, Bonn: Bundeszentrale für politische Bildung 2021, S. 210 – 221.

Gaumer, Janine:
Wackersdorf: Atomkraft und Demokratie in der Bundesrepublik 1980 bis 1989, München: oekom-Verlag 2018.

Geier, Stephan:
Schwellenmacht. Bonns heimliche Atomdiplomatie von Adenauer bis Schmidt, Paderborn u.a.: Schöningh 2013.

Gerlini, Matteo:
The Rise and Fall of Nuclear Italy, in: Kirchhof, Astrid Mignon (Hg.): **Pathways into and out of Nuclear Power in Western Europe. Austria, Denmark, Federal Republic of Germany, Italy, and Sweden**, München: Deutsches Museum 2020, S. 170 – 237.

Gleitsmann-Topp, Rolf-Jürgen / Oetzel, Günther:
Fortschrittsfeinde im Atomzeitalter? Protest und Innovationsmanagement am Beispiel der frühen Kernenergiepläne der Bundesrepublik Deutschland, Berlin: Verlag für Geschichte der Naturwissenschaften und der Technik 2012 (Technikdiskurse. Karlsruher Studien zur Technikgeschichte; 5).

Gleitsmann-Topp, Rolf-Jürgen:
Im Widerstreit der Meinungen: Zur Kontroverse um die Standortfindung für eine deutsche Reaktorstation (1950 – 1955), Karlsruhe: Kernforschungszentrum Karlsruhe GmbH 1987 (Kernforschungszentrum Karlsruhe; 4186).

Greiner, Bernd:
Angst als Emotion und Instrument – Beobachtungen zu einem nervösen Zeitalter, in: Doering-Manteuffel, Anselm u.a. (Hg.): **Der Brokdorf-Beschluss des Bundesverfassungsgerichts 1985**, Tübingen: Mohr Siebeck 2015, S. 61 – 82.

Gröschner, Annett:
Kontrakt 903: Erinnerung an eine strahlende Zukunft. Mit Fotografien aus dem Archiv des Kernkraftwerks Rheinsberg, Berlin: Kontextverlag 2003.

Grossmann, Heinz:
Bürgerinitiativen – Schritte zur Veränderung?, Frankfurt a. M.: Fischer Taschenbuch-Verlag 1971.

Growitsch, Christian / Höffler, Felix:
Fukushima and German Energy Policy 2005 – 2015/2016, in: Ozawa, Marc u.a. (Hg.): **In Search of Good Energy Policy**, Cambridge: Cambridge University Press 2019, S. 120 – 138.

Gründler, Hartmut:
Kernenergiewerbung. Die sprachliche Verpackung der Atomenergie. Aus dem Wörterbuch des Zwiedenkens, in: Born, Nicolas u.a. (Hg.): **Die Sprache des Großen Bruders. Gibt es ein ost-westliches Kartell der Unterdrückung?**, Reinbek: rowohlt 1977, S. 69 – 89.

Guggenberger, Bernd / Kempf, Udo:
Bürgerinitiativen und repräsentatives System, Opladen: Westdeutscher Verlag 1984.

Guggenberger, Bernd:
Von der Bürgerinitiativbewegung zur Umweltpartei, in: ders. u.a. (Hg.): **Bürgerinitiativen und repräsentatives System**, Opladen: Westdeutscher Verlag 1984, S. 376 – 403.

Guillen, Pierre:
La France et la négociation du traité d'Euratom, in: **Relations internationales**, Bd. 44 (1985), S. 391 – 412.

Habermas, Jürgen:
Ziviler Ungehorsam – Testfall für den demokratischen Rechtsstaat. Wider den autoritären Legalismus in der Bundesrepublik, in: Braune, Andreas (Hg.): **Ziviler Ungehorsam. Texte von Thoreau bis Occupy**, Ditzingen: Reclam 2017, S. 209 – 228.

Hädecke, Wolfgang:
Der Skandal Gründler, Ebenhausen: Langewiesche-Brandt 1979.

Hager, Carol / Haddad, Mary Alice:
NIMBY is Beautiful: Cases of Local Activism and Environmental Innovation Around the World, New York: Berghahn 2015.

Hamblin, Jacob Darwin:
The Wretched Atom. America's Global Gamble with Peaceful Nuclear Technology, Oxford: Oxford University Press 2021.

Hampel, Jürgen / Klinke, Andreas / Renn, Ortwin:
Beyond "Red" Hope and "Green" Distrust: Public Perception of Genetic Engineering in Germany, in: **Politeia**, Bd. 16 (2000), Heft 60, S. 68 – 82.

Hanel, Tilmann:
Die Bombe als Option. Motive für den Aufbau einer atomtechnischen Infrastruktur in der Bundesrepublik bis 1963, Essen: Klartext 2015.

Häni, David:
Kaiseraugst besetzt! Die Bewegung gegen das Atomkraftwerk, Basel: Schwabe Verlag 2018.

Hatch, Michael T.:
Politics and Nuclear Power – Energy Policy in Western Europe, Lexington: The University Press of Kentucky 1986.

Hauff, Volker:
Das schwedische Modell zur öffentlichen Diskussion über Energiepolitik, Bonn: Bundesministerium für Forschung und Technologie 1977.

Haus der Geschichte Baden-Württemberg:
„Erst stirbt die Natur …" – der Wandel des Umweltbewusstseins, Ubstadt-Weiher: regionalkultur 2015.

Häusler, Jürgen:
Der Traum wird zum Alptraum – das Dilemma einer Volkspartei: die SPD im Atomkonflikt, Berlin: edition sigma 1988.

Hecht, Gabrielle:
Le rayonnement de la France. Énergie nucléaire et identité nationale après la seconde guerre mondiale, Paris: Édition La Découverte 2004.

Helmreich, Jonathan E.:
The United States and the Formation of EURATOM, in: Diplomatic History, Bd. 15 (1991), S. 387–410.

Hermwille, Lukas:
The Role of Narratives in Socio-Technical Transitions – Fukushima and the Energy Regimes of Japan, Germany, and the United Kingdom, in: Energy Research & Social Science, Bd. 11 (2016), S. 237–246.

Hettstedt, Daniela / Raithel, Thomas / Weise, Niels:
Im Spielfeld der Interessen. Das bundesdeutsche Atom- und Forschungsministerium zwischen Wissenschaft, Wirtschaft und Politik 1955–1972, Göttingen: Wallstein 2023.

Hill, Charles N.:
An Atomic Empire. A Technical History of the Rise and Fall of the British Atomic Energy Programme, London: Imperial College Press 2013.

Hubert, Laurence:
La politique nucléaire de la Communauté européenne (1956–1968). Une tentative de définition, à travers les archives de la Commission européenne, in: Journal of European Integration History, Bd. 6 (2000), Heft 1, S. 129–153.

Hüfler, Wilfrid u.a. (Hg.):
Hartmut Gründler – Ein Leben für die Wahrheit, ein Tod gegen die Lüge. Schriften, Dokumente, Würdigungen, Gundelfingen: G & M Westermayer 1997.

Jasper, James M:
Nuclear Politics – Energy and the State in the United States, Sweden and France, Princeton: Princeton University Press 1990.

Jung, Matthias:
Öffentlichkeit und Sprachwandel. Zur Geschichte des Diskurses über die Atomenergie, Opladen: Westdeutscher Verlag 1994.

Kaijser, Arne u.a. (Hg.):
Engaging the Atom. The History of Nuclear Energy and Society in Europe from the 1950s to the Present, Morgantown: West Virginia University Press 2021.

Kallenbach-Herbert, Beate / Hocke-Berglar, Peter:
Always the same old story? in: Brunnengräber, Achim u.a. (Hg.): **Nuclear Waste Governance – An International Comparison**, Wiesbaden: Springer VS 2015, S. 177–201.

Karapin, Roger:
Protest Politics in Germany. Movements on the Left and the Right since the 1960s, University Park: Pennsylvania State University Press 2007.

Karlsch, Rainer:
Uran für Moskau – Die Wismut – eine populäre Geschichte, Berlin: Links 2007.

Kempf, Udo:
Der Bundesverband Bürgerinitiativen Umweltschutz (BBU), in: Guggenberger, Bernd u.a. (Hg.): **Bürgerinitiativen und repräsentatives System**, Opladen: Westdeutscher Verlag 1984, S. 404–423.

Kern, Kristine / Löffelsend, Tina / Koenen, Stephanie:
Die Umweltpolitik der rot-grünen Koalition – Strategien zwischen nationaler Pfadabhängigkeit und globaler Politikkonvergenz, Berlin: Wissenschaftszentrum Berlin für Sozialforschung 2003.

Kirchhof, Astrid Mignon / Meyer, Jan-Henrik:
Revealing Risks: European Moments in Nuclear Politics and the Anti-Nuclear Movement, in: Kupper, Patrick u.a. (Hg.): **Greening Europe. Environmental Protection in the Long Twentieth Century – A Handbook**, Berlin: de Gruyter 2022, S. 331–361.

Kirchhof, Astrid Mignon (Hg.):
Pathways into and out of Nuclear Power in Western Europe. Austria, Denmark, Federal Republic of Germany, Italy, and Sweden, München: Deutsches Museum 2019.

Kirchner, Ulrich:
Der Hochtemperaturreaktor. Konflikte, Interessen, Entscheidungen, Frankfurt: Campus 1991 (Campus Forschung; 667).

Kleine, Niels:
Die Energiepolitik der CDU zwischen 1972 und 2011: Konzepte, Programme, Debatten, Baden-Baden: Tectum 2018.

Kleinert, Hubert:
Aufstieg und Fall der Grünen: Analyse einer alternativen Partei, Bonn: Dietz 1992.

Kohnstamm, Max:
Das Atom und die europäische Energielücke, in: Europa-Union Deutschland (Hg.): **Euratom. Wirtschaftliche, politische und ethische Probleme der Atomenergie**, Bonn: Europa-Union Deutschland 1957, S. 55–65.

Kolb, Felix:
Protest and Opportunities – The Political Outcomes of Social Movements, Frankfurt: Campus Verlag 2007.

Kramer, Heinz:
Nuklearpolitik in Westeuropa und die Forschungspolitik der Euratom, Köln: Heymann 1976 (Studien zur Politik; 2).

Kretschmer, Kerstin:
Wahrnehmung, Bewusstsein, Identifikation: Umweltprobleme und Umweltschutz als Triebfedern regionale Entwicklung, Freiberg: Technische Universität Bergakademie 2003 (Freiberger Forschungshefte, Reihe D; 211).

Krieger, Kristian u.a.:
Nuclear Accidents and Policy Responses in Europe: Comparing the Cases of France and Germany, in: Balleisen, Edward J. u.a. (Hg.): **Policy Shock: Recalibrating Risk and Regulation after Oil Spills, Nuclear Accidents and Financial Crises**, Cambridge: Cambridge University Press 2017, S. 269–304.

Krige, John:
The Peaceful Atom as Political Weapon: Euratom and American Foreign Policy in the Late 1950s, in: Historical Studies in the Natural Sciences, Bd. 38 (2008), Heft 1, S. 5–44.

Kroll, Thomas:
Protestantismus und Kernenergie, in: Ehrhardt, Hendrik u.a. (Hg.): **Energie in der modernen Gesellschaft – Zeithistorische Perspektiven**, Göttingen: Vandenhoeck & Ruprecht 2012, S. 93–118.

Kupper, Patrick / Wöbse, Anna-Katharina (Hg.):
Greening Europe. Environmental Protection in the Long Twentieth Century – A Handbook, Berlin: de Gruyter 2022 (Contemporary European history; 1).

Langebach, Martin:
Protest – Deutschland 1949–2020, Bonn: Bundeszentrale für politische Bildung 2021.

Laufs, Paul:
Reaktorsicherheit für Leistungskernkraftwerke. Die Entwicklung im politischen und technischen Umfeld der Bundesrepublik Deutschland, 2 Bde., Berlin: Springer 2018.

Lieb, Felix:
Arbeit und Umwelt? Die Umwelt- und Energiepolitik der SPD zwischen Ökologie und Ökonomie 1969–1998, Berlin: De Gruyter Oldenbourg 2022 (Quellen und Darstellungen zur Zeitgeschichte; 132).

Lifset, Robert D.:
Forum: The Environmental History of Energy Transitions: Nuclear Power in America: The Story of a Failed Energy Transition, in: Environmental History, Bd. 24 (2019), Heft 3, S. 524–533.

Linse, Ulrich u.a.:
Von der Bittschrift zur Platzbesetzung. Konflikte um technische Großprojekte. Laufenburg, Walchensee, Wyhl, Wackersdorf, Bonn: Dietz 1988.

Löser, Georg:
Die Badisch-Elsässischen Bürgerinitiativen, in: Baer, Willi u.a. (Hg.): **Lieber heute aktiv als morgen radioaktiv. Bd. 1: Die AKW-Protestbewegung von Wyhl bis Brokdorf**, Hamburg: Laika-Verlag 2011, S. 19–80.

Löser, Georg:
Grenzüberschreitende Kooperation am Oberrhein: Die Badisch-Elsässischen Bürgerinitiativen, in: Hochstuhl, Kurt (Hg.): Deutsche und Franzosen im zusammenwachsenden Europa 1945–2000, Stuttgart: Kohlhammer 2003, S. 105–156.

Löwenthal, Gerhard / Hausen, Josef:
Wir werden durch Atome leben, Berlin: Blanvalet 1956.

Martinez, Cecilia / Byrne, John:
Science, Society and the State: The Nuclear Project and the Transformation of the American Political Economy, in: Byrne, John u.a. (Hg.): Governing the Atoms – the Politics of Risk, New Brunswick: Transaction Publishers 1996, S. 67–102.

Martini, H.J.:
Bericht zur Frage der Möglichkeiten der Endlagerung radioaktiver Abfälle im Untergrund, Hannover: Bundesanstalt für Bodenforschung 1963.

Matthöfer, Hans:
Interviews und Gespräche zur Kernenergie. „Den unsterblichen Tiger am Schwanz gepackt", Karlsruhe: Müller Verlag 1976.

Matthöfer, Hans:
Kernenergie – Eine Bürgerinformation, Bonn: Bundesministerium für Forschung und Technologie 1975.

Mautz, Rüdiger:
The Expansion of Renewable Energies in Germany between Niche Dynamics and System Integration – Opportunities and Restraints, in: Science, Technology and Innovation Studies, Bd. 3 (2007), Heft 2, S. 113–131.

Mende, Silke / Metzger, Birgit:
Die Umweltbewegung als Erfahrungsraum der Friedensbewegung, in: Becker-Schaum, Christoph u.a. (Hg.): „Entrüstet Euch!" – Nuklearkrise, NATO-Doppelbeschluss und Friedensbewegung, Paderborn: Brill Schöningh 2012, S. 118–134.

Mende, Silke:
„Nicht rechts, nicht links, sondern vorn". Eine Geschichte der Gründungsgrünen, München: de Gruyter Oldenbourg 2011 (Ordnungssysteme; 33).

Meyer, Jan-Henrik:
'Atomkraft – Nej tak'. How Denmark did not Introduce Commercial Nuclear Power Plants, in: Kirchhof, Astrid Mignon (Hg.): Pathways into and out of Nuclear Power in Western Europe: Austria, Denmark, Federal Republic of Germany, Italy, and Sweden, München: Deutsches Museum 2019, S. 74–123.

Meyer, Jan-Henrik:
"Where do we go from Wyhl?" Transnational Anti-Nuclear Protest targeting European and International Organizations in the 1970s, in: Historical Social Research, Bd. 39 (2014), S. 212–235.

Meyer, Jan-Henrik:
Indispensable, safe and sustainable? How the European Parliament debated nuclear energy megaprojects in the 1970s energy transition, in: Journal of Mega Infrastructure & Sustainable Development, Bd. 2 (2022), Heft 2, S. 180–205.

Meyer, Jan-Henrik:
Kleine Geschichte der Atomkraftkontroverse in Deutschland, in: Aus Politik und Zeitgeschichte, Bd. 71 (2021), S. 10–16.

Mez, Lutz:
Von den Bürgerinitiativen zu den GRÜNEN. Zur Entstehungsgeschichte der „Wahlalternativen" in der Bundesrepublik Deutschland, in: Roth, Roland u.a. (Hg.): Neue soziale Bewegungen in der Bundesrepublik Deutschland, Frankfurt am Main: Campus Verlag 1987, S. 263–276.

Milder, Stephen:
Greening democracy: the anti-nuclear movement and political environmentalism in West Germany and beyond, 1968–1983, Cambridge: Cambridge University Press 2017.

Milder, Stephen:
The 'Example of Wyhl': How grassroots protest in the Rhine Valley shaped West Germany's anti-nuclear movement, in: Conze, Eckart u.a. (Hg.): Nuclear Threats, Nuclear Fear, and the Cold War in the 1980s. Cambridge: Cambridge University Press 2016, S. 167–185.

Möller, Detlev:
Endlagerung radioaktiver Abfälle in der Bundesrepublik Deutschland, administrativpolitische Entscheidungsprozesse zwischen Wirtschaftlichkeit und Sicherheit, zwischen nationaler und internationaler Lösung, Frankfurt am Main: Peter Lang 2009 (Studien zur Technik-, Wirtschafts- und Sozialgeschichte; 15).

Moreau, Jean-Louis:
L'industrie nucléaire en Belgique de 1945 à la mise en veilleuse d'Euratom, in: Vaïsse, Maurice (Hg.): L'énergie nucléaire en Europe. Des origines à Euratom, Bern u.a.: Peter Lang 1994, S. 65–97.

Morris, Craig / Jungjohann, Arne:
Energy Democracy: Germany's Energiewende to Renewables. London: Palgrave Macmillan 2016.

Mossmann, Walter:
Die Bevölkerung ist hellwach, in: Kursbuch, Bd. 39 (1975), S. 129–154.

Mossmann, Walter:
Flugblattlieder, Streitschriften, Berlin: Rotbuch-Verlag 1980 (Rotbuch; 235).

Mossmann, Walter:
Realistisch sein – Das Unmögliche verlangen. Wahrheitsgetreu verfälschte Erinnerungen, Berlin: edition der Freitag 2009.

Müller, Wolfgang D.:
Geschichte der Kernenergie in der Bundesrepublik Deutschland. Bd. 1: Anfänge und Weichenstellungen, Stuttgart: Schäffer Verlag 1990.

Müller, Wolfgang D.:
Geschichte der Kernenergie in der Bundesrepublik Deutschland. Bd. 2: Auf der Suche nach dem Erfolg – Die Sechziger Jahre, Stuttgart: Schäffer Verlag 1996.

Mutz, Mathias:
Die Volkshochschul' fuer unser Volksgewuhl – Zur Bedeutung der Volkshochschule Wyhler Wald für den Widerstand gegen das Kernkraftwerk Wyhl, in: Zeitschrift des Breisgau-Geschichtsvereins Schau-ins-Land, Heft 124/2005, S. 203–220.

Nehring, Holger:
„Atomzeitalter". Die Debatten um Atomenergie in der Bundesrepublik Deutschland der fünfziger Jahre, in: Ehrhardt, Hendrik u.a. (Hg.): Energie in der modernen Gesellschaft – Zeithistorische Perspektiven, Göttingen: Vandenhoeck & Ruprecht 2012, S. 223–243.

Noessler, Bernd / de Witt, Margret (Hg.):
Wyhl – Kein Kernkraftwerk in Wyhl und auch sonst nirgends. Betroffene Bürger berichten, Freiburg: Dreisam-Verlag 1981.

Oberloskamp, Eva:
Energy and the Environment in Parliamentary Debates in the Federal Republic of Germany, United Kingdom and France from the 1970s to the 1990s, in: Wenkel, Christian u.a. (Hg.): The Environment and the European Public Sphere. Perceptions, Actors, Policies, Winwick: The White Horse Press 2020, S. 205–219.

Oelschlaeger, Max:
The Myth of the Technological Fix, in: The Southwestern Journal of Philosophy, Bd. 10 (1979), Heft 1, S. 43–53.

Ostheimer, Jochen / Vogt, Markus:
Die Moral der Energiewende. Risikowahrnehmung im Wandel am Beispiel der Atomenergie, Stuttgart: Kohlhammer 2013.

Ozawa, Marc u.a. (Hg.):
In Search of Good Energy Policy, Cambridge: Cambridge University Press 2019.

Peters, Björn:
The Global Renaissance of Nuclear Energy, in: atw – International Journal for Nuclear power, Bd. 67 (2022), Heft 5, S. 16–22.

Peyret, Jocelyn:
L'épopée alsacienne du Dreyeckland – 1970–1981 une décennie de luttes écologistes, citoyennes et transfrontalières. Colmar: Jérôme Do Bentzinger 2017.

Pfister, Eugen:
Nuclear Optimism in European Newsreels in the 1950s, in: Zeitgeschichte Bd. 42 (2015), Heft 5, S. 285–298.

Pohl, Natalie:
Atomprotest am Oberrhein – Die Auseinandersetzung um den Bau von Atomkraftwerken in Baden und im Elsass (1970–1985), Stuttgart: Franz Steiner Verlag 2019 (Schriftenreihe des deutsch-französischen Historikerkomitees; 15).

Radkau, Joachim / Hahn Lothar:
Aufstieg und Fall der deutschen Atomwirtschaft, München: Oekom 2013.

Radkau, Joachim:
Aufstieg und Krise der deutschen Atomwirtschaft 1945–1975. Verdrängte Alternativen in der Kerntechnik und der Ursprung der nuklearen Kontroverse, Reinbek: Rowohlt 1983.

Radkau, Joachim:
Das überschätzte System – Zur Geschichte der Strategie- und Kreislaufkonstrukte in der Kerntechnik, in: **Technikgeschichte**, Bd. 56 (1988), Heft 3, S. 207–215.

Radkau, Joachim:
Der atomare Ursprung der Forschungspolitik des Bundesforschungsministeriums, in: Weingart, Peter u.a. (Hg.): **Das Wissensministerium: ein halbes Jahrhundert Forschungs- und Bildungspolitik in Deutschland**, Weilerswist: Velbrück 2006, S. 33–63.

Radkau, Joachim:
Der Überraschungseffekt von Wyhl 1975: oder: Wodurch erlangte die deutsche Anti-AKW-Bewegung international eine Spitzenstellung? in: Haus der Geschichte Baden-Württemberg (Hg.): „**Erst stirbt die Natur …**" – der Wandel des Umweltbewusstseins, Ubstadt-Weiher: regionalkultur 2015, S. 121–147.

Radkau, Joachim:
Eine kurze Geschichte der deutschen Antiatomkraftbewegung, in: **Aus Politik und Zeitgeschichte**, Bd. 61 (2011), S. 7–15.

Raithel, Thomas / Weise, Niels:
Für die Zukunft des deutschen Volkes. Das bundesdeutsche Atom- und Forschungsministerium zwischen Vergangenheit und Neubeginn 1955–1972, Göttingen: Wallstein 2022.

Reitbauer, Magdalena:
The Origins, Formation, and Development of Euratom, in: **Zeitgeschichte**, Bd. 42 (2015), Heft 5, S. 299–306.

Renn, Ortwin / Deckert, Anna / Ulmer, Frank (Hg.):
The Role of Public Participation in Energy Transitions, London: Academic Press 2020.

Renn, Ortwin / Dreyer, Marion:
Risk Governance: Ein neues Steuerungsmodell zur Bewältigung der Energiewende, in: Ostheimer, Jochen u.a. (Hg.): **Die Moral der Energiewende. Risikowahrnehmung im Wandel am Beispiel der Atomenergie**, Stuttgart: Kohlhammer 2013, S. 211–229.

Renn, Ortwin / Marshall, Jonathan Paul:
Coal, nuclear and renewable energy policies in Germany: From the 1950 to the "Energiewende", in: **Energy Policy**, Bd. 99 (2016), Heft C, S. 224–232.

Renn, Ortwin:
Risk Governance. Coping with Uncertainty in a Complex World, London: Earthscan 2008.

Roose, Jochen:
Made by Öko-Institut: Wissenschaft in einer bewegten Umwelt, Freiburg: Öko-Institut e.V. 2002.

Roth, Roland / Rucht, Dieter:
Die sozialen Bewegungen in Deutschland seit 1945. Ein Handbuch, Frankfurt: Campus Verlag 2008.

Roth, Roland:
Neue soziale Bewegungen in der Bundesrepublik Deutschland, Frankfurt am Main: Campus Verlag 1987.

Rubio, Mar:
The Changing Economic Context Influencing Nuclear Decisions, in: Kaijser, Arne u.a. (Hg.): **Engaging the Atom. The History of Nuclear Energy and Society in Europe from the 1950s to the Present**, Morgantown: West Virginia University Press 2021, S. 52–80.

Rucht, Dieter:
Planung und Partizipation. Bürgerinitiativen als Reaktion und Herausforderung politisch-administrativer Planung, München: tuduv-Verlagsgesellschaft 1982 (Tuduv-Buch. Reihe Politologie, Soziologie; 9).

Rucht, Dieter:
The Anti-Nuclear Movement and the State in France, in: Flam, Helena (Hg.): **States and Anti-nuclear Movements**, Edinburgh: Edinburgh University Press 1994, S. 129–162.

Rucht, Dieter:
Von der Bewegung zur Institution? Organisationsstrukturen der Ökologiebewegung, in: Roth, Roland (Hg.): **Neue soziale Bewegungen in der Bundesrepublik Deutschland**, Frankfurt am Main: Campus Verlag 1987, S. 238–260.

Rucht, Dieter:
Von Wyhl nach Gorleben: Bürger gegen Atomprogramm und nukleare Entsorgung. München: C.H. Beck 1980 (Beck'sche schwarze Reihe; 222).

Rüdig, Wolfgang:
Phasing out Nuclear Energy in Germany, in: **German Politics**, Bd. 9 (2000), Heft 3, S. 43–80.

Rusinek, Bernd-A.:
Das Forschungszentrum. Eine Geschichte der KFA Jülich von ihrer Gründung bis 1980, Frankfurt am Main: Campus 1996 (Studien zur Geschichte der deutschen Großforschungseinrichtungen; 11).

Rusinek, Bernd-A.:
Wyhl, in: François, Étienne u.a. (Hg.): **Deutsche Erinnerungsorte**, Bd. 2, München: C.H. Beck 2001, S. 652–666.

Sacherer, Annemarie:
Panik erfaßte unsere Herzen, in: Noessler, Bernd u.a. (Hg.): **Wyhl. Kein Kernkraftwerk in Wyhl und auch sonst nirgends. Betroffene Bürger berichten**, Freiburg: Dreisam-Verlag 1976, S. 94–97.

Schedel, Tim:
Religiöse Sprache und Atomkraft – Strategien des Protestantismus zur anwaltschaftlichen Vermittlung in gesellschaftlichen Konfliktfeldern, Tübingen: Mohr Siebeck 2021 (Religion in der Bundesrepublik Deutschland; 9).

Schelling, Erich:
10 Jahre Kernforschungszentrum Karlsruhe, Karlsruhe: Gesellschaft für Kernforschung mbH 1966.

Schildt, Axel / Schmidt, Wolfgang:
„**Wir wollen mehr Demokratie wagen". Antriebskräfte, Realität und Mythos eines Versprechens**, Bonn: Dietz 2019.

Schildt, Axel:
„**Atomzeitalter" – Gründe und Hintergründe der Proteste gegen die atomare Bewaffnung der Bundeswehr Ende der fünfziger Jahre**, in: Forschungsstelle für Zeitgeschichte in Hamburg (Hg.): „**Kampf dem Atomtod". Die Protestbewegung 1957/58 in zeithistorischer und gegenwärtiger Perspektive**, München: Dölling und Galitz Verlag 2009, S. 39–57.

Schmidt, Helmut:
Die Energiekrise – Eine Herausforderung für die westliche Welt. Vortrag vor der Roosevelt University in Chicago am 13. 3. 1974, in: Bulletin des Presse- und Informationsamts der Bundesregierung, Bd. 35 (1974), S. 325–330.

Schmidt-Küster, Wolf-Jürgen:
Das Entsorgungssystem im nuklearen Brennstoffkreislauf, Übersichtsvortrag auf der Reaktortagung 1974, in: Atomwirtschaft, Atomtechnik, atw; offizielles Fachblatt der Kerntechnischen Gesellschaft e.V. (KTG), Bd. 19 (1974), S. 340–345.

Schmiechen-Ackermann, Detlef u.a. (Hg.):
Der Gorleben-Treck 1979 – Anti-Atom-Protest als soziale Bewegung und demokratischer Lernprozess, Göttingen: Wallstein 2020.

Schramm, Luise:
Evangelische Kirche und Anti-AKW-Bewegung – Das Beispiel der Hamburger Initiative kirchlicher Mitarbeiter und Gewaltfreie Aktion im Konflikt um das AKW Brokdorf 1976–1981, Göttingen: Vandenhoeck & Ruprecht 2018 (Arbeiten zur kirchlichen Zeitgeschichte, Reihe B: Darstellungen; 70).

Schüring, Michael:
„**Bekennen gegen den Atomstaat" – Die evangelischen Kirchen der Bundesrepublik Deutschland und die Konflikte um die Atomenergie 1970–1990**, Göttingen: Wallstein 2015.

Schwarz, Insa:
The United States and the Creation of the European Atomic Energy Community 1955–1958, in: Historians of Contemporary Europe Newsletter, Bd. 7 (1992), Heft 3–4, S. 209–224.

Segers, Mathieu L. L.:
Zwischen Pax Americana und Pakt Atomica. Das deutsch-amerikanische Verhältnis während der EURATOM-Verhandlungen 1955–1957, in: Vierteljahrshefte für Zeitgeschichte, Bd. 54 (2006), Heft 3, S. 433–458.

Signal Wyhl, in: **Der stille Weg**, Bd. 27 (1975), Heft 5–6, S. 20.

Socol, Yehoshua:
Reconsidering health consequences of the Chernobyl accident, in: **Dose-Response**, Bd. 13 (2015), Heft 1, https://www.ncbi.nlm.nih.gov/pmc/articles/PMC4674166/pdf/10.2203_dose-response.14-040.Socol.pdf.

Stamm-Kuhlmann, Thomas:
EURATOM, ENEA und die nationale Kernenergiepolitik in Deutschland, in: Berichte zur Wissenschaftsgeschichte. Bd. 15 (1992), S. 39–49.

Sternstein, Wolfgang:
Atomkraft – nein danke! Der lange Weg zum Ausstieg, Frankfurt a. M.: Brandes & Apsel 2013.

Sternstein, Wolfgang:
Überall ist Wyhl. Bürgerinitiativen gegen Atomanlagen. Aus der Arbeit eines Aktionsforschers, Frankfurt a. M.: Haag & Herchen 1978.

Stief, Martin:
„Stellt die Bürger ruhig": Staatssicherheit und Umweltzerstörung im Chemierevier Halle-Bitterfeld, Göttingen: Vandenhoeck & Ruprecht 2019 (Analysen und Dokumente; 55).

Stinglwagner, Wolfgang:
Die Energiepolitik der DDR und ihre wirtschaftlichen und ökologischen Folgen, in: Kurth, Eberhard (Hg.): **Am Ende des realen Sozialismus Beiträge zu einer Bestandsaufnahme der DDR-Wirklichkeit in den 80er Jahren, Bd. 4: Die Endzeit der DDR-Wirtschaft. Analysen zur Wirtschafts-, Sozial- und Umweltpolitik**, Opladen: Leske + Budrich 1999, S. 189–224.

Strohm, Holger:
Friedlich in die Katastrophe. Eine Dokumentation über Atomkraftwerke, Hamburg: Verlag Association 1973.

Taylor, Simon:
The Fall and Rise of Nuclear Power in Britain. A History, Cambridge: UIT Cambridge 2016.

Theis, Charles W.:
Problems of Ground Disposal of Nuclear Wastes, in: Proceedings of the International Conference on the peaceful uses of Atomic Energy, Bd. 9 (1956), S. 679–683.

Tiggemann, Anselm:
Die ‚Achillesferse' der Kernenergie in der Bundesrepublik Deutschland: zur Kernenergiekontroverse und Geschichte der nuklearen Entsorgung von den Anfängen bis Gorleben 1955 bis 1985, Lauf an der Pegnitz: Europaforum–Verlag 2004 (Subsidia academica, Reihe A; 5).

Tiggemann, Anselm:
Gorleben als Entsorgungs- und Endlagerstandort: Der niedersächsische Auswahl- und Entscheidungsprozess: Expertise zur Standortvorauswahl für das „Entsorgungszentrum" 1976/77, Hannover: Niedersächsisches Ministerium für Umwelt und Klimaschutz 2010.

Tils, Ralf:
Politikberatung in der Umweltpolitik, in: Falk, Svenja u.a. (Hg.): **Handbuch Politikberatung**, Wiesbaden: Springer VS 2006, S. 449–459.

Tindemans, Leo:
L'échec d'Euratom, in: Schweizer Monatshefte, Bd. 60 (1980), Heft 4, Sonderbeilage

Tompkins, Andrew:
Towards a "Europe of Struggles"? Three Visions of Europe in the Early Anti-Nuclear Energy Movement 1975–79, in: Wenkel, Christian u.a (Hg.): **The Environment and the European Public Sphere. Perceptions, Actors, Policies**, Winwick: The White Horse Press 2020, S. 124–146.

Uekötter, Frank:
Atomare Demokratie – Eine Geschichte der Kernenergie in Deutschland, Stuttgart: Franz Steiner Verlag 2022.

Uekötter, Frank:
Halbwertszeiten. Das friedliche Atom als Mikrokosmos der bundesdeutschen Geschichte, in: ICOMOS–Hefte des Deutschen Nationalkomitees, Bd. 68 (2019), S. 25–30.

Wager, Rudolf / Richter, Wolfgang:
Disposal of Radioactive waste in the Federal Republic of Germany: Geological and Hydrogeological Problems, in: Proceedings of the Scientific Conference on the Disposal of Radioactive Wastes, Bd. 2 (1960), S. 548–551.

Wagner, Peter:
Contesting Policies and Redefining the State: Energy Policy-making and the Anti-nuclear Movement in West Germany, in: Flam, Helena (Hg.): **States and Anti-nuclear Movements**, Edinburgh: Edinburgh University Press 1994, S. 264–298.

Weber, Reinhold (Hg.):
Aufbruch, Protest und Provokation. Die bewegten 70er- und 80er-Jahre in Baden-Württemberg, Stuttgart: Theiss 2013.

Weber, Reinhold (Hg.):
Baden-Württembergische Erinnerungsorte, Stuttgart: Landeszentrale für politische Bildung Baden-Württemberg 2012.

Wehner, Christoph:
Die Versicherung der Atomgefahr. Risikopolitik, Sicherheitsproduktion und Expertise in der Bundesrepublik Deutschland und den USA 1945–1986, Göttingen: Vandenhoeck & Ruprecht 2017.

Weilemann, Peter:
Die Anfänge der Europäischen Atomgemeinschaft. Zur Gründungsgeschichte von EURATOM 1955–1957, Baden-Baden: Nomos 1983.

Wenkel, Christian u.a. (Hg.):
The Environment and the European Public Sphere. Perceptions, Actors, Policies, Winwick: The White Horse Press 2020.

Wittner, Lawrence S.:
The Nuclear Threat Ignored. How and Why the Campaign Against the Bomb Disintegrated in the Late 1960s, in: Fink, Carole u.a. (Hg.): **1968. The World Transformed**, New York: Cambridge University Press 1998, S. 439–458.

Wollenteit, Ulrich:
Gesetz zur Suche und Auswahl eines Standortes für ein Endlager für hochradioaktive Abfälle, in: Frenz, Walter: **Atomrecht**, Baden-Baden: Nomos-Verlag 2019, S. 443–445.

Wüstenhagen, Hans-Helmut:
Bürger gegen Atomkraftwerke. Wyhl – der Anfang?, Reinbek: Rowohlt 1975.

Zint, Günter:
Republik Freies Wendland – Eine Dokumentation, Frankfurt am Main: Zweitausendeins 1980.

Autor:innen Biogramme

Dr. Christoph Becker-Schaum
Wissenschaftlicher Mitarbeiter am
Leibniz-Institut für Zeithistorische Forschung
in Potsdam

Prof. Dr. Ulrich Eith
Direktor des Studienhaus Wiesneck, Institut
für politische Bildung Baden-Württemberg e.V.
in Buchenbach bei Freiburg i.Br., Professor
am Seminar für Wissenschaftliche Politik der
Universität Freiburg

Dr. Natalie Frickel-Pohl
Dipl. Kulturwissenschaftlerin, Historikerin

Prof. Dr. Philipp Gassert
Professor für Zeitgeschichte an der Universität
Mannheim

Prof. Dr. Rolf-Jürgen Gleitsmann-Topp
Professor für Technikgeschichte an der
Universität Karlsruhea

Daniel Häfner
Plon GmbH – Lausitzer Institut für
strategische Beratung

Prof. Dr. Carol Hager
Professorin für Environmental Studies and
Political Science am Bryn Mawr College

Dr. Jan-Henrik Meyer
Wissenschaftler am Max-Planck-Institut
für Rechtsgeschichte und Rechtstheorie,
Frankfurt a.M.

Dr. Stephen Milder
Assistant Professor of European Politics and
Society an der Rijksuniversiteit Groningen und
Research Fellow am Rachel Carson Center
in München

PD Dr. Eva Oberloskamp
Leitung des von der Gerda Henkel Stiftung geförderten Verbundprojekts „Demokratie und Geschlecht" am Institut für Zeitgeschichte München-Berlin

Prof. Dr. Dr. Ortwin Renn
Emeritierter wissenschaftlicher Direktor am Institut für Transformative Nachhaltigkeitsforschung (IASS) in Potsdam sowie ordentlicher Professor für Umwelt- und Techniksoziologie an der Universität Stuttgart

Dr. Richard Rohrmoser
Historiker, Studienrat

Dr. Rupert Schaab
Leitender Bibliotheksdirektor der Württembergischen Landesbibliothek Stuttgart

Dr. Tim Schedel
Pastor in der Ev.-Luth. Kirchengemeinde Heiligengeist in Kiel

Klaus Schramm
Redakteur bei „Radio Dreyeckland – das Freie Radio im Südwesten"

Dr. Anselm Tiggemann
Wissenschaftlicher Mitarbeiter Wissensmanagement bei der Bundesgesellschaft für Endlagerung mbH in Peine

Danksagungen

Unser Dank gilt zuallererst den AutorInnen der Beiträge dieses Bandes:
Christoph Becker-Schaum
Ulrich Eith
Natalie Frickel-Pohl
Philipp Gassert
Rolf-Jürgen Gleitsmann-Topp
Daniel Häfner
Carol Hager
Jan-Henrik Meyer
Stephen Milder
Eva Oberloskamp
Ortwin Renn
Richard Rohrmoser
Rupert Schaab
Tim Schedel
Klaus Schramm
Anselm Tiggemann

Zu danken ist auch den Kooperationspartnern dieser Ausstellung:
– Landesarchiv Baden-Württemberg
– Haus des Dokumentarfilms
– Archiv des Südwestdeutschen Rundfunks
– Haus der Geschichte Baden-Württemberg
– Kreisarchiv des Landkreises Emmendingen
– Laka Foundation Amsterdam

Für die Gestaltung der Ausstellung und des Begleitbandes danken wir:
Petra Maisenbacher und Debora Kroneisen
(büro münzing designer+architekten bda)

... und wir danken den folgenden KollegInnen aus der WLB Stuttgart, die bei der Entstehung der Ausstellung und des Begleitbandes beteiligt waren:
Iris Hoffmann
Marcel Katz
Jasmin-Leandra Leiser
Rupert Schaab
Steffen Schneider
Richard Schumm
Petra Steymans-Kurz
Mirjam Ulbricht
Christian Westerhoff
Sarah Zabel

VERLAGSGRUPPE PATMOS

PATMOS
ESCHBACH
GRÜNEWALD
THORBECKE
SCHWABEN
VER SACRUM

Die Verlagsgruppe
mit Sinn für das Leben

Die Verlagsgruppe Patmos ist sich ihrer Verantwortung gegenüber unserer Umwelt bewusst. Wir folgen dem Prinzip der Nachhaltigkeit und streben den Einklang von wirtschaftlicher Entwicklung, sozialer Sicherheit und Erhaltung unserer natürlichen Lebensgrundlagen an. Näheres zur Nachhaltigkeitsstrategie der Verlagsgruppe Patmos auf unserer Website www.verlagsgruppe-patmos.de/nachhaltig-gut-leben

Bibliographische Informationen der Deutschen Nationalbibliothek
Die Deutsche Nationalbibliothek verzeichnet diese Publikation in der Deutschen Nationalbibliografie;
detaillierte bibliografische Daten sind im Internet über
http://dnb.d-nb.de abrufbar.

Alle Rechte vorbehalten
© 2023 Jan Thorbecke Verlag
Verlagsgruppe Patmos in der Schwabenverlag AG, Ostfildern.
www.thorbecke.de

Umschlaggestaltung / Gestaltung
büro münzing – designer + architekten bda

Innenseiten Buchumschlag
Sog. „Grüne Erklärung" des Internationalen Komitees der Badisch-Elsässischen Bürgerinitiativen, 1974
WLB Stuttgart / BfZ: Plakatsammlung Neue Soziale Bewegungen

Druck
Finidr s.r.o., Český Těšín
Hergestellt in Tschechien
ISBN 978-3-7995-1988-5

Förderer
– Ministerium für Wissenschaft, Forschung und Kunst des Landes Baden-Württemberg
– Baden-Württemberg Stiftung gGmbH
– Württembergische Bibliotheksgesellschaft